海上絲綢之路基本文獻叢書

南洋英屬海峽殖民地志略（上）

宋蘊璞　著

文物出版社

圖書在版編目（CIP）數據

南洋英屬海峽殖民地志略．上 / 宋蘊璞著． -- 北京：文物出版社，2022.7
（海上絲綢之路基本文獻叢書）
ISBN 978-7-5010-7694-9

Ⅰ．①南… Ⅱ．①宋… Ⅲ．①地理志－新加坡②地理志－檳榔嶼③地理志－馬六甲 Ⅳ．① K933.8 ② K933.9

中國版本圖書館 CIP 數據核字（2022）第 097829 號

海上絲綢之路基本文獻叢書

南洋英屬海峽殖民地志略（上）

著　　者：宋蘊璞
策　　劃：盛世博閱（北京）文化有限責任公司

封面設計：鞏榮彪
責任編輯：劉永海
責任印製：蘇　林

出版發行：文物出版社
社　　址：北京市東城區東直門內北小街 2 號樓
郵　　編：100007
網　　址：http://www.wenwu.com
經　　銷：新華書店
印　　刷：北京旺都印務有限公司
開　　本：787mm×1092mm　1/16
印　　張：15.75
版　　次：2022 年 7 月第 1 版
印　　次：2022 年 7 月第 1 次印刷
書　　號：ISBN 978-7-5010-7694-9
定　　價：98.00 圓

總緒

海上絲綢之路，一般意義上是指從秦漢至鴉片戰争前中國與世界進行政治、經濟、文化交流的海上通道，主要分爲經由黄海、東海的海路最終抵達日本列島及朝鮮半島的東海航綫和以徐聞、合浦、廣州、泉州爲起點通往東南亞及印度洋地區的南海航綫。

在中國古代文獻中，最早、最詳細記載『海上絲綢之路』航綫的是東漢班固的《漢書·地理志》，詳細記載了西漢黄門譯長率領應募者入海『齎黄金雜繒而往』之事，書中所出現的地理記載與東南亞地區相關，并與實際的地理狀况基本相符。

東漢後，中國進入魏晉南北朝長達三百多年的分裂割據時期，絲路上的交往也走向低谷。這一時期的絲路交往，以法顯的西行最爲著名。法顯作爲從陸路西行到印度，再由海路回國的第一人，根據親身經歷所寫的《佛國記》（又稱《法顯傳》）一書，詳細介紹了古代中亞和印度、巴基斯坦、斯里蘭卡等地的歷史及風土人情，是瞭解和研究海陸絲綢之路的珍貴歷史資料。

隨着隋唐的統一，中國經濟重心的南移，中國與西方交通以海路爲主，海上絲綢之路進入大發展時期。廣州成爲唐朝最大的海外貿易中心，朝廷設立市舶司，專門管理海外貿易。唐代著名的地理學家賈耽（七三〇～八〇五年）的《皇華四達記》記載了從廣州通往阿拉伯地區的海上交通『廣州通夷道』，詳述了從廣州港出發，經越南、馬來半島、蘇門答臘半島至印度、錫蘭，直至波斯灣沿岸各國的航綫及沿途地區的方位、名稱、島礁、山川、民俗等。譯經大師義净西行求法，將沿途見聞寫成著作《大唐西域求法高僧傳》，詳細記載了海上絲綢之路的發展變化，是我們瞭解絲綢之路不可多得的第一手資料。

宋代的造船技術和航海技術顯著提高，指南針廣泛應用於航海，中國商船的遠航能力大大提升。北宋徐兢的《宣和奉使高麗圖經》詳細記述了船舶製造、海洋地理和往來航綫，是研究宋代海外交通史、中朝友好關係史、中朝經濟文化交流史的重要文獻。南宋趙汝適《諸蕃志》記載，南海有五十三個國家和地區與南宋通商貿易，形成了通往日本、高麗、東南亞、印度、波斯、阿拉伯等地的『海上絲綢之路』。宋代爲了加强商貿往來，於北宋神宗元豐三年（一〇八〇年）頒佈了中國歷史上第一部海洋貿易管理條例《廣州市舶條法》，并稱爲宋代貿易管理的制度範本。

元朝在經濟上採用重商主義政策，鼓勵海外貿易，中國與歐洲的聯繫與交往非常頻繁，其中馬可·波羅、伊本·白圖泰等歐洲旅行家來到中國，留下了大量的旅行記，記録元代海上絲綢之路的盛况。元代的汪大淵兩次出海，撰寫出《島夷志略》一書，記録了二百多個國名和地名，其中不少首次見於中國著録，涉及的地理範圍東至菲律賓群島，西至非洲。這些都反映了元朝時中西經濟文化交流的豐富内容。

明、清政府先後多次實施海禁政策，海上絲綢之路的貿易逐漸衰落。但是從明永樂三年至明宣德八年的二十八年裏，鄭和率船隊七下西洋，先後到達的國家多達三十多個，在進行經貿交流的同時，也極大地促進了中外文化的交流，這些都詳見於《西洋蕃國志》《星槎勝覽》《瀛涯勝覽》等典籍中。

關於海上絲綢之路的文獻記述，除上述官員、學者、求法或傳教高僧以及旅行者的著作外，自《漢書》之後，歷代正史大都列有《地理志》《四夷傳》《西域傳》《外國傳》《蠻夷傳》《屬國傳》等篇章，加上唐宋以來衆多的典制類文獻、地方史志文獻，集中反映了歷代王朝對於周邊部族、政權以及西方世界的認識，都是關於海上絲綢之路的原始史料性文獻。

海上絲綢之路概念的形成，經歷了一個演變的過程。十九世紀七十年代德國地理學家費迪南・馮・李希霍芬（Ferdinad Von Richthofen，一八三三～一九〇五），在其《中國：親身旅行和研究成果》第三卷中首次把輸出中國絲綢的東西陸路稱爲『絲綢之路』。有『歐洲漢學泰斗』之稱的法國漢學家沙畹（Édouard Chavannes，一八六五～一九一八），在其一九〇三年著作的《西突厥史料》中提出『絲路有海陸兩道』，蘊涵了海上絲綢之路最初提法。迄今發現最早正式提出『海上絲綢之路』一詞的是日本考古學家三杉隆敏，他在一九六七年出版《中國瓷器之旅：探索海上的絲綢之路》中首次使用『海上絲綢之路』一詞；一九七九年三杉隆敏又出版了《海上絲綢之路》一書，其立意和出發點局限在東西方之間的陶瓷貿易與交流史。

二十世紀八十年代以來，在海外交通史研究中，『海上絲綢之路』一詞逐漸成爲中外學術界廣泛接受的概念。根據姚楠等人研究，饒宗頤先生是華人中最早提出『海上絲綢之路』的人，他的《海道之絲路與昆侖舶》正式提出『海上絲路』的稱謂。選堂先生評價海上絲綢之路是外交、貿易和文化交流作用的通道。此後，大陸學者馮蔚然在一九七八年編寫的《航運史話》中，使用『海上絲綢之路』一詞，這是迄今學界查到的中國大陸最早使用『海上絲綢之路』的人，更多地限於航海活動領域的考察。一九八〇年北京大學陳炎教授提出『海上絲綢之路』研究，并於一九八一年發表《略論海上絲綢之路》一文。他對海上絲綢之路的理解超越以往，且帶有濃厚的愛國主義思想。陳炎教授之後，從事研究海上絲綢之路的學者越來越多，尤其沿海港口城市向聯合國申請海上絲綢之路非物質文化遺産活動，將海上絲綢之路研究推向新高潮。另外，國家把建設『絲綢之路經濟帶』和『二十一世紀海上絲綢之路』作爲對外發展方針，將這一學術課題提升爲國家願景的高度，使海上絲綢之路形成超越學術進入政經層面的熱潮。

與海上絲綢之路學的萬千氣象相對應，海上絲綢之路文獻的整理工作仍顯滯後，遠遠跟不上突飛猛進的研究進展。二〇一八年厦門大學、中山大學等單位聯合發起『海上絲綢之路文獻集成』專案，尚在醖釀當中。我們不揣淺陋，深入調查，廣泛搜集，將有關海上絲綢之路的原始史料文獻和研究文獻，分爲風俗物産、雜史筆記、海防海事、典章檔案等六個類别，彙編成《海上絲綢之路歷史文化叢書》，於二〇二〇年影印出版。此輯面市以來，深受各大圖書館及相關研究者好評。爲讓更多的讀者親近古籍文獻，我們遴選出前編中的菁華，彙編成《海上絲綢之路基本文獻叢書》，以單行本影印出版，以饗讀者，以期爲讀者展現出一幅幅中外經濟文化交流的精美畫卷，爲海上絲綢之路的研究提供歷史借鑑，爲『二十一世紀海上絲綢之路』倡議構想的實踐做好歷史的詮釋和注脚，從而達到『以史爲鑒』『古爲今用』的目的。

凡例

一、本編注重史料的珍稀性，從《海上絲綢之路歷史文化叢書》中遴選出菁華，擬出版百册單行本。

二、本編所選之文獻，其編纂的年代下限至一九四九年。

三、本編排序無嚴格定式，所選之文獻篇幅以二百餘頁爲宜，以便讀者閱讀使用。

四、本編所選文獻，每種前皆注明版本、著者。

五、本編文獻皆爲影印，原始文本掃描之後經過修復處理，仍存原式，少數文獻由於原始底本欠佳，略有模糊之處，不影響閱讀使用。

六、本編原始底本非一時一地之出版物，原書裝幀、開本多有不同，本書彙編之後，統一爲十六開右翻本。

目録

南洋英屬海峽殖民地志略（上）

南洋英屬海峽殖民地志略（上）

第一部

宋蘊璞 著

民國十九年南洋蘊興商行鉛印本

第一部

南洋英屬海峽殖民地誌略

中華全國商會聯合會題

序

嘗讀有明以來、中外人士所著南洋羣島地誌遊記諸書、莫不詳舉其土地之廣、山水之奇、物產之饒、人民之富、而艷稱爲世界之樂土、輒因之心焉嚮往、欲一遊覽、以擴生平之眼界、民國十四年、返自靑島、是時軍閥之燄方張、官僚肆虐於上、民庶呻吟於下、自念年來所抱之開發西北主義、既屢受政變軍事之影響、停滯而不能進、何若乘此時機、赴南洋一行、安知前此失之於西北者、將來不收之於東南乎、於是遵海而南、道香港而至新加坡、更由新加坡而檳榔嶼而馬六甲、所至交結其人士、調查其實業物產教育文化、瀏覽其名勝古蹟、歷時三年有半、兼及霹靂、雪蘭莪、彭亨、吉礁諸邦、觀其地方繁富之象、人民熙皡之情、馬來半島如此、推之美荷各屬、當亦莫不同然、始知南洋羣島不獨爲世界樂土、實亦我國絕好之殖民地也、現在內亂方滋、四民失業者日衆、倘使國內與南洋熱心之士、聯絡一致、舉國內失業之人、移諸南洋、以闢其未墾之土、則一轉移間、內足以拯祖國之危、外足以增僑胞之勢、豈非策之最得者乎、惟近日國人關於南洋之著述、輒舉外人對於華僑之待遇情形、盡量宣傳、詆其壓制、譏其苛虐、詳以著之、垂涕泣以道之、此其用意、固別有所在、然使國內無識者見之、羣視南洋爲畏途、雖有人提倡遷徙、將亦裹足而莫肯前、其影響顧不重且大耶、不佞居南洋未久、縱竭調查之力、所得亦復幾何、然既謀移殖國內人民於南洋、即不可不使之瞭然其眞相、故就足跡所經、耳目所及、舉凡實業發達之象、人民富庶之情、衣食居處安樂饒足之況、海陸動植龐大殊異之形、民族宗教風俗習慣複雜奇詭之狀、風景古蹟幽閟壯麗之觀、皆爲之一一詳記、纖細不遺、使國人灼然知南洋之實爲樂土、而絕非畏途、藉以引起其羨慕嚮往之心、況我國人、向富保守、殊少冒險之性、南洋去吾國、祇一衣帶水之隔耳、乃自宋元以來、垂數百年僑居之人、惟閩粵兩省人爲多、此外桂人、尙有一小部分、其江浙及湘人、僅教育界有之、齊魯人亦僅少數販鬻山東繭綢者、至若北方大部、及腹地各省之人、即有之、亦寥寥無幾、如此而欲與歐美日本長於進取之民族、競爭於世界舞台之上、焉往而不失敗、此尤不佞所以不憚舌敝唇焦、而欲大聲疾呼、正告於我國人者也、草創既就、稍爲詮次、先以英屬海峽殖民地一部、付印刊行、餘則俟諸異日、夫古今人所爲南洋諸名著、其調查之詳盡、工力之精深、尙矣、然猶不免於挂漏、且時過境遷、按諸實際、亦多有不能吻合者、矧不佞此書成於倉卒、其挂漏之處、誤謬之點、不問可知、所冀我國人讀之、知南洋之爲樂土、而引起其嚮往之心、則得意可以忘言、得魚可以忘筌、其書之價値如何、不特讀者不必計、即著者亦非所計也、中華民國十九年一月大興宋蘊璞序于北平

例言

一本書計分三十四部第一部英屬海峽殖民地誌略第二部馬來聯邦誌略第三部爪哇誌略第四部蘇門答臘誌略第五部暹羅誌略第六部緬甸誌略第七部安南誌略第八部菲律濱誌略第九部雲南誌略第十部貴州誌略第十一部香港誌略第十二部厦門誌略第十三部台灣誌略第十四部汕頭誌略第十五部上海誌略第十六部青島誌略第十七部煙台誌略第十八部天津誌略第十九部大連誌略第二十部威海衛誌略第二十一部高麗誌略第二十二部黑龍江誌略第二十三部哈爾濱誌略第二十四部熱河誌略第二十五部察哈爾誌略第二十六部庫倫誌略第二十七部綏遠誌略第二十八部甘肅誌略第二十九部新疆誌略第三十部青海誌略第三十一部西藏誌略第三十二部川邊誌略第三十三部北平誌略第三十四部本書三十三處往來指南茲先印行英屬海峽殖民地誌略其他各部繼續出書

一本書第一部內分三編第一編新加坡第二編檳榔嶼第三編馬六甲所有附屬小島因調查需時暫從缺略

一本書每編內分八章第一章概要第二章物產第三章調查第四章名人第五章參觀第六章娛樂第七章遊記第八章雜記

一本書內容大而歷史之沿革文化之現狀細而人生日用瑣事無不畢載以作地志觀可以作遊歷指南觀亦無不可

一本書參考資料計南洋出版報紙十三種關於南洋之著作五十一種而於英荷日美法暹羅安南各國之出版書籍翻譯尤多

一本書當調查期中著者方患胃病時作嘔血之症在檳城患痢甚劇殆將不起又因人地生疏言語不通於地名人名年月等遺漏錯誤之處時所不免幸閱者諒而指導以便改正

一本書第一部所用調查費在四千元以上購備參考書及翻譯等費約千餘元照相及製銅版費千餘元編輯費二千餘元印刷費二萬元需款浩繁經濟時虞竭蹶因陋就簡之處勢所難免改而善之當待再版

一本書調查費時至三年之久現仍派人繼續調查徧歷南洋大小各埠必期搜集益精資料益富爲將來再版時補充訂正之資

一現在全國統一國內外人士皆宜竭力發達實業以植富强之基本書應時勢之需求急於出版條理次第之間殊多未愜所望邦人君子進而教之俾作改良之助幸甚

(一)本書所有照片多未洽合翻印者尤多一俟再版時必當竭力徵求以便閱者按圖索驥

一本書各種名詞所用文字多與普通者不同以致校對九次錯誤仍多除另印刋誤表外如再有錯誤之處敬祈閱者示知以便更正

一本書之題詞以收到先後爲排印次序其續贈者一俟再版再行加入特此謹致謝忱

南洋英屬海峽殖民地誌略目錄

第二編　檳榔嶼

第一章　概要

第二章　物產

第三章　調查

第四章　名人

第五章　參觀

第六章　娛樂

第七章　遊記

第八章　雜記

編輯各地方誌略徵求文稿照片簡則

一本書共分三十四部第一部英屬海峽殖民地誌略第二部馬來聯邦誌略第三部爪哇誌略第四部蘇門達臘誌略第五部暹羅誌略第六部緬甸誌略第七部安南誌略第八部菲律賓誌略第九部雲南誌略第十部貴州誌略第十一部香港誌略第十二部厦門誌略第十三部台灣誌略第十四部汕頭誌略第十五部上海誌略第十六部青島誌略第十七部煙台誌略第十八部天津誌略第十九部大連誌略第二十部威海衛誌略第二十一部高麗誌略第二十二部黑龍江誌略第二十三部哈爾濱誌略第二十四部熱河誌略第二十五部察哈爾誌略第二十六部庫倫誌略第二十七部綏遠誌略第二十八部甘肅誌略第二十九部新疆誌略第三十部青海誌略第三十一部西藏誌略第三十二部川邊誌略第三十三部北平誌略第三十四部本書三十三部往來指南除第一部南洋英屬海峽殖民地誌略業已出版第二部馬來聯邦已經脫稿不日付梓外第十二部厦門第二十三部哈爾濱亦均著手編輯其餘各處著者足跡所至雖達十分之八惟時過境遷勢不得不求各當地熱心同志指導贊助以便陸續出版貢獻國人

一本書所編各部如有熱心同志願擔任調查者可書簡明履歷及調查辦法函寄本書總編輯部凡合格者即行斟酌函聘酬報從優

一本書所編各部如已有熱心同志編有成稿因經濟關繫或其他問題尚未付印者亦可函商本書總編輯部當盡力設法助其成功以便早公諸社會並可將本書擬編之該部取消俾免重複

一本書各部應徵文稿類目約與第一部南洋英屬海峽殖民地相同但各處情形不同風俗各異可就各處實情酌為增減

一本書所徵求之照片務與文稿相合如編輯某項即附某項照片以便讀者按圖索驥

一本書徵求文稿每千字由五角起至三元止照片每頁由二角起至二元止其特別佳製酬報另加

一本書所徵文稿照片均須掛號寄遞收到後經審查合格當即函覆擬付酬金數目及得同意即行郵匯如不同意願將文稿照片取回者須附來掛號郵票以便照寄否則概不退還

一本總編輯部對於所投文稿有修改之權

一稿件請寄北平安定門內大興縣白米倉八號藴興商行

天下爲公

革命尚未成功

同志仍須努力

總理遺像

總理遺囑

余致力國民革命凡四十年其目的在求中國之自由平等積四十年之經驗深知欲達到此目的必須喚起民衆及聯合世界上以平等待我之民族共同奮鬥現在革命尚未成功凡我同志務須依照余所著建國方略建國大綱三民主義及第一次全國代表大會宣言繼續努力以求貫澈最近主張開國民會議及廢除不平等條約尤須於最短期間促其實現是所至囑

先總理傳記（節錄中山全書）

自同盟會成立後、始有向外籌資之舉矣、當時出資最勇而多者、張靜江也、傾其巴黎之店所得六七萬元、盡以助餉、其出資勇而摯者、安南提岸之黃景南也、傾其一生蓄積數千元、盡獻之軍用、誠難能可貴也、其他則有安南西貢之巨商李卓峯曾錫周馬培生等三人、曾各出資數萬、亦當時之未易多見者、予自連遭失敗之後、安南日本香港等地、與中國密邇者、皆不能自由居住、則予對於中國之活動、地盤已完全失却矣、於是將國內一切計畫、委託黃克強胡漢民二人、而予乃再作漫游、專任籌款、以接濟革命之進行、後克強漢民同香港設南方統籌機關、與趙伯先倪映典朱執信陳炯明姚雨平等、謀以廣州新軍舉事、運動既熟、擬於庚戌年正月某日發難、乃新軍中有熱度過甚之士、先一月小事生起風潮、於是倪映典倉卒入營、親率一部分從沙河進攻省城、至橫枝岡為敵截擊、映典中彈被擒、死、軍中無主、遂以潰散、此吾黨第九次失敗者也、時予適從美東行至三藩市、聞敗而後、則取道檀島日本而回東方、過日本時、曾潛行登陸、隨為警察探悉、不准留居、遂由橫濱渡檳榔嶼、約伯先克強漢民等來會、以商捲土重來之計畫、時各同志以新敗之餘、破壞最精銳之機關、失却最利便之地盤、加之新軍同志南來者、實繁有徒、招待安插、為力已窮、而吾人住食行動之資、將虞不繼、舉目前途、眾有憂色、詢及將來計畫、莫不唏噓太息、相視無言、予乃慰以一敗何足餒、吾曩之失敗、幾為舉世所棄、比之今日、其困難實百倍、今日吾輩雖窮、而革命之風潮已盛、華僑之思想已開、從今而後、只慮吾人之無計畫、無志氣耳、如果眾志不衰、則財用一層、予當力任設法、時各人親見檳城同志之窮、吾等亡命境地之困、日常之費、每有不給、顧安得餘資以為活動、予再三言、必可設法、伯先乃言、如果欲再舉、必當立速遣人攜資數千金回國、以接濟某處之同志、免彼散去、然後圖集合而再設機關、以謀進行、吾等亦當繼續回香港與各方接洽、如是日內即需川資五千元、如事有可為、即又非數十萬大款不可、予乃招集當地華僑同志會議、勗以大義、一夕之間、則醵資八千有奇、再令各同志、擔任到各埠分頭勸募、數日之內、已達五六萬元、而遠地更所不計、既有頭批的款、已可分頭進行、

謹錄先總理傳記文中之一段、以見我先總理在南洋革命工作之精神、亦可見華僑對於國事之熱心贊助也、

著者宋蘊璞謹誌

乙巳年孫總理在星洲晚晴園創立南洋首次中國同盟會總機關數月後與同志諸君撮影

張秉庚　黃耀廷　鄧子瑜　陳和　張繼　張華丹　吳梧叟

林義順　劉金聲　尤烈　孫總理　陳楚楠　張永福　林幹廷

本書正在裝訂中適舍弟（舍弟）興武與新加坡中華總商會會長林義順君同船回國林君特贈中華民國開國革命史之一頁謹附刊先總理傳記之次俾國人益知南洋華僑在革命史上關係之重要也

著者謹誌

中華民國開國革命史之一頁

古云、雖曰天命、豈非人事、茲於民國開基之革命史觀之、而益信矣、顧南洋新嘉坡中國同盟會之倡設、即爲天命民國之朕兆、是故由新嘉坡起點、宣傳革命之主義、繼而至於檳榔嶼、吉隆坡等處、並藉中興日報、光華日報、華暹日報、以及書報社、爲宣傳之機關、然此雖由天意所指使、究亦人力所完成、蓋同盟會員等本同心同德之良能、而行三民五權之宗旨、所以高登一呼、全國響應、用克推倒滿清、光復漢業、今已十有八年、將由軍政而入於訓政、則我同胞得以安居而樂業、而我　國父在天之靈、庶幾含笑而無憾焉、

新嘉坡中國同盟會、倡設於一九〇五年、即乙巳歲秋七月十二日、宗旨在推倒滿清、光復漢族、鼓吹三民主義、樹立平等自由、爲南洋羣島最先發起提倡革命之總機關、本會成立、假晚晴園爲會所、初次開會、係孫中山先生主盟、宏籌偉略、擘畫周至、爾時會員有陳楚楠、張永福、林義順（發初）許子麟、劉金聲、鄧子瑜、黃耀庭等十二人、公舉陳楚

楠爲會長、張永福副之、許子麟主財政、林義順主交際、規模雖粗具、而基礎已定於此、且乙巳年春林義順等于潮州海澄各處、散佈革命先鋒數百本、以運動革命事業、未幾、本坡振源棧、(大坡)合春號、(小坡)兩處、總售國內外書報、如革命先鋒、揚州十日記、嘉定三屠、民報、天討、新世紀、浙江潮、諸宣傳冊籍、以醒人心云、

閱數月後、歲次丙午、孫中山先生特派陳楚楠林義順往檳城設立同盟支會、蓬蓬勃勃、暗長潛滋、於是根本漸固、枝葉漸茂、最初會員有吳世榮黃金慶辜立亭林志誠等、公舉吳世榮爲會長、黃金慶爲副會長、兼財政、嗣後陳新政丘明昶薛木本陳民情徐洋溢呂毓甫熊玉珊王壽蘭丘有美林福全林如德丘文紹潘奕源丘能言鄭玉指王德清鍾樂臣方次石(南崗)等相繼加入、至一九〇七年即丁未年孫中山先生特派林義順許子麟往仰光緬甸等處、以招中興日報股份爲名、實係調查民意、及鼓動人心、歸向革命、庶幾革命事業、得以人心爲主旨、而易於措施、即所謂民爲貴、社稷次之、君爲輕之義也、越年戊申、孫先生派汪精衛吳應培設立同盟支會於仰光緬甸、舉莊銀安爲會長其初會員有張永福(緬甸)楊昭諧陳金在徐贊周(根陳)陳春源陳玉着周卓林等、同盟支會成立後、創辦緬甸光華日報、主筆政者爲呂志伊(天民)光華報停辦、改組爲進化報、主筆政者爲居正(覺生)華暹日報創辦者爲蕭佛成陳景華、其時孫先生復親偕李竹痴至吉隆坡、組織分會、最初會員有王清江劉禁阮英航陸秋傑陸秋泰丘怡領阮德三王君贊陳秀連陳占梅杜棠等、自是以後、民智日開、各處聞風興起、如怡保鄭螺生李源水李孝章區慎剛梁榮南劉業興黃怡益等芙蓉譚容蔡熾三黃心濟等、瓜勝卑那鄧澤如蔴六呷沈鴻柏等、暹羅陳景華蕭佛成陳藏之馬興順等、砂朥越李振殿等、諸處同盟支會、相繼成立矣、

新加坡晚晴園係前南洋中國同盟會之發祥地
民國十六年重攝

孫中山先生每由歐來星洲時、其革命之各欵文件軍債票、以及起義應用之需要品、概由林義順謝心準等運帶上陸、以接濟祖國諸同志、斯時謝心準李曉生均任本黨文牘、林義順主交際、時嘗引其會晤坡督、安達申氏、（爵士）輔政司參勝氏、及養氏、華民政務司萬氏、宜達士氏、實得力泰晤士報主筆冽氏、自由西報主筆申格力氏、麥舉氏等、解釋來南洋宗旨云、

中興日報開辦于一九〇七年丁未秋間、發起人為陳楚楠張永福林義順許子麟陳先進鄧子瑜等、該報為同盟會鼓吹革命之機關、其效力之大、何止三千毛瑟、其摧枯之速、不啻十萬甲兵、猗歟休哉、鼓吹之力也、同時又有南洋總匯新報者、保皇黨鼓吹保皇之機關也、東家為朱子佩陳雲秋（景仁）主筆政者為徐勤（君勉）伍憲子區榘甲等、以尊君壓民之主義、與中興日報為對壘、兩報筆戰經年、畢竟革命宗旨佔最後之優勝、首屆總經理為林義順其後為鄧慕韓蕭百川吳悟叟等、主筆政者為胡漢民黃克强汪精衛張繼居正田桐（恨海）林時塽（廣塵）（林係黃花岡七十二烈士之一） 陶成章王虎軍

摘錄丁未年七月十二日中興日報開幕出版之第一張

張西林何德如胡伯驤林希俠方瑞麟等、辦事員有周華羅仲霍、周羅均係黃花岡七十二烈士之列） 等、繼中興日報而起者、則為星洲晨報、辦理人為周之貞謝心準等、晨報停辦、則有南僑日報、辦理人為黃吉宸盧耀堂等、先是丁未年四月黃乃裳許雪秋奉孫總理命令偕陳芸生余既成陳湧波余通（子明）李子偉謄承波蕭竹漪吳金彪吳東昇及日人池亨吉萱野長知等在黃岡起義、是役陳夢桃、陳楚楠、張永福、林受之、喜（尊）、沈聯芳、許子麟陸秋露留鴻石林義順等、皆出巨資援助軍用、而黃乃裳奔走革命、經費多出其女黃瑞瓊、（林文慶元配） 事敗余通余御言陳湧波等走南洋新嘉坡寄寓汫水港義順莊許雪秋陳芸生蕭竹漪吳金彪吳金銘等奔星寓林受之處、余既成則逃香港、被清政府誣為盜匪、欲引渡之、而香港星洲諸同志、設法救出、至辛亥秋、余通病故于新嘉坡、葬於汫水港云、是年五月、孫總理復派鄧子瑜、黃耀庭等、起義於惠州七女湖、不利星散、而七月欽廉、九月汕尾、十月鎮南關、以及戊申三月河口諸役、均先後發動、坡中同志陳楚楠張永福林受之陳夢桃沈聯芳許子麟陸秋露留鴻石林義順陳競儔陳

先進黃清讀葉敦仁陳禎祥周如切丘國瓦潘兆鵬劉七輝葉玉桑盧耀堂劉婉娘等贊助軍實尤多終以軍火不繼失敗、孫總理、黃克强、胡漢民、汪精衛、王和順、謝伯强、黃明堂、關仁甫、關玉山、李友卿、韋雲卿、維坤、周華、萱野長知（日人）等數百人、由香港安南相繼奔星、寓晚晴園總機關、及陳楚楠、林受之、許雪秋、沈聯芳等處、並賃振南街屋一座、皆收容幾滿、於是張永福、陳楚楠、林義順等設法創辦中興石山于蔡厝港、舉周華任經理、以安置來者、未幾總理長兄孫眉（德彰）亦由中國避星住晚晴園、自是本坡革命事業日益發達、清總領事左秉隆干涉殊嚴、漢奸反對派視若眼針、故力謀破壞、致本黨進行計劃、益形困難、無已於已酉年、始將總機關暫移檳城、迨辛亥三月廿九、廣州之役、事前黃克强由怡保抵星、偕林時塽、周華、羅仲霍、周之貞等十數人、返國舉義、敗績、黃克强周之貞負傷竄南洋調治、武昌首義而大功始告成、辛亥年十月廿五日、孫中山先生由美國轉歐洲乘英郵船、名哩萬那者（P. & O. S. S. DEVANHA”）經過星洲、其隨員朱卓文李曉生、及其陸軍顧問呵嗎哩將軍（美人）（GENERAL HOMER LEA. MILI ARY ADVISER.）等同行、抵步時、有張永福、陳楚楠、林義順、邱繼顯等登輪迎謁、上岸後、宿於石叨門陳武烈之山園、越晨趁原輪至滬轉南京赴臨時大總統任焉、

前中興日報館之地址
（新加坡吉寧街）

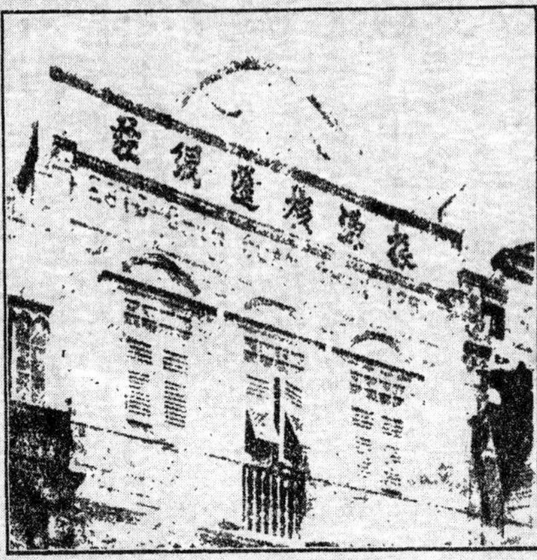

星洲書報社倡辦人鄭聘廷、於一九〇二年即壬寅年、賃吉寧街為社所、至於一九〇五年即乙巳年、還入教會建築之大樓、即丹絨巴葛禮拜堂樓上、社中陳列書報、任人閱覽、斯舉啟為美齊、迨戊申年、孫總理令何心田、何德如、胡廷川、潘兆鵬等、創立開明演說閱報社、與星洲書報社、共同宣傳革命、喚醒人心、一則可以開通民智、一則可以聯絡感情、以扶國救民之事業、更按期敦請名人演說、以吳應培、邱繼顯、陳子綏等為翻譯、革命巨子如胡漢民汪精衛張繼居正林時塽、鄧慕韓田桐陶成章等、並社演說、實開南洋革命風氣之先

繼之本坡諸同志郭淵谷、柯蔗生、謝坤林、沈飛龍、周獻瑞、陳鐵漢、何心田、許柏軒、吳逢超、何海星、陳毓卿、康蔭田、吳海塗等、組織宣傳隊、每星期、按日晚間、於各通衢演說光復漢土、實行三民主義、慷慨激昂、聞者心動、會慈禧光緒死、保皇派追悼、勒衆休業一天、何心田藥局、照常交易、反對者乘機暗嫉無賴、擲石闘鬧店口、警差干涉、以致興訟、及無賴帮受非謝罪、而何氏已損失不貲矣、庚戌秋、胡漢民、吳世榮、黃金慶、陳碧君、及其母在檳城來星洲、（胡漢民、吳世榮、黃金慶、吳應培、同寓汫水港陳楚楠林義順之成邦園、碧君則偕其母往丹絨巴葛陳禘吉家、） 共同設法營救汪精衞、黃復生、因彼等圖炸清攝政王、事露、被拏禁於北京、而陳武烈、陳先進、林義順、陳禎祥等、共出數千元爲營救之需云、

辛亥春、同德書報社開辦之初、趙鈞溪、許柏軒、劉七輝、吳勝鵲、吳友勝、符養華、陳毓卿、陳梅坡、潘兆鵬、沈子琴、陳保三、潘春陽、黃霪輝、黃有淵、藍森棠、陳翼扶等總計籌欵二十外萬元、福建謀獨立、黃乃裳由福州行電來星洲、與張永福陳楚楠報告財政缺乏等語、張永福等遂攜電赴怡和軒俱樂部、（

前中興日報之重要職員撮影

林義順（總經理）　胡漢民（總編輯）　何德如（編輯）

民國十七年二月七日胡漢民孫哲生伍朝樞三位先生赴歐過星洲時撮於怡和軒俱樂部

其地址在新嘉坡怒勿基、萬和鹽棧樓上成立後遷至亞米良街、其社長爲趙鈞溪財政爲潘兆鵬司理爲張仁南、而發起人則爲劉七輝、劉凌蒼、劉任臣、郭淵谷許栢軒、謝坤林、鄭子輝、吳一鳴、許夢芝等、嗣後南洋各埠書報社亦相繼成立、宗旨不約而同洵有天與人歸之象也、

附誌

辛亥年、廣東獨立、坡中同志發起籌辦廣東救濟保安捐、假總商會爲會所、舉羅卓甫爲總理、廖正興副之、沈聯芳任財政陳楚楠、張永福、趙克奄、岑侶豪爲庶務、查賬湯湘霖、董事黃甫田、陳競儔、林義順、葉耀庭、周升翹、

南洋英屬海峽殖民地誌略　中華民國開國革命史之一頁　六

住鹽公仔內）與陳嘉庚、張順善、陳禎祥、林義順等磋商定議復廈、担任籌欵、接濟獨立、即由陳武烈、陳嘉庚、張順善、洪福彰等、向本坡福建平糶局疏通、先抹出電匯弍萬元、以資調用、繼在天福宮畫一軒、開勸募協濟福建保安捐、舉陳嘉庚爲總理、張順善副之、陳先進任財政、張永福陳楚楠爲庶務、查賬葉敦仁陳禎祥、董事陳武烈留鴻石洪福彰薛武院陳子纓李浚源殷雪村謝有祥等、陸續總籌二十餘萬元、皆諸同志竭誠幫助之力也、當武昌起義、坡中同志、特派蔣玉田、林鏡秋、莊肅谷、（泗水同志由星洲乘豊美輪赴福建、以謀厦門之反正云、

中央黨部直轄北平民國日報紀載總理在南洋成立同盟會時之朕兆

（南洋爲中國革命之源）竊聞天將興之、誰能廢之、方滿清之末葉也、政治不綱、人心以去、是以漢族羣思恢復河山、還我舊土、有志之士設立中國同盟會於南洋、其發起人、爲陳君楚楠、張君永福、林君義順、許君子麟、以及諸君等、首在新嘉坡晚晴園、開成立會、由孫國父擬定國旗、並引起一段神話、以輝映我孫國父、茲將其大略情形、敘述於下、

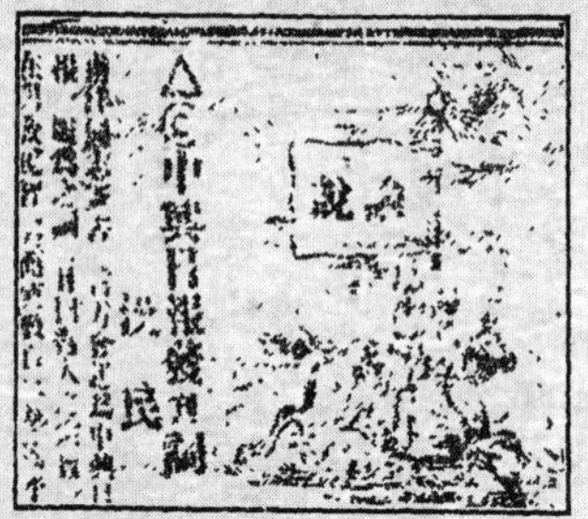

摘錄丁未年七月十二日中興日報出版胡漢民先生發刊詞

孫總理於乙巳年秋、抵新嘉坡、寓張君永福張君華丹昆仲之晚晴園、適月夜、在該園開中國同盟會成立禮、方行禮時、孫 總理爲主席、會員濟濟、正擬討論會務進行之一切事宜、忽而人聲呼喊、犬吠唁唁、林君義順即下樓打探、始悉茶房群毆車夫、林君俠氣勃發、爲之不平、救護車夫、抵抗茶房、不知如何而鮮血斑斑、沾其衣襟、然終被林君之勇氣嚇退、而事遂寢、再登樓與議、孫總理見之、喜形于色曰、（見血大吉、我們排滿自今日起、應以血祭旗呢）語畢、遂開會、迨會將終、忽而樓外又起奇聲、衆爲之駭詫、有不知名之異鳥有餘翼、從月光中迅飛、撲戶而入、集於几席間、半嚮、俄而聯翩翔揚而去、嗚呼、舉凡非常人做非常事、必有非常之朕兆、昔武王伐殷、白魚入舟、而孫總理革命、異鳥投樓、有如百鳥朝凰之象、後先輝映、誠奇事也、

自是之後、孫總理常寓斯樓、一日、以色紙擬裁黨旗、即青天白日滿地紅之標本、裁成、粘於壁間、語同志曰、他日民國建設、當以此爲國旗、猗歟休哉、有志者事竟成、今斯旗實有光吾漢族、蓋因追談神話、遂憶及此事、爰誌數行而附紀之、

新加坡前中國同盟會諸同志姓名表

陳楚楠　趙金鼎　李肇基　李曉生　張玉清　蔡漢亮　劉任臣　張永福　趙金生　吳海瀊　詹承坡　丘得松　陳逸叟
許夢芝　林義順　陳競儔　陳梅坡　黎仲西　王金鍊　洪芋蚕　陳子纓　許子麟　鄭聘廷　符養華　楊振文　張振東
吳灶安　陳秋圃　鄧子瑜　趙鈞溪　鄧　毅　張愼初　陳照和　吳業琛　盧禮朋　劉金聲　蔣玉田　杜輝漢　王寸丹
符天一　佘既成　唐璧初　黃耀庭　謝坤林　張欣然　黃崇享　丘煥文　佘　通　陳夢梅　吳悟叟　留鴻石　王竹三
陳天成　張盛忠　李春榮　符曰明　林幹廷　盧耀堂　符開祥　盧葦航　謝儀仲　吳金彪　王華廷　謝心準　葉玉桑
李子偉　杜之華　邵南棠　葉心齋　胡少翰　何心田　葉耀庭　吳一鳴　梁元祺　蘇漢忠　陳湧波　符益華　何德如
柯蘆生　陳文乾　梁允煊　呂子英　許駿聲　陳松江　劉七輝　鄭提摩太　陳翼扶　陳裕光　何沛霖　蘇彬廷　郭奇嘉
林受之　孫辛友　李玉堦　張志華　李凌溪　汪聲音　陳金寺　陳夢桃　李劝樵　許子偉　劉伯浚　李聲餘　蕭竹濟
陳　笑　黃乃裳　吳逢超　郭藕卿　藍來喜　黃康衢　郭俊人　沈子琴　陳子麥　鄭古悅　何子因　柯西成　黃清讀
丘宗岱　周紀明　許雪秋　陳長生　楊蕃史　黃甘松　鄭祝三　佘岱宗　林立宗　魏譜同　劉凌蒼　沈聯芳　丘繼顯
林希俠　劉婉娘　杜　棠　陳武烈　陳芸生　符愛周　李思明　周獻瑞　符兆光　郭民波　陳禎祥　葉敦仁　王士先
辜景雲　許雲德　王漢光　黃景瓜　林鏡秋　張漣士　張仁南　李鏡仁　林文慶　佘天中　石養性　許柏軒　陳信藩
胡雲舫　李普仁　陳嘉庚　楊柳堂　杜青藜　林航葦　丘醒虎　方瑞麟　潘兆鸚　丘國瓦　黃廷光　吳炳光　郭淵谷
李爾梓　蘇珊玉　蕭百川　李光墉　陳雪軒　李光前　黃吉宸　蔡蘭谷　蘇　聯　吳逸亭　林芳亭　柯漢臣　莊碧峰
陳先進　陳詠商　姚頌民　趙克庵　鄭　金　陳書臣　曾紀德　胡伯驤　沈飛龍　陳毓卿　周如切　林裕成　周升翹
徐雪濤　朱觀捷　鄭子輝　藍禹甸　黃甘禮　蔣德九　王漢忠　盧榮宗　褚民誼　王雨若　吳應培　謝已原　陳裕義

南洋英屬海峽殖民地誌略　中華民國開國革命史之一頁　八

王漢天　余御言　陸秋濤　周之貞　蕭子璇　吳熾寰　陳文俊　王　裔　陳天一　李竹癡　李漢卿　何海星　蘇德天

沈文光　沈德龍　楊俠生　鄭　鄭　張是富　何仲英　康蔭田　胡亭川　李　燦　何達基　李炳輝　李文楷　黃鶴鳴

杜鳳書　勞　培　羅　幹　周　華　羅仲霍　方漢成……………………

補錄

劉克明　劉靜山　湯秀山　楊阿咯　楊烏龍　楊國民　譚少軍　陳寬押　方雲藻　徐統雄……（所補錄諸同志適十二月五號假座通美行內歡迎鄧慕韓同志時經衆議決加入者又及）

以上民國開國前時、其組織概略之情形、及諸位同志之芳名、經同人就其所知者、誌之於右、如有未盡詳實、或有錯漏遺下、尚祈高明賜教、而添改之、庶免爲魚目混珠、淆亂黑白者所顚倒、則幸甚焉、

劉七輝　許柏軒　胡雲舫　李肇基　陳子麥　陳信滿　何心田

吳熾寰　李鏡仁　潘兆[illegible]　陳天成　吳海塗　鄭聘廷　陳長生

梁允祺　陳翼扶　鄭古悅　鄭祝三　藍禹甸　符養華　張仁南　同識

許子麟　丘繼顯　李子偉　林裕成　李普仁　蘇彬廷　沈飛龍

李漢卿　梁允煊　蔣德九　趙金生……………………

中華民國十八年國慶紀念日

宋蘊璞 興武 同志先生存念

星洲林義順敬贈

著者之父

著者之母

著者宋蘊璞

著者之妻暨九子昌寬

著者由南洋回國時子女之合影

五子昌農　二女淑貞　長子昌懋　六子昌祺　三女慧貞
七子昌善　八子昌厚　四子昌黎

本書在南洋之調查主任

二弟興武

本書在南洋之工作者

長子昌懋　三弟靜澄　二弟勵生

本書之顧問

歷任南洋羣島領事
陳炳武君

本書之顧問

陳嘉庚公司總巡
方步雲君

校訂主任

北平教育會主席
伊見思君

校訂者

公立第一中學校校長
趙紹庭君

校訂者

公立第一小學校校長
李梓材君

介紹南洋英屬海峽殖民地誌略

華僑居南洋亦既數百年於茲矣然多來自閩粵二省蓋以其地之相去纔千哩耳若來自萬里之北平寔自宋君蘊璞興武昆仲始宋家兄弟固學者以年來鄉梓多亂挾貲貸南來遍遊馬來半島及婆羅洲爪哇暹羅等凡百數十埠已而青萍結綠到處賞音有是才品而宜有是歡迎者

二君且遊且商近更組織蘊興公司於北平而南洋羣島益晅赫矣舉凡舟車所至耳目所觸留心以窺察走筆以紀錄彙積既多輯而成書曰南洋英屬海峽殖民地誌略全書分三編新加坡檳榔嶼馬六甲各得一焉內容

所叙大而歷史地理文化商業小而遊記雜俎及日用瑣屑無不畢載該書出版後復進而續編上列諸大島馬所謂勢如破竹一節之下餘悉迎刃而解矣抑尤有進者明鄭和雖七下南洋惟無詳細記述傳世厥後英人來佛士將南洋歷史地理風土人情以及動植各物皆攝有照片擬編印成冊惜於回國時盡燬舟中此外各國雖各有著作然皆難求全備至若我國著述更寥若晨星矣此次誌略出版實為最完美之鉅製凡我僑胞固當人手一編而國內人士如以南洋尚有千萬華僑每年匯款歸國達兩萬萬元之鉅為有研究價值者亦宜據此而參攷焉爰共書此而為之介紹

介紹人

黃鶴汀 鄭雲英 李修元 方言雲

李旺記李[illegible] 李敬 陳濟民

黃錫南 陳潤圃 永號 黃昌士 何葆仁

曾銘巖 張永福 薛[illegible]圃 鄧荔生

陳占梅 蕭志來 葉清汾 [illegible]文卿

黃望卿 莊丕唐 謝文進 胡桂庚

唐韻琴 薛武院 嚴伯猷 羅承德

蔡天恭 黃碧郎 鄭成快 陳毅龍

黃漢騰 梁顯丞 林博愛 曾晏生

林光挺 [illegible] 謝御群

陳楚楠 朱思谷 林則楊 林文慶

鵬程南運

新嘉坡中華總商會會長薛武院題

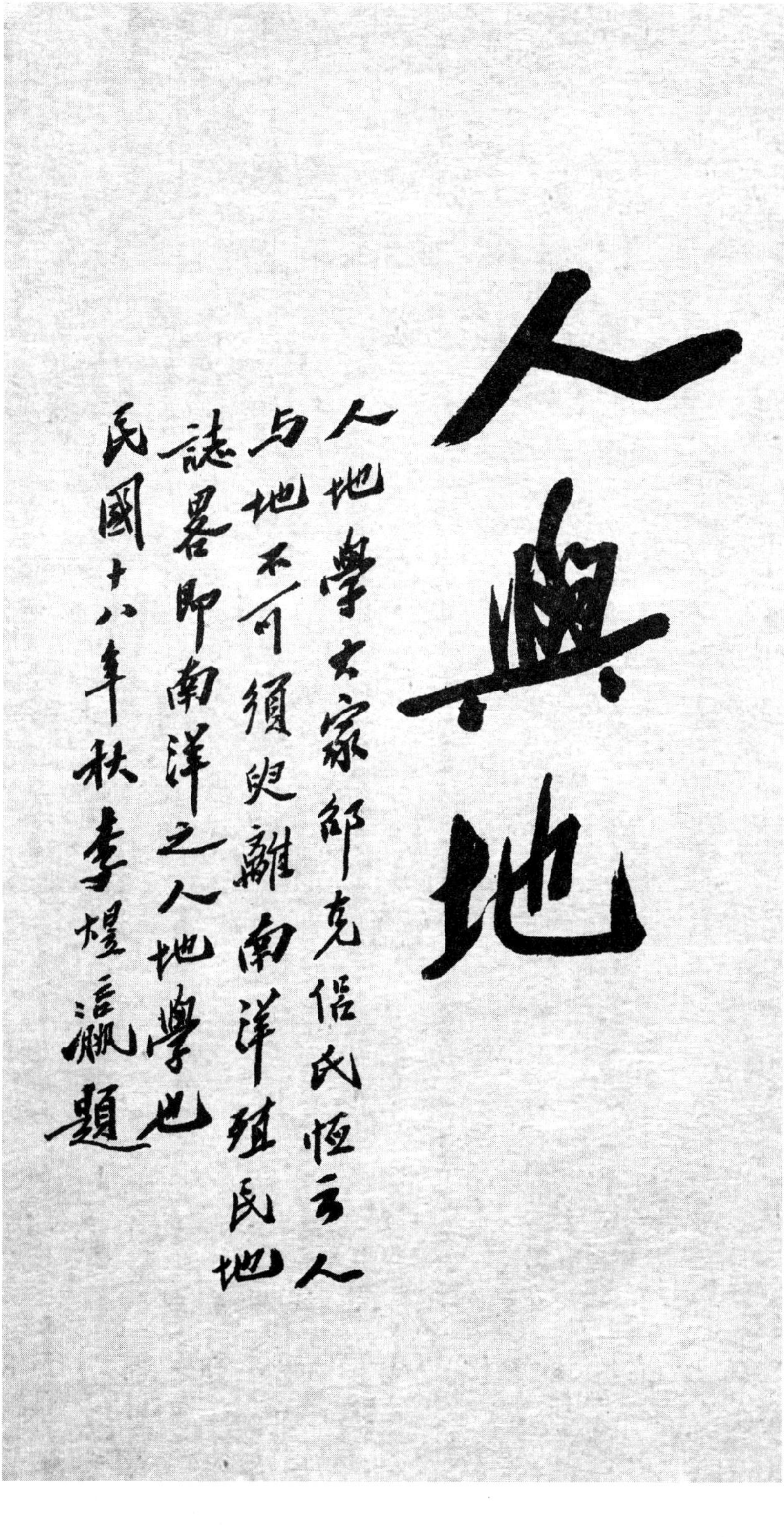
人與地
人地學大家邵克侶氏恆云人
与地不可須臾離南洋殖民地
誌畧即南洋之人地學也
民國十八年秋李煜瀛題

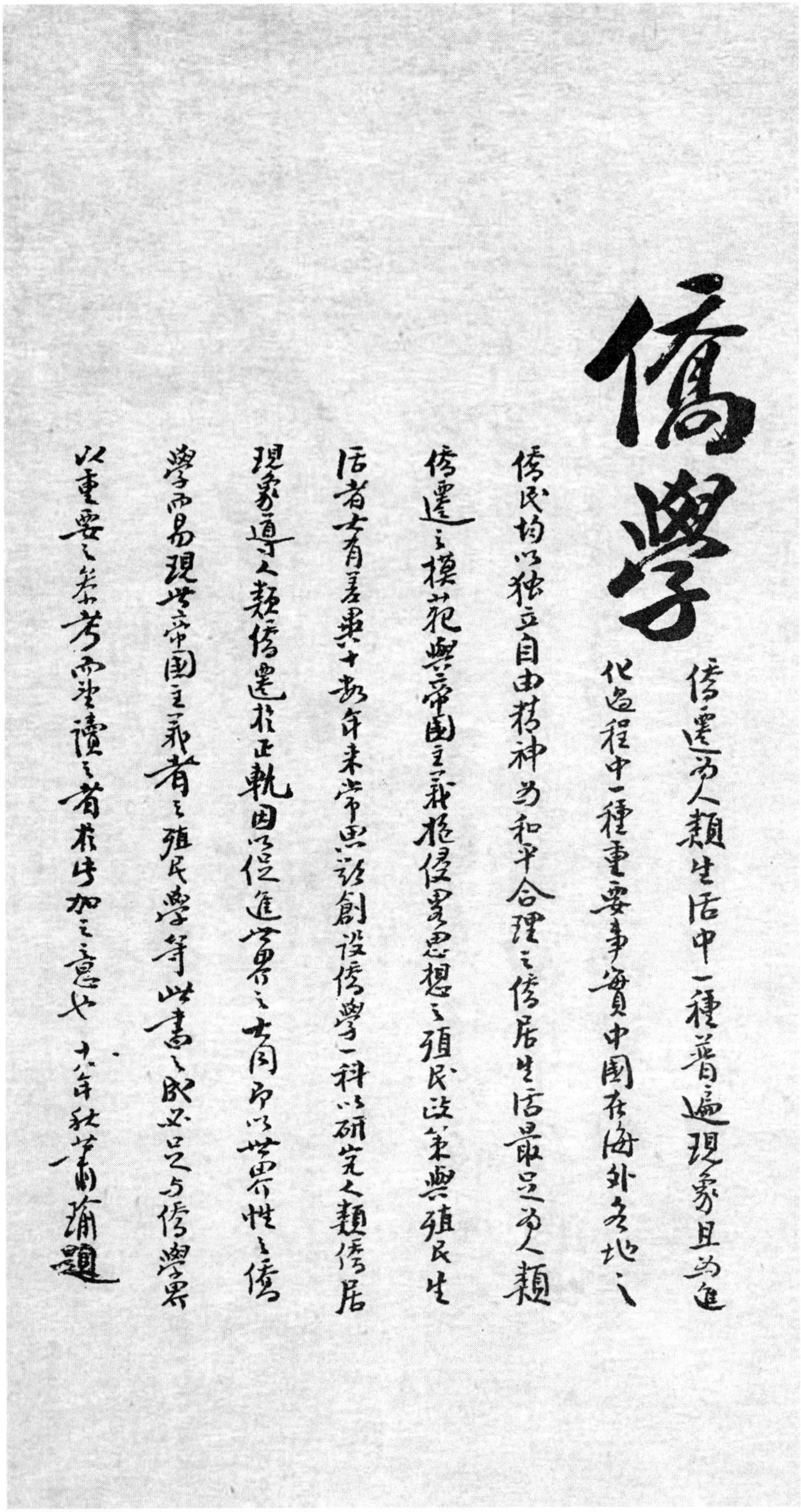

僑學

僑遷為人類生活中一種普遍現象且為進化過程中一種重要事實中國在海外各地之僑民均以獨立自由精神為和平合理之僑居生活最足為人類僑遷之模範與帝國主義侵略思想之殖民政策與殖民生活者大有差異十數年來常與談創設僑學一科以研究人類僑居現象導人類僑遷於正軌因以促進世界之大同即以世界性之僑學而易現世帝國主義者之殖民學等此書之成足以為僑學界以重要之參考而望讀之者於此加之意也　十八年秋蕭瑨題

海納萬有
吳敬恒題

南冥一覽

李濟深題

華路大啓

全國農會聯合會題

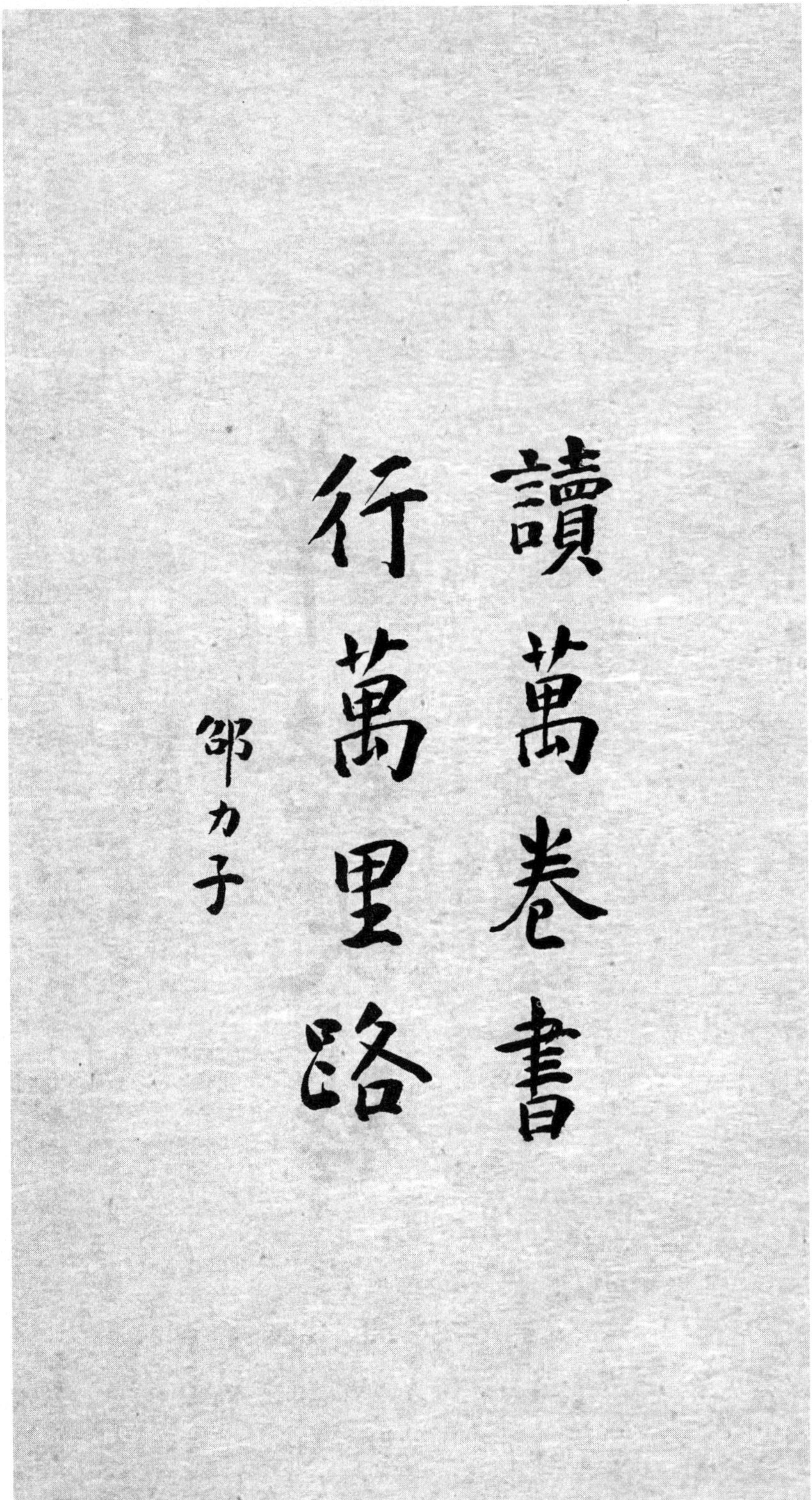
讀萬卷書
行萬里路
邵力子

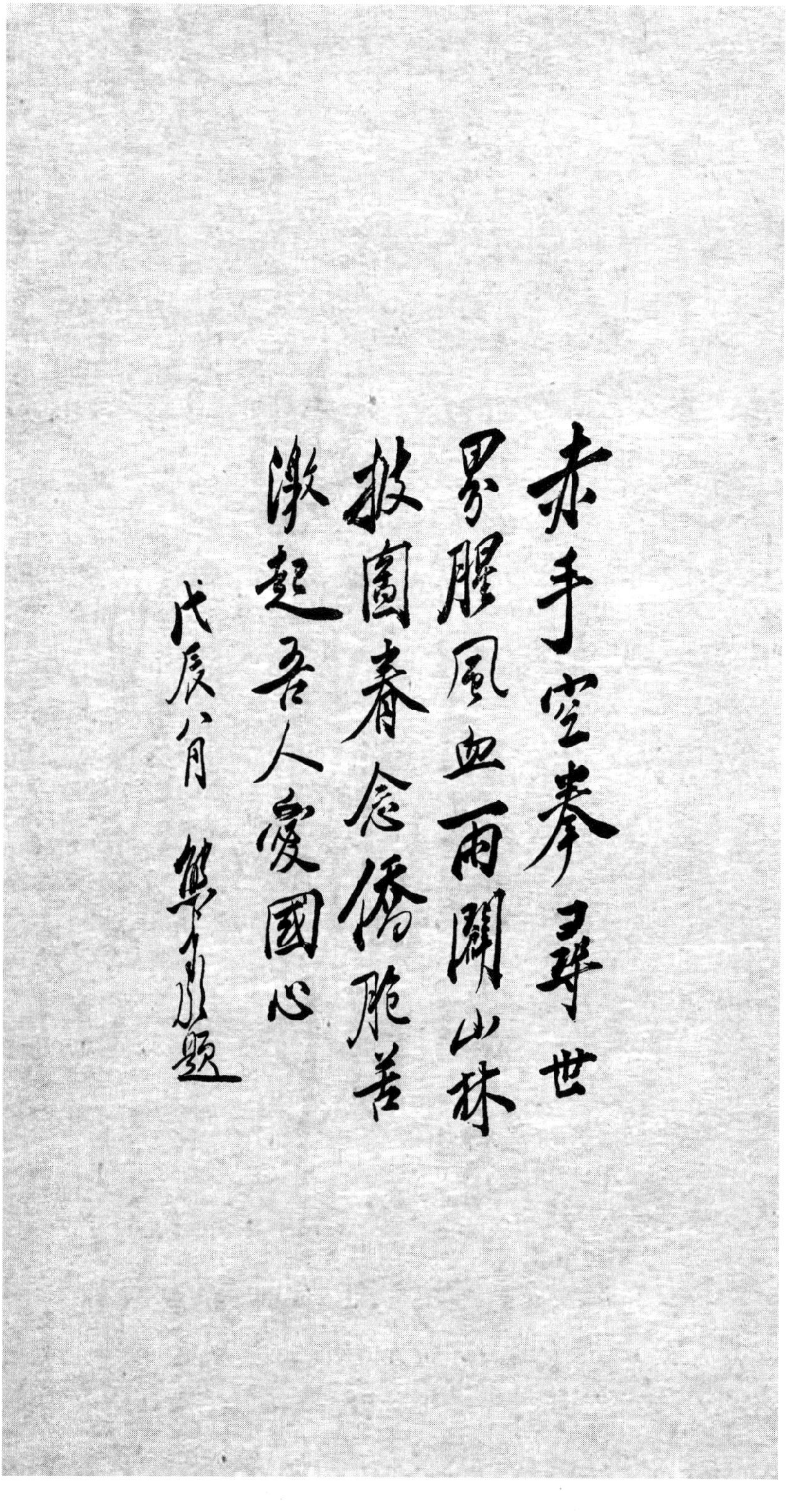
赤手空拳尋世界
腥風血雨闢山林
披圖眷念僑胞善
激起吾人愛國心
戊辰八月　[illegible]題

南薰阜財
北平銀行公會題

華路南鍼

宋子文

開卷有益

戊辰長夏馬福祥題

忍耐奮鬥

蔣中正題

壯游

閻錫山題

大翼垂天九

萬里

民國十七年仲夏

戴傳賢

協和萬邦
林森

奮鬭精神

馮庸 一九二

中華民國十九年一月

在吾目中

江庸摘馬援傳語敬題

商學津梁

民國十八年冬月

吳雷川敬題

翔實

徐永昌題

共睹共勉

孔祥熙題

殫見洽聞

王伯羣題

圖南初步

北平總商會冷家驥題

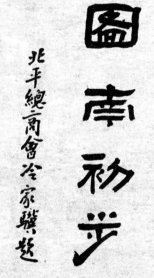

南針

北平特別市教育會題

鵬搏萬里

陳調元題

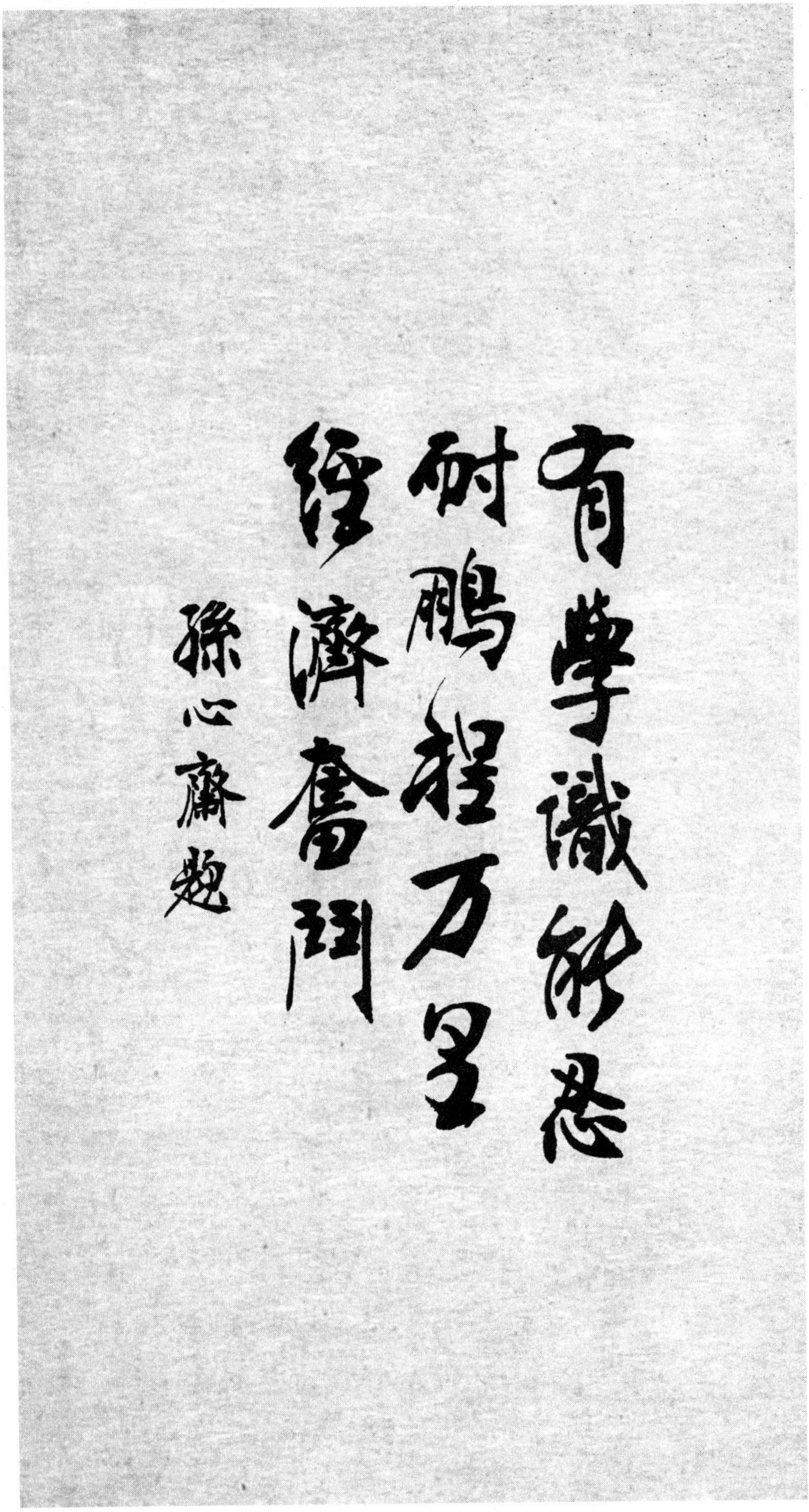
有學識能忍
耐鵬程万里
經濟奮鬥
孫心齋題

化行南國

陳大齊題

漢唐時代漢民族
開發東北及西北，惟
至大明南洋諸部落
歲歲朝貢，閩粵人繼
續努力開闢為中
國之外府。歐人未來之
先，政治經濟皆操
諸華人之僅手。歐人東侵
之後，華人保政治經
濟勢力，政治為白人奪
去，此南洋之大略也。
思之慨然
張繼題

民族之光

民國十八年仲春

吳鐵城

倡首南方

金山朱墨谷題

南國之紀

周作民題

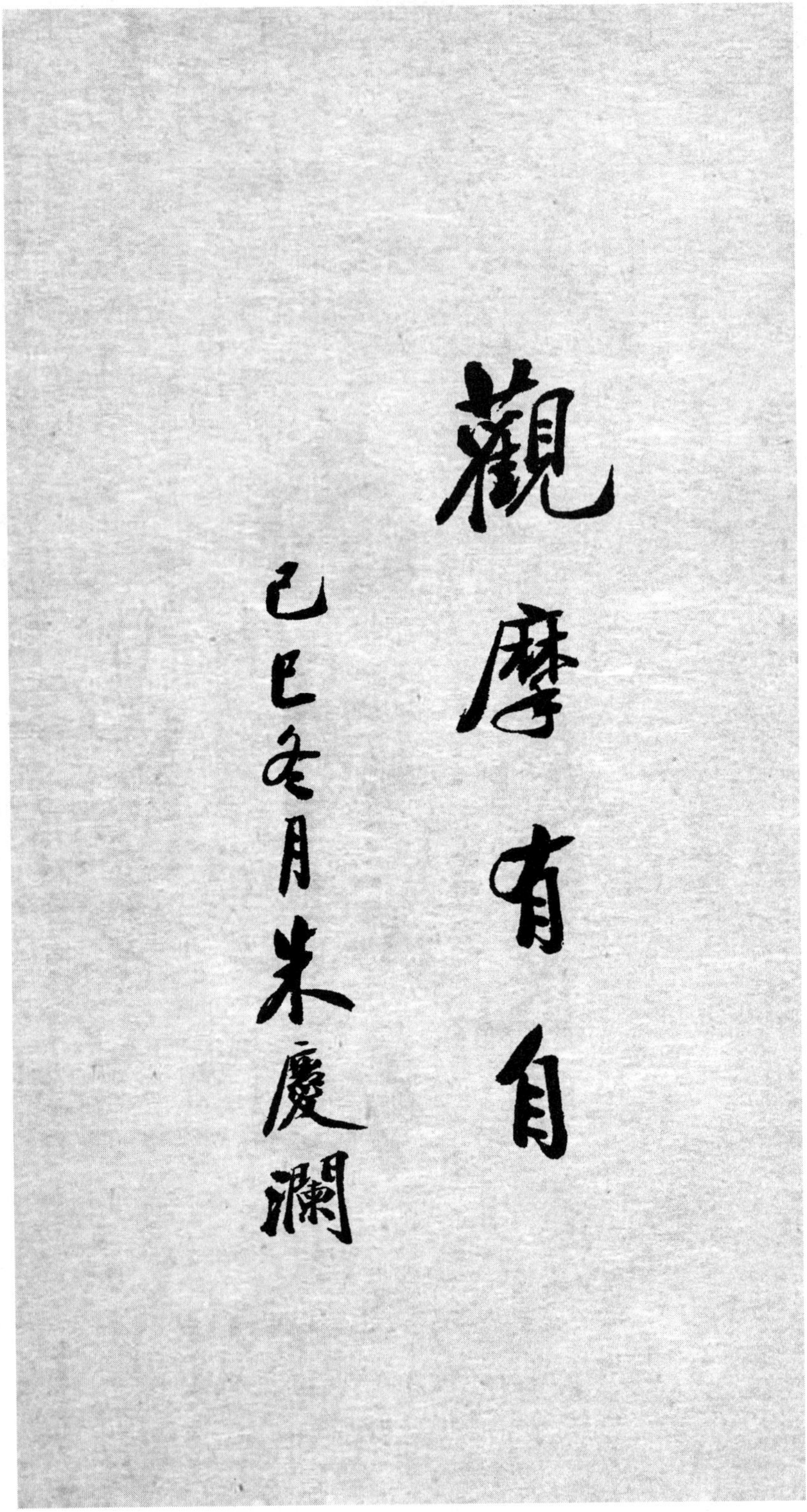
觀摩有自
己巳冬月朱慶瀾

鴻運志圖

張永福

観海必覽

雲泉蔽圍題

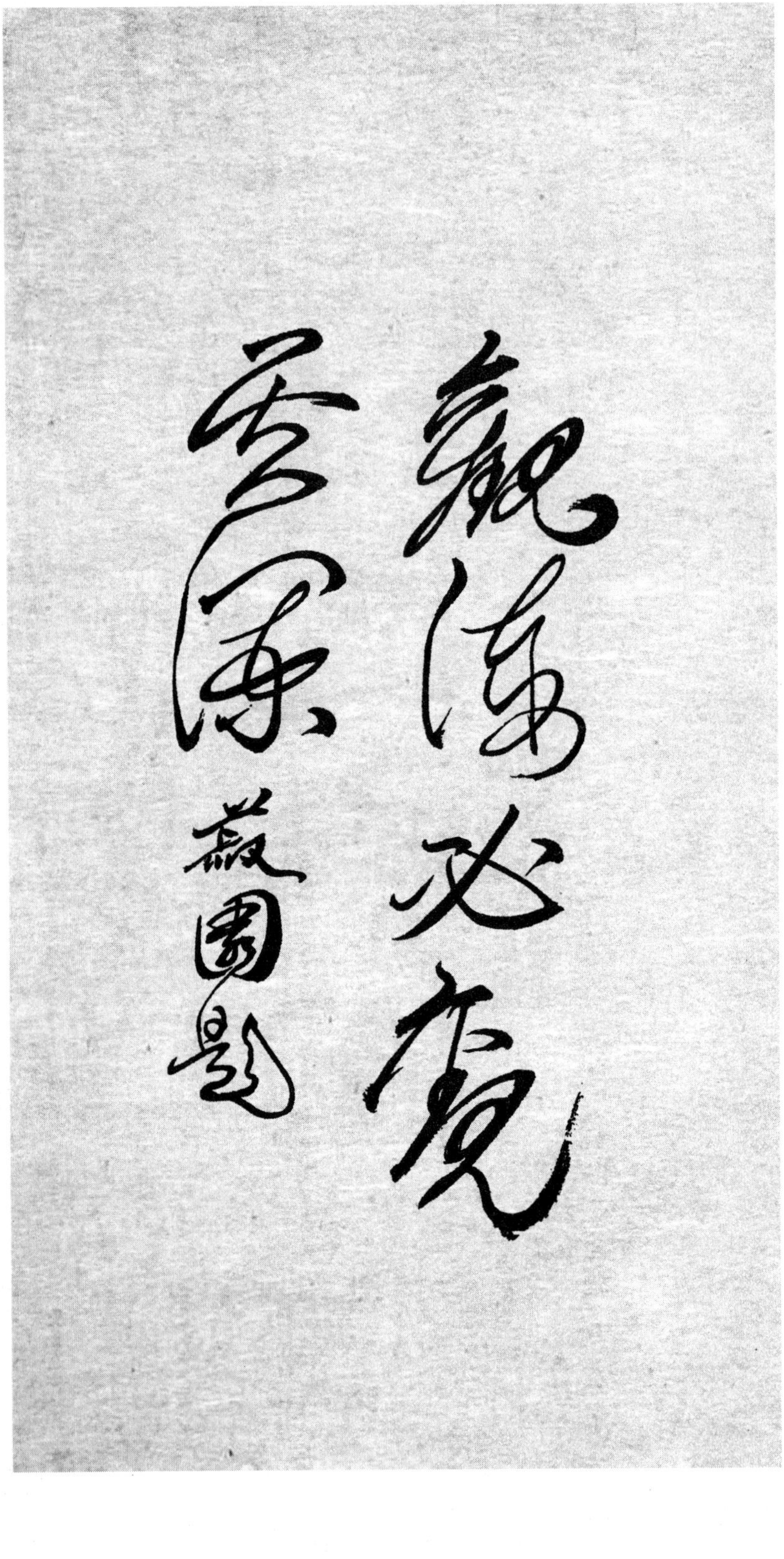

幼學
壯行

可以卧遊

李恆筆

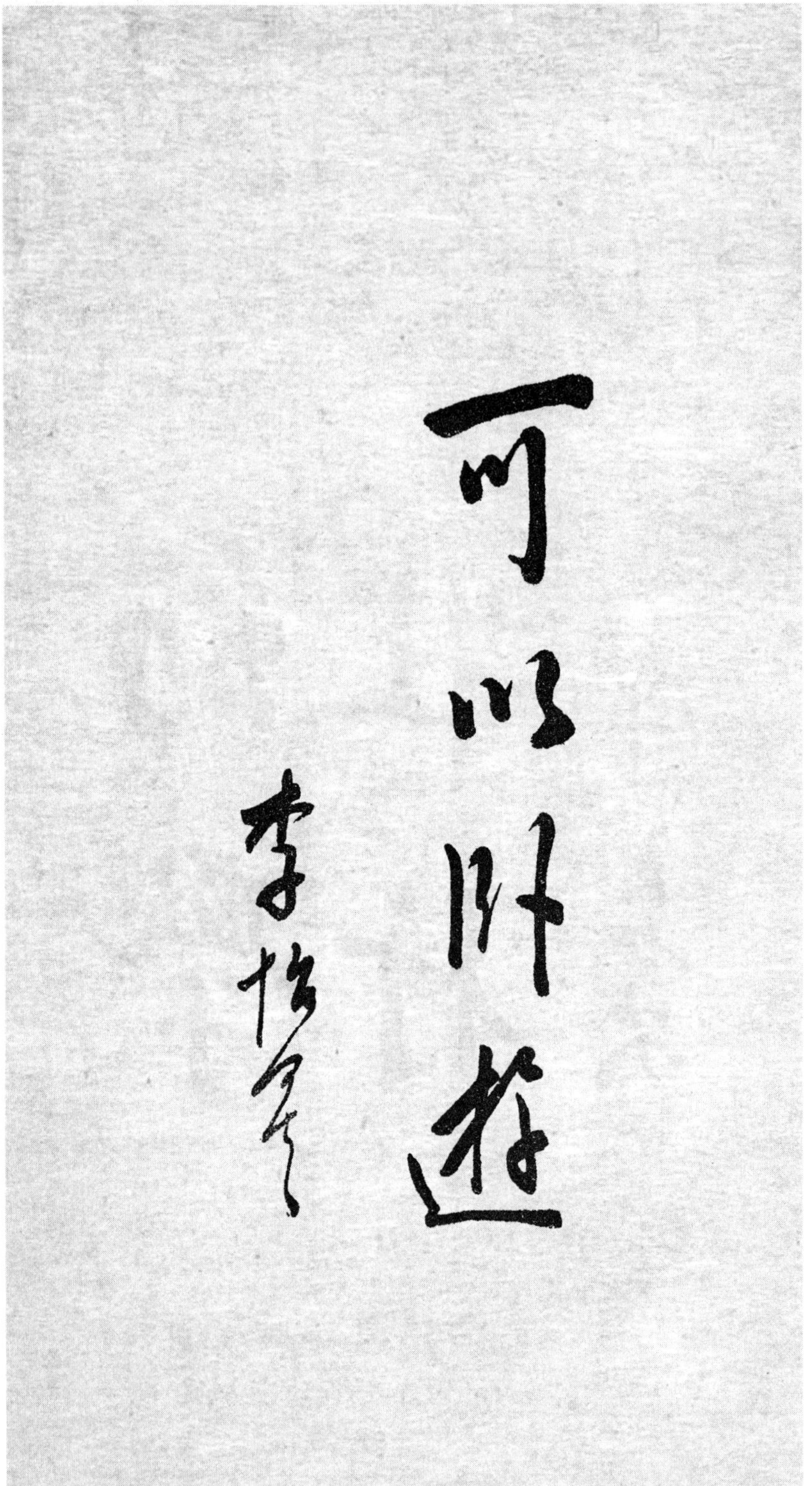

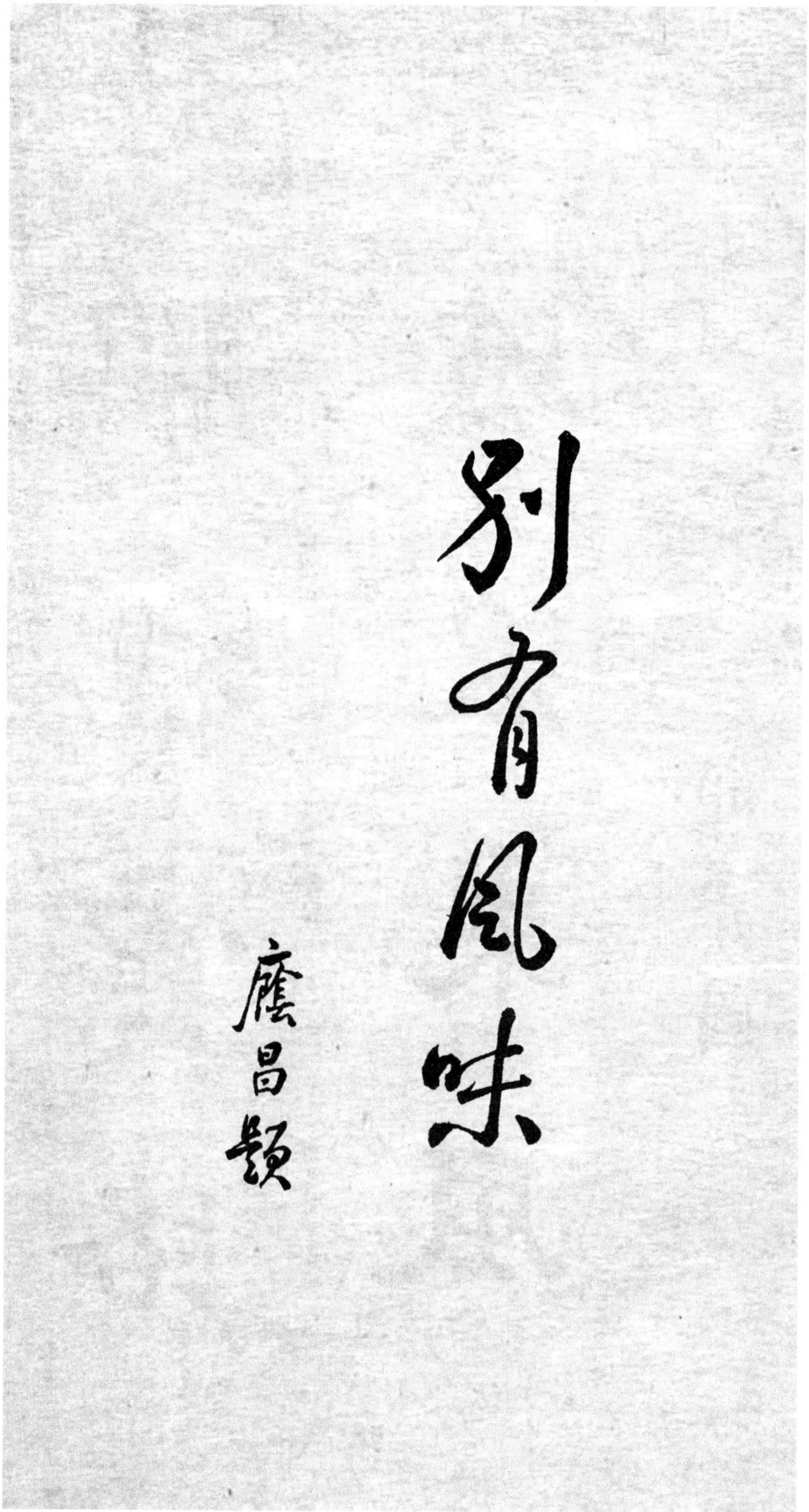
别有风味

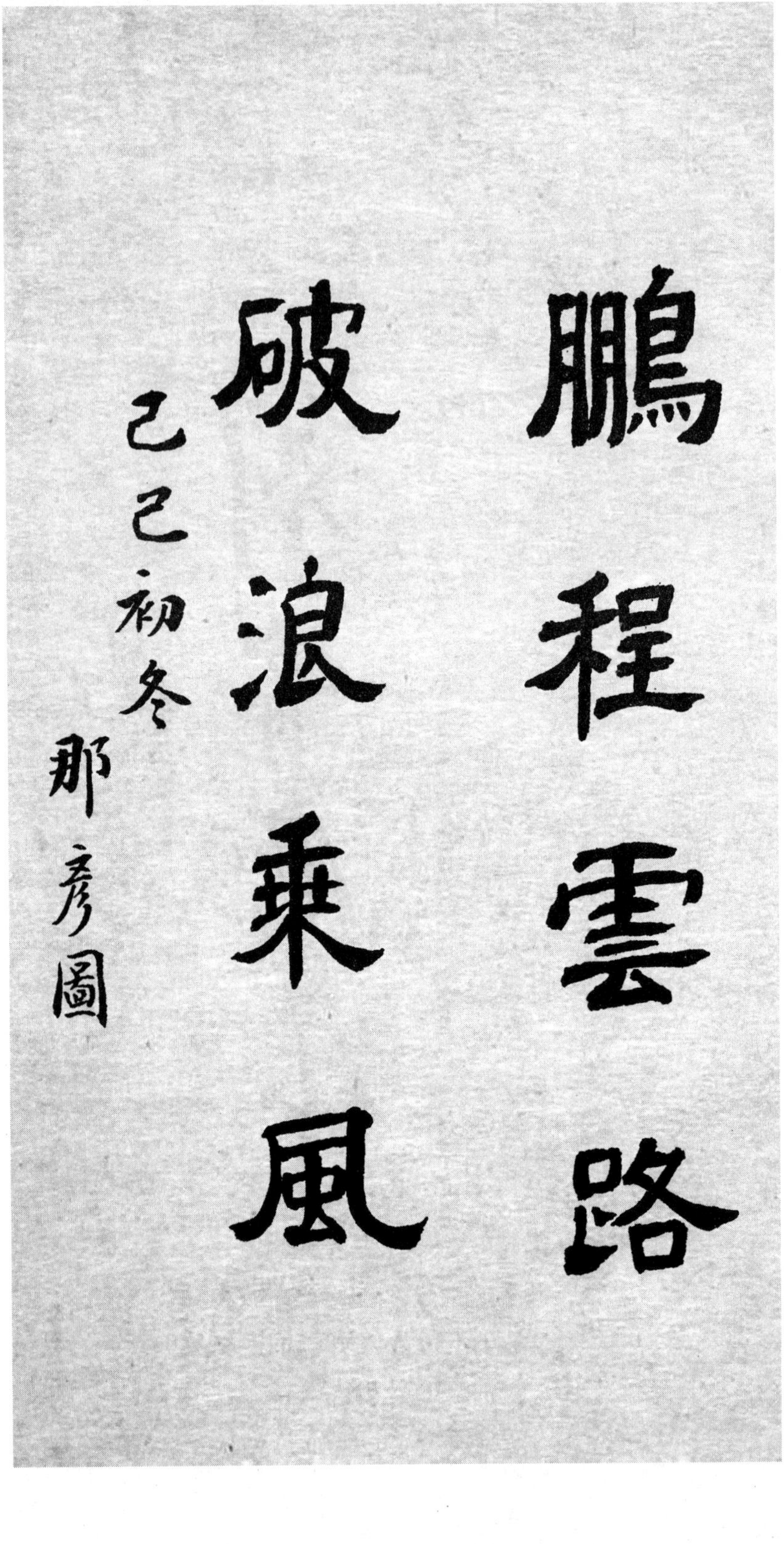
鵬程雲路
破浪乘風
己巳初冬
那彥圖

寶鑑

宋君蘊璞本自利々他之心編此鉅帙將來成績必為南方寶鑑然亦不僅此足以多寶為鑑也　題瑞築

歐亞之光

南洋海峽為歐亞水路交通之孔道歐化由南洋輸入吾國者頗踰五見吾人從振旋之道言或進一步為世界人類計將東方思想結晶之「佛化」轉輸入歐洲實為吾人唯一之責任但欲佛化西行必須將南洋固己佛化使之復興今宋蘊璞先生所編之南洋海峽殖民地誌於商業交通之觀點致意文化南洋人士能於歐洲物質文明輸入之時更能為亞洲文化之輸出於歐亞文化之互光有無窮之關係貢獻於此實有莫大希望焉

北平佛友會釋台源題

南洋英屬海峽殖民地誌略

第一編 新加坡

第一章 概要

宋蘊璞著

【歷史】　新加坡Singapore 一名石叻、一名星洲、梁史稱爲頓遜國、明史稱爲滿剌加、今之稱爲新加坡者、蓋馬來人所命之名也、其地古爲暹羅屬土、及一三七七年、爲印度爪哇族之馬約巴赫所佔領、其後馬氏勢力益張、奄有馬來半島、及其南諸島、全盛者殆及百年、逮爪哇族崛起、聲威日盛、於是馬氏王國忽爾衰亡、而馬來半島及新加坡乃爲爪哇族所佔有矣、英人開闢新加坡之第一偉人、爲來佛士氏 Raffles 來氏生於一七八一年、年十四被雇爲東印度公司書記、後又被聘爲檳榔嶼要塞之郵務主任、一八一一年升任爪哇總督、在任五年、歸英倫、英政府嘉之、授以爵士勳位、復返南洋、一八一八年、任白可林副總督、其翌年乃逞其靈敏之手腕、竟取新加坡置之英人掌握之下、而造成不世之偉業焉、

新加坡居馬來半島之南端、爲歐洲往來東方各國之孔道、來佛士目光所及、知其將來必能於遠東商務上佔極重要之地位、乃以東印度公司代表名義、與柔佛酋長勝氏所派駐新加坡酋長拉麻Rahman 訂立柔佛協約、允許東印度公司在新加坡及其他領土內建設工廠、英國年給柔佛酋長西班牙幣五千元、新加坡酋長三千元、新加坡海口亦歸英

開闢新加坡之來佛氏銅像

人保護、既又訂立新加坡處理協約、則訂明西自丹戎馬嶺 Tanjong Malang 東至丹戎加東 Tanjong Katang 凡居留此地域以內、由英國委員管理、而華人與馬來人之遷居、亦加以限制矣、

夫來氏所以處心積慮、必欲取新加坡而有之者、實以是時荷蘭人在東方之勢力頗盛、關於商務上時與英人有衝突之虞、禍機日迫、勢難倖免、新加坡形勢甚佳、實一天然壯麗之軍港、得之足爲海軍之根據地、且新加坡地位適中、水深可容巨舶、倘闢爲自由商埠、必可制荷人壟斷東方商權之死命也、來氏眼光之銳利既如此、而其手腕之靈敏又如彼、故能以迅雷不及掩耳之手段、取新加坡而有之也、自一八一九年至一八二三年間、新加坡皆隸於白可林政府之下、一八二三年以後、乃改歸孟加拉 Bongal 政府管轄、然是時新加坡政治重心、尚操諸酋長及圖盟果之手、英人意猶不滿、乃於一八二四年、復訂克脅佛協約、柔佛酋長及圖盟果 Tnmungong 將新嘉坡之領土、及領海海峽屬島、並一切權利產業、讓與東印度公司、東印度公司則以西班牙幣三萬三千二百元、報酬酋長、月給一千三百元俸金、以二萬六千八百元報酬圖盟果、月給七百元俸金、此約既成立後、柔佛酋長所派駐新加坡之酋長、及圖盟果等、盡喪其政治上固有之勢力、而此世界商業重心之新加坡、遂長入英人之手、而萬劫不可復矣、

一八二六年、新加坡與檳榔嶼、馬六甲二處同盟、共成一聯邦、是爲三州府、亦謂之海峽殖民地、初設政府於檳榔嶼、嗣以新加坡人口倍增、華僑之航海南來者、麕集於此、商業之發達、一日千里、聯邦政府、遂於一八二七年、移駐新加坡、自時厥後、直至一八六六年、四十年間、聯邦政府皆受東印度公司節制、頗得其經濟上之供給、藉以整理一切、至一八六七年、始脫東印度公司之羈絆、而直隸於英皇統治之下、英政府所派之第一任總督、即亨利斐喬治氏 HarrySt. Geosge 也、新加坡初不過一蕪穢落寞之荒島耳、自經英人佔領後、一面招致華工、一面開闢地利、人口則愈聚愈多、地方亦愈闢愈廣、遂蔚然成爲世界著名之商埠、近數十年來、英國殖民地中、論商業之殷繁、與入欵之豐富者、則新加坡實爲首屈之指焉、

【地理】　新加坡係一海島、位於馬來半島之南端、與大陸僅隔一柔佛海峽、地當東經一百零三度五十三分、北緯一度十六分、距赤道僅七十六哩、其形如獅子、故馬來人名爲新加坡、馬來人呼獅爲新加、呼島爲坡、即獅子島之意也、東西廣二十七哩、南北長十四哩、全面積包括附屬諸小島、共約二百二十六方哩、島之週圍計一百十七哩、海上距離檳榔嶼三九五哩、馬六甲二七〇哩、緬甸八

新嘉坡之大路

三三哩、彭亨江口一七一哩、巴達維亞五三二哩、曾精四三五哩、納閩六三六哩、香港一四三七哩、加里吉打一六九七哩、全島有海角九、北有丹戎浦格耳 Tanjong. Punggl 角、東北有欽琪帕點 Changi Point 角、東有丹戎門光 Tanjong Meng Kwang.角、南有丹戎客東 T, Katong 丹戎儒、T, Rhn 丹戎巴加 T, Pagal 丹戎球 T, Cul 丹戎金陵 T, Kling. 丹戎冰球露T, Penjulu六角、境內河流頗多、北部有蘇其開喇奇河、Sungai Kranji 蘇其色喇帶河、S, Seleter 蘇其璞各耳河、S, Punggol 東北部有蘇其殺羅果河、S, Sarranggong 蘇其欽琪河、S, Changi 南部有奇喇河、Gelang 客喇河、Kalang 羅曲爾河、Rochore 新加坡河、Singapore 蘇其噴鄧河、S. Pandan 壽倫河、Jurong 西部有蘇其必利河、S, Berih 惟河道皆不甚廣、僅容小舟、不便航行、其稍著名者、爲新加坡河、直貫城市之中心、船舶往來如梭、頗爲繁盛、境內無高山、僅有邱陵起伏、足爲風景之一助、其稍著名者、爲錫 Bukit Timah 山、高五百五十呎、距柔佛路Johote Road 約八哩、蒲愷潘勤 Bukit Panjang 山、高四百三十四呎、距柔佛路約九哩半、蒲愷麥達 Bukit Mandai 山、高四百二十六呎、距小坡三拜秧亭巷、Jed-dah Rd約十一

哩、次爲牛斐白Faber 山、爲一通信站、在泰羅白喇康區內、皇家Covernment 山、在果圓路之左側、以近總督署而得名者、客能Canning山、在實得力山Street 之右側、設有通信站、及砲台砦一、要塞也、珍珠Deall 山、在合平樂 Hav-elock 路之右側、新加坡貯水池在焉、蘇非亞Sophia 山、在蘇非亞路之右側、新加坡之前、小島羅列、宛如屏障、足資遊眺、其在南方者有五、一曰浦樓渤羅耐 Pulau Brani 島、有鎔錫處、以鎔各處之錫米、一曰排喇肯麥的 Blakan Mati 島、有强固之砲台、此島幾全爲國家工程師及砲兵所佔據、一曰光耐島、賴佛士燈塔、即在其上、一曰浦樓哈都 Pulau Hantu 島、在前門 Chermi 海股之對面、一曰聖約翰島、中設船舶檢驗所、其在東北方者、有浦樓于濱 Pulau Ubin 浦樓天康 Pulau Tekong 二島、浦樓于濱島內有靑石礦、頗著名、新加坡無重要海股、其稍有名者、爲排倫架Blanga海股、爲前門海股、爲西渤 Slbet 海股、皆在島之南面也、新加坡四面臨海峽、故海峽頗著、一曰柔佛海峽、一名包喇大渤羅 Selet Tebrau 海峽、又稱老海峽、介於新加坡與柔佛之間、爲華僑最初發現之航路、一曰新加坡海峽、在新加坡與波羅排都馬之間、一曰包喇笭皮林 Selat Sembilan 海峽、一曰色喇柏鄧 Selat Pandan 海峽、皆在南方各島之間者也、

天主教堂

【宗教】新加坡居民種族非一、故宗教亦甚複雜、如回教佛教印度教基督教天主教無不有之、回佛等教、向不帶政治的臭味、故不取傳教之形式、亦不急急於擴張教勢、惟聽世人之自由信仰、就外表觀之、似近於保守、無復發達之可能、基督教人數不多、雖假教育爲擴張教勢之手段、但因地廣人衆、教育之普及綦難、區區數學校誘導之力、能有幾何、故其勢力亦不見若何發達、惟天主教信徒甚多、勢力頗盛、其傳教之法、亦假教育爲前驅、所設之學校既多、而內容亦比較的稍見完備、故其教勢大有蒸蒸日上之觀、遠非其他各教所能及也、

【金融】新加坡幣制整齊、而銀行業又極發達、故金融活潑、從無劇大之變化、貨幣雖通用銀幣、實則爲虛金本位制、英金幣對

新銀幣恒有一定之比價、其價由新政府公布之、每新銀幣一元、合英金二先令三辨士、以至四辨士、爲新政府所頒定、故市面行用雖屬銀幣、實與金幣無異、其銀幣一元、約合華銀九錢、而成色較高、輔幣爲五角、二角、一角、五分、數種、皆圓形、銅輔幣分一分、半分、四分之一數種、亦圓形、各幣皆以十進、每銅元百枚、合洋一元、無我國幣制淩亂之現象、其紙幣皆由新政府發行、自歐戰後、銀貨缺乏、輔幣如二角一角者、皆用紙幣、現市面所流通者、全係紙幣、實際上已不能發現、而人皆樂用之、各銀行中、雖存有少數銀幣、僅足爲櫃面之支付、然人皆趨重紙幣、與我國習慣適相反、則政府之信用、法律之保障使然也、至大宗交易用紙幣者、亦屬少數、其最受歡迎者、爲銀行支票、可免點數之煩、且可對於款項之支付、留伸縮之餘地、故支票之在新市、占重要之位置、是以銀行業極稱興盛、現歐人在新銀行林立、英有匯豐有利揸打、美有花旗、荷蘭有小功范打、法有法國銀行、日有台灣正金、更有中日合資之華日銀行、中法合資之中法實業銀行、皆各挾其海陸軍之威力、以分南洋之經濟權、每歲獲利皆逾百萬、其主要營業、爲押匯、匯兌、貼現、至往來存款、則除匯豐、有利揸打、台灣外、經營之者甚少、即有之、亦以此爲招徠匯兌之媒、非認爲主要業務也、而匯兌交易、則又因其國籍之不同、而生自然之界限、各國僑商、各就其本國銀行以行交易、而銀行又各予其本國僑商以便利優待、以盡其扶持國外貿易之責任、故僑商與銀行、勢若連索、不可或分、而吾華僑則因本國無雄厚之銀行、勢不能不與他國銀行交易、來往雖受重虧、亦無可如何也、

印度古廟

【氣候】新加坡居熱帶之中、距赤道僅一度左右、氣候終年炎熱、無四季之別、然因地爲島國、受洋流海風之調劑、氣候亦稍有變動、最熱時、上季在三四月、下季在九十月、最凉時、上季在七八月、下季在十二月正月、風向、則自十一月至三月多東北風、土人名之曰東北季候風、自五月至九月多西南風、名之曰西南季候風、每當氣候漸凉時、雨水亦漸多、每隔一二日、輒降雨一次、甚或無日不雨、忽晴忽雨、變動甚速、無我國北方之纏綿細雨也、每日最熱時在正午左右、赤日照灼、酷熱如焚、居民避匿室中不敢外出、傍晚海風徐

來、熱度稍減、至夜中則近似北方初秋天氣、亦頗覺涼爽矣、居民恒終歲著單衣、雖夾衣可不用、皮棉衣更無論矣、每至日中、最熱時即不外出、用冷水澆頭部、並浴全身、謂之冲涼、蓋不如是不足以調和體溫也、據一九二六年所調査、最高熱度爲二月二十六日、計九十三度、最低爲六月二日計七十一度、平均八十二度一分、余居新埠時、爲一九二七年、是年氣候尤熱、熱時恒在九十度以上、且有超過百度之時、翌年陰歷正月間、炎熱更甚、西人至以冰水冲涼、其熱可知、

【人口】新加坡全島人口、據一九二七年推定之數、爲三十五萬八千九百零三人、種族極複雜、有中國人、馬來人、爪哇人、泰米爾人、歐羅巴人、歐亞混血人、中以吾國僑民佔最多數、其職業大半經商耕植傭工等、茲將一九二八年之人口調査表如下、

白種人、　男三萬零九百十八人、　女一萬六千二百人、

亞細亞人、　男二十三萬五千八百五十二人、　女十萬六千三百六十一人、

共計三十七萬九千三百二十三人、

【交通】新加坡政府、對於交通機關、力求完善、故其路政之修明、交通之便利、最堪令人欽服、全市重要地點、皆通火車、窮鄉僻壤、亦無不通汽車、市內道路、皆柏油塗飾、光滑如鏡、又皆設有電車、至於航路、則四通八達、郵電則非常敏捷、尤足覘其設備之進步、適非騖虛名、而鮮實際者所能及也、夫華人移殖南洋、數百年而進步甚少、西人移殖不過數十年、而成績大著、政府所以靈便、工商所以發達、防務所以鞏固、皆在道路建設之一端、西諺有云、交通即是文明、豈惟文明、即富强亦何莫由此、此吾人所當自愧者也、茲將關於交通各政、略擧大要、彙列於下、以供參考、

（鐵道）新加坡鐵道自巴殺班影起、至島之北端、經巴耐島平民公園廳路Tank-Rd. 烏頓路 Newton Rd. 居羅泥路Ciuny Rd. 荷蘭路錫山路蒲憕潞長山口各站、以至胡特倫 Woodland 車站止、計長二十哩、爲馬來聯邦政府所管理、柔佛路即與鐵道綫相並行、經烏傾錫山加蘭宜等處、而至柔佛海峽之巴殺班影、巴殺班影與柔佛新山 Gohore Bahru 隔一柔佛海峽、鐵道至此、即須將貨物旅客改乘汽船、至柔佛新山之阿抱排勃夾 Abu Bakar 碼頭、上陸轉乘馬來聯邦鐵道、分赴各處、交通頗不便利、政府因此曾建議以一千五百萬元之預算、於海峽築鐵橋以聯絡之、原定一九一五年動工、預計五年間告竣、歐戰既作、議遂中輟、一九

一九年、復重賡前議、已於是年九月間動工、因物料騰貴之結果、超出前次預算額約一千餘萬元、工程告成、新加坡鐵道、已可直達暹羅、半島間之交通益形便利多多矣、

（道路） 馬路之重要者、一自沿西海岸經新加坡市至蘇其烏魯必利 Sungei Ulu Berih 長十六哩、一自新加坡市至柔佛海峽長十四哩、在該線之第九哩處、另設一支綫聯客蘭琪路 Kranji Road 一自新加坡市至客蘭琪長十四哩、一自新加坡市至欽其 Change 長十四哩、一自新加坡市至淡邊尼路 Tampines 經穀羅果路長約九哩、一自新加坡至樸各耳長十一哩、一自新加坡至巴穀班影長七哩半、經錫山與客蘭琪路相接、自成一綫、計長四哩許、一自新加坡市至穀羅果長七哩、東海岸馬路與海岸線平行而趨近海居民、極感便利、沿途風景甚佳、每值星期日、游人踵相接焉、西岸路線繞巴穀班影早已竣工、共計全島馬路長約二百餘哩、其中九十四哩為殖民地政府所管理、餘皆屬市政局範園之內、

郵政局

（電車） 新加坡電車、自一九〇三年開築、至一九〇五年竣工、路分四線、每線又分若干站、其賃金初則每哩頭等五分、二等三分、自一九一九年五月起至十月止、五月之間、加價計二次、每哩頭等計洋一角、二等七分、較前五月適增一倍、亦足見新加坡生活暴漲之一班矣、茲將各線列下、第一線自克拍兒路至廳路止、第二綫自丹戎巴加碼頭至其倫 Geland 止、第三線剌文打街 Lavender、第四綫自賴佛士至拍耶利伯止、現擬改為無軌汽車云、

（汽船） 新加坡為遠東商務之中心、海洋船舶薈萃於斯、交通若梭織焉、遍於全球、其外海商業大半操於汽船公司之手、在一九二八年之總噸數、計九百四十萬八千四百四十六噸、以下所舉各公司在新加坡為最有勢力者、（一）婆羅系洲 Pand 與克拍兒港間皆築有碼頭、蓋一郵船公司也、（二）英屬印度系郵船公司（三）海上通信系郵船公司（四）寧波紹興甘肅系郵船公司（五）海

峽船系

（郵政）　郵政在一九二八年、計匯兌費十二萬九千六百十五元、郵票收入十三萬五千九百四十二元、包裹費四十八萬五千五百四十四元其他九千〇二十元、支出計局員薪水十八萬六千三百七十二元經常及特別支出十五萬四千〇八十五元、

（電話）　新加坡有長距離之電話直達至十八哩之遠、至柔佛邦在一九二七年、歲入爲七萬七千一百四十六元、

【教育】　新加坡教育事業大體尚稱發達、英人所立、稱完備者三處、其設立最早者、來佛士學校、創於一八二三年、其常年經費、本撥自印度總督、校址甚佳、堪爲擴充規模之用、蓋來氏初意、本爲教授華僑及馬來人而設、以爲融和各民族情感之始基、迨來氏沒後、發生他種原因、前議作罷、改爲國立學校、又有教會創立者二處、一曰聖約瑟翰學校、St. Joseplis、爲基督教會所立、一曰中西學校、Anglo-Chinese、爲美以美會所立、以上三校、其程度與我國中學相等、而學科則偏重商業知識、其中學生各國人皆有、而華僑最佔多數、畢業後可升入英國劍橋大學及其他國立各校、各校更多附設商業補習科、稍授商業知識、數年前華洋紳商合議、因本埠無大學、擬設一來佛士大學、籌備

星洲幼稚園

養正學校

道南學校

數年、現已成立、此外各級小學校、則爲預備升入以上三校而設者、又有英巫合辦之學校數處、日人自辦之學校一處、內容視英人所辦者稍遜、至華僑之教育、在昔知識未開、各幫門戶之見甚深、故各幫自辦學校、不相爲謀、近自陳君嘉庚創設南洋華僑中學校、其基金由闔僑全體捐助、極稱雄厚、董事則每幫二人、實合僑人大多數之力而成、無復曩昔强分畛域之淺見矣、所聘教員、亦各省人皆有、教授純用國語、尤爲特色、其他兩等小學、大都各幫自辦、惟所收學生、則不限地域、現廣幫所辦者、爲養正學校、閩幫爲道南學校、潮幫爲端蒙學校、瓊幫爲育英學校、規模皆甚宏大、內容亦頗完好、又有啟發、愛同、崇德、廣福、應新等校、亦頗有名、工商補習學校、成績尤著、女學校之最著者、有南洋女學校、南華女學校、崇福女學校、華僑女學校等、南洋女校、並附設師範班、及其他補習班、規模較大、辦理亦頗有聲色、統觀新埠教育事業、不爲不發達、惟因各行其是、不相聯絡、缺乏具體的辦法、故進步殊覺遲緩、且教育會早被解散、無以促教育之改進、亦爲各校不振之一原因也、又我國人辦事每乏持久之能力、故當華僑學校初立時、風氣乍開、紛紛競起設立、捐款不期而集、經費充足、辦事人之精神極振、迨至近來、則內部漸呈腐敗之象、辦事人又復意見橫生、屢起風潮、

瑯環女學之舞蹈

因之捐款大減、辦理困難、雖有少數人勉力維持、或假游藝會爲籌款之方、而所得無幾、難乎爲繼、甚有因經費不足、而停辦者、以視曩昔之風起雲湧之景象、迥不侔矣、語曰、十年樹木、百年樹人、教育事業、收效最緩、自非持以恒心、加以堅忍之力、不能期其遠效、若徒快一時之意氣、始則熱心成之、終則淡漠視之、而欲期其成績之良好、豈不謬哉、至於社會教育、則除政府所立之博物院、圖書館外、華僑所辦者、惟書報社數處而已、其他設備概付缺如、社會教育、足以補助學校教育之不足、而其潛移默化、感人之力尤深、今竟無人起而提倡之、宜僑民程度之不進步也、且各學校大都設立市中、雜處於闤闠之間、耳濡而目染者、無非聲歌酒食之惡習、繁華富麗之奢風、而家庭教育、又不足以矯正之、亦教育上一大遺憾、有識之士、所宜急起圖之者也、

【實業】　新加坡爲英屬商業中心、輸入輸出、率不課税、多爲一種通過之貿易、主要輸出品、爲錫、糖、胡椒、肉荳蔻、米、牛皮、籐、咖啡、橡樹膠、染料、烟草等、輸入品、爲米、錫、椰子、巴勒橡樹膠、鹹魚、煤、糖等、

華僑商業、近四年來、極形獲利、據前年統計、由此輸入中國之貨價值、爲二一・一三七・七七九元、輸出爲二，四三三，六一〇元、

新加坡無可注目之工業、既非物資原產地、又非消費地、廣袤不過三百方哩、人口不滿六十餘萬、其與現在貿易額、相當的生產消費之實力、就輸出而論、其額雖有七億元、其實乃貨物之過載場、可知並非一工業地也、但因特殊情形、於工業或製造業上、有不可缺者、如船舶之修理、船用機關之製造等工業、因本港有各國船舶停泊之資格、所以不能不有一種之經營、（一）躉船碼頭及船塢之設備、新加坡當屬東洋第一、初爲私立公司、經營至一九〇八年、政府用二千八百萬元收買、近來更改良添造防波隄、募集七千八百萬磅之公債、工事已告成功、最大碼頭、可以同時容大船數隻、又有能容五萬噸之藏煤棚、另有二個大船塢、一爲維多利亞、一爲阿兒拔、前者、四百五十尺長、六十五尺寬、後者四百八十五尺長、六十尺寬、又有濕船塢、名龍舟濕船塢、有二十四英畝半面積、三十尺深、東邊盡頭、有一新設大船塢、名英皇船塢、八百九十四尺長、一百尺寬、三十四尺深、此蘇伊士河以東之大船塢也、照一九二五年報告、此港總費用一・五四五・〇〇〇磅、商船之入口噸數、總計一六・〇一九・一五〇噸、私人所營造船廠和鐵工廠、有黎里海格廉商會專做鐵器建築材料、（二）華僑經營者、有一汎都拉機關工廠、除製造小輪船外、又有新加坡製油工廠、原係德人創辦、從婆羅洲爪哇馬來半島沿岸地輸入椰子、製造椰油、附設有製罐所、其廠內產出額、一日有三四十噸、又有油糟及木蜡爲其富產物、現在主其事者、

為林秉祥君、招牌名和豐（三）木材工廠、中國經營者、以新加坡蒸氣鋸木廠最大、莊俄斯曼乃印度人所經營者、（五）巴丹紅磚廠、係臘加利經營者、此外有麥仲堯之洋火廠、林秉祥之水泥廠、英國花梨沙旱柯布商會、製造飲料、皆甚有名、（六）中國開辦事業成功者、前有陸祐、現有余東旋林推遷林君經營瑞豐盛錫礦、成效甚大、人亦熱心公益、農產物以橡林為主、橡樹係哥林斯從美洲移植星洲、經列理之鼓勵、始有現在之發達、中國人種橡甚多、但橡園之整理、比較上不及英人完備、中國以新法開設工廠製橡者、有張永福陳嘉庚兩家、均能造鞋底、及車輪出品、已大為發達、其次之農產物、為椰子檳榔等耳、

【名勝】新加坡地居熱帶、環以大海、草木繁生、所在皆有蒼翠之森林、海邊風雲變幻、漁舟出沒天際、望之如在畫圖中、故其地除市鎮以外、幾無一非風景絕勝之區、而所謂名勝之地者、轉不多覯、茲就調查所及、略述其重要者如下、以供新到南洋者之參考焉、

（一）獅子港　地濱海、築石為隄、長約數百丈、綠陰夾道、如行碧波中、空氣清涼如洗、遙望遠山一抹、明媚欲笑、嫩波萬頃、蕩漾生姿、後為踢球場、廣可數十畝、芳草鋪茵、奇花堆錦、一銅像矗立其中、高二丈餘、即開港之英人來弗氏也、右旁廣厦雲連、極壯麗宏敞之觀、即聯邦諸王會議之所、前有雙鐵橋、長百餘尺、工程精美、雄壯無比、每當夕陽西下、鞭絲帽影、男女聯翩、清風徐來、塵襟頓爽、儼然一天然之公園也、

（二）錫山　山距新加坡市七哩許、為往來柔佛必經之地、風景最佳、山巔有避暑別墅、極占形勝、登山一覽、四圍野景、如在眼底、一絕好之登眺處也、

（三）遠山　山居新加坡市西北、小山一片、明媚多姿、登其上以望、則四圍綠雲蓊蔚、膠林千畝、其外環以清溪、溪邊野花雜樹、掩映成

公　園

蘿、以與平原間隔、登山前有梵刹、名雙林寺、其廣百畝、前有大水池一、清澈可鑑、小亭露台、隨意點綴於奇花古木之間、亦復曲折有致、寺中大殿高入雲霄、殿前花木成林、左右二水池、朱魚游泳其中、唼喋自樂、坐而玩之、令人塵俗之氣一時俱盡、

（四）萬壽山　山在新加坡市西南、山徑崎嶇、巖谷幽邃、入愈深則風景愈佳、奇石怪木、所在有之、有古寺一、旁有山泉、水極清冽、寺僧構屋其旁、爲浴室、以備女僧越冲涼之用、下流爲小溪、男客亦可就而冲涼、故男女相偕、不絕於道、寺居深山中、環以綠樹、清幽之致、實不啻仙境也、

（五）巴沙班影　地居新加坡市之西、前臨海岸、後倚小山、每至夕陽西下、海潮突起、挾風雲而至、波濤洶湧、直向沙灘上奔騰而來、澎湃之勢、無異千軍之劇戰、迨至潮落波平、而一輪紅日、斜映海中、襯以半天朱霞、萬頃洪濤、頓變爲光華燦爛之色、起伏蕩漾、眩目駭心、已而日輪沒於地平綫下、而天半橙紅之雲、又幻作種種變態、其色忽明忽暗、其形或如萬山之重疊、或如奇峰之突起、極世間詭譎之奇觀、以視泰山觀日出、殆猶過之、

（六）蔡厝港　蔡厝港居萬利與僧僻宋二大道之交點、實一重要之村落、距新加坡市九哩許、有美麗之別墅、游泳池、林木多樹膠、風景甚佳、

（七）丹戎加東　丹戎加東 T. Katong 與泰羅克侖 Telok Kuroh 丹戎儒等、皆爲沿海村落、茅屋鱗次、頗饒風趣、林木多椰子樹膠等、

【繁盛地點及各大商店】

紅燈碼頭（Johrston'spier）附近出入口貨之各大公司各銀行多在焉、

大坡大馬路（South Bridge Road）陳嘉庚公司售品所　商務印書館　中華書局　余東旋藥舖　益生棧・祺生棧　各項

銀樓　各項雜貨舖多在焉、

水仙門大馬路（North Bridge Road）張永福售品所、及各項大生意在焉、

豆腐街（Upper Chinchew Stroet）妓館茶樓飯館戲園多在焉、

牛車水（Trengganu Street）有巴薩菜市各項小本生意多在焉

第二章 物產

【樹膠】（一）　樹膠為南洋最有名之產物、其功用現已大著於世、細而各種器物、大而建築工程、莫不取材於樹膠、而其用途之推行、且方興未艾、觀其製造之精進、應用之廣博、預料將來可駕鋼鐵土石木材而上之、即變全球為樹膠之世界、亦未可知、故今日南洋以樹膠為專業者、固已多矣、其發達亦已著矣、而其進步之速率、發展之機能、更將一日千里、漸臻於極盛大豐隆之境、初非今日之現狀所能限量者也、惟樹膠之業、自種植以迄製成器物、須經多少繁難之手續、非專門業此老於經驗者、無以知其詳情、如未嘗業此、則雖旅居南洋多年、叩以樹膠業之情形、亦不過人云亦云、實亦一門外漢而已、況余居新加坡不過一年餘、即使盡力調查、所得亦僅千百之一二、又值市價屢變、忽而價漲、則見上至廠主、下至工人、莫不眉飛色舞、揮霍如狂、忽而價落、又無不垂頭喪氣、若大難之將臨也者、尤覺迷離倘恍、莫明其底蘊之所在、茲僅就見聞所及、彙述於下、藉以引起世人對樹膠業之注意而已、

樹膠事業　樹膠一業、創始雖久、實發展於二十世紀之初、其始不過小事務之需用、近則進而至橋梁道路、及規模之建築、皆為重要之品、南洋之趨勢頓為之一變、惟栽種此樹、有一定之風土氣候、當為南洋之專產物、將來直名南洋為樹膠州可也、

樹膠之發芽

樹膠之種類、亦甚繁夥、普通所植者、為巴勞樹膠、由南美巴西移來之種、南洋之自產者、有婆羅洲勞白印丁勞白格地白總三種、婆羅洲蘇門答拉最繁茂、惟交通不便、樹亦太老、急宜擇新地種植之、以應需求也、　南洋野生樹膠之主產地、為荷領諸島、樹大數圍、而汁轉不如新植者之盛、據千九百念九年、總計輸出額、二萬一千一百二十二噸、價值二千四百二十七萬盾、其中婆羅洲之勞白膠、不過占十分之一、可見新種良於舊種、凡物皆然、

英領地種植樹膠之規定、　聯邦及海峽殖民地、並柔佛北之保護地、雖略有差異、而大體則同、凡欲經營此種事業者、先記其地城面積、人種原籍、住居姓名、入稟該地方官廳、速則一星期、遲則三五月不等、附下許可通知書、及借地券證得書證後、即照額定納土地測量費、過三日不納、即消滅其借地券之效力、此項測量費、從面積之大小而遞減、柔佛百英畝納四百三十五元、一千英畝納七百五十

元、一萬英畝納五千元、聯邦百英畝納四百三十五元、土地借貸費分三等、一等每英畝三元、普通二元、下等一元、柔佛地租、初年至五年、一英畝五十仙、以後二元五十仙、聯邦初年至六年、一元、七年以下、一等四元、餘三元、

橡樹沿革、　巴勞樹膠、由南美巴西國巴勞港輸出、故名、實乃巴西一種野生樹、產於阿馬色河流域、去今四十年前、有英人烏豸伯模探險於巴勞、得橡樹之生產地、歸擬種之、人多斥其妄、有皇家公園長、夫格氏傾信之、貲助其再入巴西、秘密輸出、於是試種於錫蘭馬來半島印度、親至錫蘭開樹膠林、初因密植、阻害生長、後改疏植、始得適宜、倡距離三十三尺之說、謂十五呎之距離、長成後僅得八封度以上之樹膠、若三十三呎之距離、結果可得二十六封度之樹膠、但南洋一般栽種者、二十呎至二十四呎而止、（一封度即一磅、）

開闢燒山之狀況

橡樹生長及收穫、　橡樹始生之年、生長頗遲、至二年發展稍速、周一年約可增大四吋至五吋、樹身出地三呎高之處、有二十吋之闢、便可取汁、大約肥地四年、瘠地六年、出汁盛期、有十五年之久、每樹可採三十年、樹齡可存五六十年、

馬來半島栽種之面積、　樹膠事業日有增加、千九百零七年末、有九萬九千二百三十英畝、至千九百一十年四年之間、增至三十六萬二千八百五十三英畝、近查聯邦之樹膠園、及預定借貸地、計七十萬畝、已開者四十萬英畝、因比年以來、價格大落、故進行之勢稍殺、然尚是發達之像、

投資之數、　據千九百二十六年調查、英國諸大資本公司、鎊株投貲、有二千二百七十二萬八千鎊、弗株投貲有一千八百四十五萬七千元、個人投貲有六百五十萬元、共約計二億一千九百八十萬零八千四百二十六元、　昔年樹膠價格、每百斤達六百元、一時資本家大發狂熱、甚至將原植之物、盡行斬伐、改植樹膠、又或將年齡未足之樹、强割取汁、不顧成本、更有以重利借貸經營樹膠投機者、流竄起犬逐、貨多銷滯、價格陡落、故一般投機之輩、無不傾家倒盤、牽動市面、中外一致、然外人多係公司、資本甚足、不致大傷、而中國人、對於投機事業、本爲一種苟且僥倖之習慣、雖遭失敗、實亦咎由自取、況種樹事業、乃

漸進性質、萬無揠苗助長之理、苟能著實經營、亦斷不蒙其影響、當價格最低落時、尚有二倍之利益、其傷及資本者、係經營不善之故、

橡樹之保護、　樹膠事業、利益固大、困難亦多、虫與草其切要者、總須管理人之精心能力與活潑、乃能收效、例如絲茅草、最爲樹膠之害、近來印度發見野生之多利柯士蔓草、種蒔最易、可以壓伏絲茅、實如豌豆、可飼牛馬、且可防禦樹膠林之乾燥、減省除草之工、業樹膠者當知之、

製造之設備、　樹膠達採汁之時期、須建設粗製所、工役住所、及各種器械、採汁之最初着手、如有一百英畝之樹膠林、一日當有一百封度之原液、其普通購用九點鐘內可製二百磅橡皮之器具、輪轉機五百元、凝固用具七十元、煤油發動機二千元、乾燥機一千三百元、壓榨機三百元、其餘尚有採汁所用者、須六百元、

保護人工法、　一百英畝之樹膠林、當最發育時、至少當用七八十人之勞動、住舍當依政府規定條例、如飲料、醫藥、病院、醫師、須種種設備、馬來半島從事樹膠之工役、約十餘萬人、印度人占十分之五、中國人占十分之三、爪哇人占十分之一、馬來人最少、工價由四十仙至六十仙、婦人三十餘仙、將來必有更多之日、

製膠法、　製膠當有次第、先置汁於凝固器、注以醋酸水分、自然分解、恰如豆漿、用石膏少許、即凝固沈澱、再用機壓榨晾乾、即變黑黄色、

巴西樹膠採汁山中、相隔太遠、難携器具、故每置汁於匙形之銅具、用火燻製、法雖迂緩、較用醋酸者實優、不致減殺樹膠之彈力、烏魯伯模氏亦主用火燻、

樹膠用途之將來、　大凡物品供過於求、其價必賤、當千九百一十年、英倫及各處樹膠堆積如山、故價値暴落、近來用途日廣、自無暴起暴落之事、或謂馬來半島生產日見其多、終恐有一落不起之勢、然樹膠之事業不易推測、現有倡改良街道之説、擬用樹膠、假一封度以四志半爲標準、則廣三十呎長一英哩之道、需三萬一千六百八十磅、故無人創議、若市價落至適當之點、或得多數之主張、用樹膠之前途有望矣、

種植樹膠必要之條件、

(一)固定六年間需要之資本、(二)主任者、須明土地之性質、懂普通之言語、有栽培之研究、雇耐勞之工役、(三)土地之選擇、尤爲重要、甲溫度不甚變動、通常華氏八十度以上、雨量適合、且少暴風、乙地形須緩斜、適於排水、森林多落葉、土必膏腴、丙地宜乾燥、最忌卑濕、丁便於交通、戊查察周密、(四)作實作圖、以便支配、(五)擇種宜良、幹須壯直、(六)下種之苗數須多備、總在三倍以上、以便選擇、(七)苗床須設防避損害法、苗之距離須三吋、(八)苗生兩月後、分種園地、須有二十呎之距離、一畝約二百株、(九)植穴近旁、圍以新土、須用直綫路溝、(十)植列行位、宜成直線、(十一)最宜注意防止白蟻之侵害、(十二)嫩株稍有乾枯、即宜補植、(十三)芟除草類、須連根拔去、(十四)樹達取汁之年齡、在行皮上開魚首形之出液溝、須用精練老手爲之、(十五)採汁器具、宜選擇、如刀杯桶等、近多改用玻璃杯、(十六)每朝採汁、宜有一定、(十七)製造宜注意、

樹膠山中之大路

【樹膠】(二)　樹膠係一種樹物、一名橡皮、其葉之形狀、與吾國槐樹相似、樹高二三丈、幹徑大者、約七八寸、普通之種樹、每株距離二十呎、自初植至五六年、即可採液、平均一樹可得一磅、爾後一樹每年可增加半磅、最多時、可至二十餘磅、其液白色、採取之法、用刀將樹皮割破一道線、線之一端、繫一小碗、液即自樹身流至碗內、俟滿時、取回廠中、用法製成樹膠餅、運至口岸輸出、取樹膠之工人、皆馬來人充之、月薪十元、宿膳費由樹膠主人供給、華僑初不屑爲之也、樹膠爲南美巴西原產、最初由巴西之巴拉港輸出、故稱曰巴拉橡皮、去今四十年前、英人維克亨氏漫遊巴西內地、採得此種橡皮樹、謂可移植英國適當之地、得英國皇家花園長某之援助、再赴巴西收拾其山中橡皮種子、由巴拉港密輸而出、齎歸英國試種於皇家花園印度錫蘭及馬來半島等地、至現在南洋羣島、遂爲橡皮之主產地、則謂維克亨氏爲橡皮業之鼻祖可也、橡皮之供給與需要、爲二十世紀以來、世界市場一大新生產業、南洋羣島之初種植者、無不利市倍蓰、故往往有將椰子林刈伐、改植樹膠者、惟近來因歐戰及供過於求之影響、價

格抵落至數十倍之多、華僑因此傾家敗產者、指不勝屈、則此業之不穩、已可概見、自歐戰停後、價格漸漲、然將來如何、此時尚未敢妄爲臆斷也、攷全世界橡皮產額、據一九二五年之調查、總數約八萬八千噸、其中產自南美之巴西秘魯等國者、約三萬八千噸、公果及其他之亞非利加方面者、二萬五千六百噸、其殘額二萬四千噸、即馬來半島錫蘭爪哇婆羅洲等南洋各地所產出者也、惟查一九二六年、馬來半島之產額、比初植時已增加五百倍、比一九廿年、世界全產額、尚多三倍、其餘各地產額之增加、亦當在意料之中矣、

經營樹膠、比經營椰子、費用較巨、其費用可爲數項言之、即測量、報酬、地租、伐木、燒藥、掃除、種植、除草、諸費用、至採液期爲止、合計每英畝當費百六十元、茲將每英畝各種費用、（自初種至採液期爲止）分錄如下、植量費、一元、報酬費、二元至三元、地租、最初六年每英畝約一元、至第七年、視地之好壞、三元、二元不等、伐木、十二元內外、燒藥、一元、掃除、六元、種植、六元、除草費、自初種至採液期、約除草三十次、總費約四十五元、合計八十三元、

以上諸種費用外、如維持作業監督者、宿舍建築費、以及測量領地開拓種植諸費、合計之、一百英畝、至達採液收益之期爲止、當費金一萬六千元、即每畝一百六十元、此爲馬來聯邦中有經驗種植家之言也、樹膠既至採液之期、則不可無製造上之設備、蓋一百英畝之樹膠、一日即有百磅之原液、計製造設備上、各種的單位、及其價值列下、輪轉機、凡點鐘內可製二百磅橡皮、五百元、煤油發動機、二千元、凝固用具、七十元、壓榨機、三百元、乾燥機、一千三百元、作工房三間、三百元、凝固室八間、八百元、合計、約五千九百餘元、

幼稚之樹膠林

此外採液時之橡林、一英畝須用工人一名、凡雇主須爲工人謀飲食之潔淨、且供給醫藥、設備病院、以保其健康、但小規模之經營者、則多共同組織病院、及共同聘請醫生、計採液工人、每月工資十元、飲食住宿諸費、共計不下二十元、年中約二百元、以上所述、爲經營樹膠者、所需費用之概略也、

其樹膠製造法、最初將汁液入於凝固器中、加醋酸以分解水分、於是橡皮之成分、自然凝固而沈澱、復將此沈澱物壓榨之、以去其殘

餘之水分、再以輪轉機平壓之、遂成爲板狀之粗製橡皮、待其乾燥、即可持往市場求售矣、

樹膠用途甚廣、如製車製鞋、以及各種器用品類甚多、倫敦某市場、且築橡皮路於場內、因所費甚巨、此種計畫尚難推行於世界也、

【樹膠】(二)　樹膠之生植、由於種子、種子有菓子包藏之、每果常具種子三顆、成品字形、表面有皮包裹、皮內有殼保護種子、種子被隔不相連屬、殼質甚堅、並有彈性、成熟時、能自破裂、而分散其種子、種子亦別具堅殼、保衛其子葉、惟其保護周密、故稍受日光蒸驪及動物殘踏、亦不害其內部種子、落地吸收地下水氣、則生根發芽、漸次長大、此爲自然生植者、每在泥土堅硬、及亂草叢雜之處、因未能吸收充分之水分與光線、發育因之阻礙、長成之期、不無延滯、生產力亦不無缺乏也、於是有以人工培植之者、人工培植之法、先闢隙地、鋤而鬆之、播以種子、如播秧者、然不宜太密、上覆以土、不宜太深、經過十餘日、即能發芽、是時如得沾細雨、其生長較速、若天久不雨、或致燥過甚、則不能不以人工灌溉之、及蔓長二三尺時、則擇其細弱者拔之使茁壯者、愈加茂盛也、長至丈許時、則移而植諸園地、園地以肥饒者爲佳、先伐木燒草、鋤鬆泥土、又以繩索區劃其地、使縱橫成行、所植之樹、每株相距各以三丈爲佳、如此則將來長成時、不致叢密、而光線能均勻調劑也、若論位置、通常多於山崖斜坡及通風當陽之地、故植時宜於雨季、而平坦低下之處、亦無不可、惟不宜於多雨時種植之、若於卑濕過甚之處、則須每週數行闢一深溝、以洩其水、蓋水分過量、則不易長、甚且能使其根腐爛而死、秧生數月、以次繁茂、於是斷其幹稍、使多生旁條、枝葉繁茂、因植物呼吸、全恃其葉、葉多則呼吸之量自增、發育亦能增大也、此外尚須除草、以保地下之養分、耘其土、而促其根之發達、稍長則不可再耘、恐傷其根也、自分植至於收割、爲時自八年至十年、但亦視其幹之大小而處置之也、普通標準、其近根之圓周、至滿一尺、割採時、不可傷其內膜、內膜一傷、雖一時流膠甚多、然樹皮不能復原、下次不可再割矣、由是觀之、種植必以其法、業是者、豈可不注意乎、我國人素少種植學識、且不願悉心研究、今雖效人成法、然亦苟且偷安、潦草成事、栽種不以時、耕耘不以法、

取膠之工作

且貪得無厭、故每種必密如林、割採必傷其膜、過分求取、冀得餘利、誠不知弄巧反拙、良可慨也、

【樹膠】（四）　（甲）樹膠之效用、　樹膠在工業界上所佔之地位、久已為世人所公認、如車輪、地氈、繩韁具、水管、彈簧、雨衣、水皮帶、鞋底等等、無一不需於樹膠、荷和以硫磺少許、使之硬化、更可製成種種美觀有用之物、故世人有以二十世紀、為橡皮時代之稱、洵不虛也、

陳嘉庚公司製造膠底鞋之圖

馬來半島之有樹膠、始於一八七七年、初以二十二株之標本、由英移植於新加坡之植物園、成效大著、於是漸布民間、始有樹膠之種植、以至於今、不過四十年耳、而每年出產額之鉅、竟飛躍為世界冠、據一九二八年、馬來聯邦農林司之調查、計種植總面積為六十七萬二千一百零六英畝、新加坡是年樹膠之出口總額、計一百六十二萬三千担、其進步之速、即此已足令人驚駭不止、況此尚非半島全部之統計乎、

（乙）樹膠種植費之估計、　欲植樹膠、須向當地政府領地、地以交通便利與否、其值有差、大約每英畝需洋六元、（兩年前僅三元、今則地價飛漲、較前已至一倍、）俟政府核准、付以執照、即繳相當之測量費、（大約一英畝一元、）由政府派員測量立界、開山費視樹之大小不同、大約每英畝自六十元至百元、（樹木大者、伐木之費亦較大、）第一年之除草費、（由伐木燒棄之八九個月後即須除草、）每英畝約需三十元、（若茅草地、則滋生易、除草費、亦須較大、）第二年約二十五元、第三年約二十元、四年約十五元、五年以後、樹膠枝葉漸茂、已可取乳、無除草之必要、此皆得之於老於種植者之所述也、歐人所經營者、其所費視吾華僑每增數倍以上、蓋如娛樂場、禮拜堂、病院等等、在歐人視為不可缺者、而在吾華僑則實無設備之必要焉、

(丙)密植與疏植之利害、　吾華僑之初植樹膠者、恒以密植株數較多、不特得土地上之經濟、且可減少除草費、於生產費亦為有益、以故每株距離、大率皆十二方呎至十五方呎為度、嗣以英人所植距離皆二十方呎、而樹身之發展、每較速、得乳亦較多、於是始唔疏植之利、故目下半島所植樹膠之距離、除馬來土人外、率皆以二十方呎為標準、

新加坡植物園長第利氏嘗於該園中、以三角形之土地、密植樹膠三百二十二株、儉視之時、其沿路旁之第三十八株、根枝伸長自在、其位於內部之二百八十四株、則幾至無生育之機會、比較二者之結果、其在外線之三十八株、六年間幹圍平均八吋又四分之三、即一年平均發育一吋半、其在內部者六年間之幹圍僅四寸又二分之一、是一年之平均發育為半吋、即當前者三分之一也、

密植之害、更有顯著者、如錫蘭之嘉達架奈哇種植場所實驗、橫直十呎距離密植之樹膠、其在林邊者、尚能繼續生長、在中部者、則生機中止、至第九年已不堪割採之用、則密植之害更彰彰明矣、

樹膠發育頗易、雷特氏嘗測定錫蘭島老幼各樹之枝葉開展、比測其報告如左、樹齡、枝葉開展之直徑、四年樹、十二呎、六年樹、十五呎、八年樹、二十五呎、十年樹、三十呎、十二年樹、三十五呎、十五年樹、四十呎、二十年樹、四十呎、

據右述觀之、則距離十二方呎之樹膠、至第四年其枝葉已互相接觸、無發展之餘地矣、

(丁)樹膠之收穫量、　據馬來聯邦西賽利樹膠種植公司所報告、其在一九廿二年至一九廿五年、之四年間之平均收穫量如下、

陳嘉庚公司製造膠皮車輪之圖

樹齡、每株平均之產量、七年樹、一・三二磅、八年樹、二・三七磅、九年樹、四・八五磅、十年樹、九・〇〇磅、

以上述爲標準、計算一英畝之收穫量、假定一英畝植樹一百株、其極少之收穫量當如下、

年度、	一樹平均收穫量、	一英畝之收穫量、
第五年、	四分一磅、	二十五磅、
第六年、	二分一磅、	五十磅、
第七年、	一磅、	一〇〇磅、
第八年、	一磅半、	一五〇磅、
第九年、	二磅、	二〇〇磅、
第十年、	二磅半、	二五〇磅、
第十一年、	三磅、	三〇〇磅、

右爲極低度之推測、實則馬來半島樹膠之收穫量、皆超越此數也、

樹膠樹結瘤之治法　割取樹膠、用刀若不小心、致割傷內皮、或貪得多乳、深割樹身、則其傷口過厚、必生瘤、生瘤後、則該處乳汁乾涸、若聽其自然、不加以醫治、勢且延及全樹、終歸無用、種植家患焉、近聞有人發明一種簡便之醫治法、試之輒效、特記之如下、法將患瘤之樹膠樹、以刀去其瘤、使傷口與樹身平、如重以鑿去其瘤內之子、（若初傷及者可免鑿）然後將紅土混牛糞攪勻、如醫狀敷於患處、俟一二個月後、將所敷之物除去、則樹身一如其舊、可再取乳矣、

【碩莪】（一）　碩莪一物、用途甚廣、爲熱帶特產植物之一、余久聞其名、而未悉其各種功用、逮至新加坡、乃特訪萬振美碩莪廠主人曾君幾生詢之、經曾君詳爲剖析、始知其詳細情形、茲將曾君所談略舉之、以公諸世人、

（碩莪）一名（西穀）爲熱帶植物、屬於棕櫚科椰子類、常綠喬木、高至四五十尺、葉爲羽狀複葉、叢生莖上、花小色綠、爲肉穗花序、實包以鱗片、結實後、即枯死、其種類有六、最普通者、爲有刺的、及無刺的二種、性喜低濕之地、凡河沿海濱之區、均宜於種植、

栽種之法、先圍地作苗床、播種子、（即碩莪實、）於其間、俟發芽後、乃移植於大園中、四季皆宜、惟雨季土性黏濕、根較易吸收養分、比之旱季尤宜、每株距離約二十五英尺、至三十英尺、當苗下地時、常掘坑一二尺大、然後將苗放正、扶直以土覆其根部、使其舒直、種後三四個月間、不可使之見陽光、以物遮蓋之、滿六個月後、即無妨矣、碩莪有一種害虫、遍身黑毛、首有觸角一對、土名烏虫、專以侵食椰樹及碩莪、患之者、則樹身日形枯萎、又有一種黑熊、喜食碩莪之心、食法、以前股從莖頂裂開、取其心、碩莪過之、鮮有不遭其害者、故烏虫及黑熊、爲碩莪之大敵、若未被患、則十年以後、便可收獲矣、碩莪出產區域、南洋羣島、幾於無處無之、最多者、當推北婆羅洲、其次爲門答臘島、再次馬來半島及龍芽等、餘如巴布亞等地、亦產之、因距屋洲太遠、土人又極野蠻、動被殺戮、

陳嘉庚公司製膠機器之一部

業碩莪者、多不敢往取、碩莪全身幾無一廢、其葉大且長、可抵禦雨水、用以作亞荅、（即編葉遮屋頂、以代瓦者、土人名曰亞荅、）可耐至十年不朽、其葉柄堅而厚、可作裝貨之箱、如白樹油箱、是也、莖之外皮、可作地板鋪地、用內皮可作軟塞、幹可作屋樑、然此爲用尚不甚大、其爲吾人之需要者、乃在其幹中纖維質、所含之澱粉、其效用一則供食用、一則可供工業製造用、南洋土人、恃碩莪爲糧食、比米尤重要、彼等入山尋覓土產時、一切什糧、都不帶、僅携一炒熟之碩莪於身邊、以爲充饑之料、當歐戰之時、南洋米荒之際、土人莫不賴此以活、因其價廉易得、米荒時、每元買米僅四斤、而碩莪則可得數十斤、又如吾屬之人、每於其鬱悶飽漲之時、常資碩莪食之、歐人亦然、常於飯後食少許、有製爲布丁者、云能助消化、長精神、碩莪粉質富有防腐性、能避除微菌、久藏而不壞、且色澤光潔、故利用之以作糊漿、漿被棉織物、其功用超過其他各種澱粉、尚有製粉沉留之紅粉、性熱、冲以冷水、立能發熱氣、此種

粉在五六年前、無人過問、今則亦能暢消於市場、閒係運往歐洲、釀造酒精、但余未經詳細考査、故亦未敢武斷、此外製粉殘留之渣滓、名碩莪頭、用以飼鷄鴨牲畜、肥胖莫比、多運銷於峇株吧轄一帶、製粉法、則分粗製精製二種、粗製者、將碩莪園中已成熟之碩莪樹、一一斫倒、除去其葉、鋸成數節、節約四尺長、運至港中、然後以小舟拖出、堆集於製造處、製造時、係將節剖分爲二片、置於濾器上、中滿釘鐵釘之木板、左右兩人持而濾之、至濾成幼屑、再將幼屑裝入麻袋、置於四五尺高之木框中、用兩足踏榨、引水洗之、使澱粉從袋中流出、然後以水浸之、時時拌攪、除去上浮之什質、約四五次、乃將沉澱之乳狀液取出、放之流入特製之溝中、轉流入於港中之小舟、舟作闊肚形、首有小孔、粉漿入其中、使之沉澱、裝滿後、乃移之於池內、而粗製之粉、以成精製者、乃由碩莪製造廠、派人划小舟到出產碩莪區域、採購粗製之粉、運轉廠內、加以精製、其搬運時、須注意不可使沉澱之粉離水、離水則易於發酵腐敗、又碩莪常發生一種硫化水素、味甚惡、聞之者、莫不掩鼻而過、然無礙於衛生、洗之則臭味除去矣、此種製造廠、新加坡在七十年前、有四十餘所、今則漸稀、僅有數廠而已、精製之法、各家不同、惟普通常用數隻四五尺高之大木桶、桶口張布、將粉濾清、再由槽中流入他桶、如是再移入槽中、加以拌攪、攪轉數回、至雜質淘淨、乃取出晒乾、便成精粉、其最後沉澱於槽中者、謂之紅粉、其最先留在桶布之上之渣滓、則謂之碩莪頭、爲碩莪粉普通以供工業用、至用以爲食品、則須製成粉粒、所謂西穀米是也、製粒之法、言之殊覺有趣、不知者、以爲此珠狀之粉粒、係成之纖纖之手、其實不然、無論許多粉粒、隻手難成、即粒小如沙、亦難搓撮、蓋製粒之法、係利用物理學之理、將粉濕潤、置之布中、布作深底狀、如Ʊ式、以兩人各執其一端、以盪之、自能成粒、其有粗細之別者、則視其用力之輕重、以別耳、用力猛者、則粒粗、用力輕者、則粒細、是法原爲土人所先發明、而經吾人之改良者也、初土人製粒法、但用簸箕搖盪、使粉凝粒、煑而食之、吾人乃因其法以改良、迄今九十餘年、均用此法、未嘗稍變、惟製粒時、須加以少許樹子油、方能經久不變其質、惟此油價格昂貴、殊不經濟、鄙人屢加試驗、改換椰油、花生油等、但粉粒經一二星期後、便生霉不適於用、故此時製粒所用之油、仍以樹子油爲最好之材料、碩莪粉平常之人、常與大薯粉混稱、其實性質迥異、大薯粉、乃取自於根、其粉質雪白、碩莪粉、乃取自於樹幹、粉粒稍粗作淡紅色、摩擦於指間、則有聲響、兩者性質互異、功用亦別、尋常市價碩莪每担爲七元、大薯則四元而已、第非專家則難於辨別耳、

碩莪產額、據新加坡碩莪商業會之每年調査報告、計峇勝越有製造廠十三間、年出十九萬担、寧萬有製造廠、坤甸有製造廠、石馬

丁宜有製造廠、（以上三地製造廠每年所出總數尚待調查）廖內有四廠年出八萬担、井里後有二廠年出三萬担、星洲有八廠年出十六萬担、總計年出一百萬担、此百萬担碩莪皆以新加坡爲總輸出之口岸、百分之七十、運往歐洲其餘則運往印度日本等國、皆由洋商經手、我僑商鮮有直接寄往者、而且此種貨品尚不見銷於中國各埠、查外國織品漿料皆用碩莪粉、故其色澤美麗、吾國織品漿料、多用蕎麥稻粉、所以色澤大遜、雖織品日見發達、惟因墨守古法、不知變通、致不能與外品爭衡、鄙人甚願先生一方面起而謀大規模之組織、聯合投資、組織運輸機關、謀直接運往銷費各地、脫離外商之操縱、一方而提倡國內各織廠、採用碩莪爲漿料、以增進國內生產之能力、種植碩莪其利甚厚、據英人計算、一英畝可種三百株、每株苗種二角、計一畝共銀六十元、雇工剷除園草、每英畝每年工資五十元、至五年後便可免除、計共五年工資計共銀二百五十元、加以利息、一百元、總計每畝成本爲四百一十元、至十年後、每株可得利銀一元五角、每畝可得利四千五百元、倘使碩莪價跌、至少亦有三千元、而其年齡可活至三十年之久、則其得利可至九萬元、惟營碩莪園者、不僅一二英畝、故其獲利之大、殊非他物可比、據專家研究云、三株碩莪之收穫、可抵一英畝麥、六株碩莪可抵一英畝馬鈴薯、一英畝碩莪可抵一百六十二英畝麥、其收穫之豐富、可謂無與倫比矣、至碩莪發明之歷史、因無專書記載、知之者甚少、以愚考據所得、中國有西穀之名、其來已久、距今已有四五百年、以意揣之、當爲鄭和南巡時帶回也、至歐洲向亦無人知有此物、迨元朝年間、有任於元朝之歐洲人名馬可羅波 Macopolo 者退職歸國、途經南洋、隨帶少許、回歐、歐人不知其種類、直視爲與米麥等、後來又有人謂彼曾親眼見土人斬樹流汁以製粉、此殆誤傳、惟據又一記載、則

陳嘉庚公司製造橡皮布之圖

謂一二九八年、歐洲即有是物、衆視爲珍品、洎至一八一八年、則倫敦市場之買賣碩莪之粉粒者、充滿於市、由是觀之、碩莪之歷史、不謂不久矣、以上關於碩莪應有智識特爲略陳、茲尙有一事、須說明者、則製造碩莪之法、至今尙用人工、無有採用機械者、昔日曾有人用製造大薯之機器、以造碩莪、但結果失敗、其原因有三、(1)用機器製粉、成色低少、譬如以碩莪十担、用人工洗之、可得六担、若用機器、則僅有四担而已、(2)運送機器於深僻之山林中、困難特甚、偶有損壞、非覓請技師往廠修理、即須將機器拆卸來星、耗費廢時、損失殊大、(3)碩莪皆產於低窪之地、地甚不固、置以笨重之機器、機身不固、運用不靈、不若人工之順利、然當此科學萬能之時代、再加以研究、未始無成功之望也、

【碩莪】（二）碩莪樹、或稱西穀椰子、或稱沙穀怕姆、或稱西穀爲櫻櫚科、常綠喬木、樹高自十五呎以至二十呎、挺幹卓立、葉爲羽狀、複葉叢生幹端、花單性、雌雄同株、種子有胚乳、仆其幹取出其白色粘液、搗成澱粉、是爲碩莪粉、更精製之爲幼小粒、則爲碩莪米、通常視爲一種之穀物、計一樹所得粉可七百餘磅、用牛乳羹汁調和成粥、味頗鮮美、

產區　碩莪爲南洋特產、計其面積不下數十萬方哩、吾人荀劉覽南洋物產地圖、見其有作青色者、則知其產地、在英屬則有砂叨越納閩等處、在荷屬則有西里伯之伯尼灣東岸摩鹿加羣島之安汶西蘭島新幾內亞之全部份、及蘇門答臘之民大威羣島石叻班讓島、英得其利等處、

栽培　栽培碩莪之法、手續極簡、依其先後言之、有播種栽植二項、（一）播種、碩莪生於熱帶近海之區、性宜冲層土、其在低原生者、受海面之熱風、則樹皆碩大無朋、且澱粉多在高原之處者、則未能充分發育、木質亦細、播種法以採取成熟之果實、揀其純粹者、苗床不拘籬下園中、但須造成適宜之畦、有鬆軟之土、徐徐以種子插入、略掩蓋土、以防日光乾燥、待其發芽漸灌稀液肥料或人糞、自此以後、宜留意保護、不使蔓草糾纏、鷄犬踐踏可也、(二)栽植移種碩莪之期、四季皆可、雨季較旱季爲尤宜、因土性黏溼、根部易於吸收養分、當苗木欲下地時、須掘去四旁雜草、中挖一深坑、可一二尺、然後放正扶定、以細土掩其近根部份、又取乾土覆頂、使苗木舒直、用鋤四面踏實、不致歪斜、每株縱橫距離約二十步、此後常使日光充足、空氣流通、自能十分發育、其已熟之樹幹、宜及時採伐、復行補植之、

製造法、大別爲伐木、磨碎、分離、沉澱、乾燥、裝包、精製、七工程、茲順次述之如下、

（一）伐木　碩莪經苗木植地後、至第九第十年間、已蔚然成林、開花結實、是爲成熟之表現、收穫者用斧斫其樹、陳其葉、抬至適宜地點、分切數段、每段又剖開爲二片、然後移於磨碎之架上、

（二）磨碎　剖開後之原料、須入於磨碎器、器以木板爲之、釘以鐵齒、左右兩人持而碎解之、務使達到成澱粉糜爲目的、

（三）分離　爲上法磨出之澱粉糜、置入堅布袋中、三四人當番用足踐榨之、水由他處引入、同時踏洗戴洗戴榨、愈榨愈白、使澱粉從布眼通過、渣滓留袋中、其榨出之澱粉、導入澱粉溝、以待沉澱殘渣、再加水踐榨之、至三四次無粉而止、澱粉既流至溝中後、靜待數小時、使澱粉沉溝底、更用鐵鏟挑去其表面之不純物、然後取出其粉、惟尚有細胞膜及種種不純質、宜裝貯木桶中、以待二次沉澱、

（四）沉澱　平常製碩莪者、初次分離既在山野深林中、以木質巨重、運轉維艱、若在沉澱時、必須在碩莪廊內施行之、以既分離之粗粉、貯於木桶中、充分之攪、另以桶引水過槽、約數小時間、不純物質已由槽通過、澱粉質自厚積於槽底、取出之即爲碩莪粉矣、

曾幾生先生

（五）乾燥　碩莪澱粉之品質、以充足乾燥、而帶純白潔淨、不使有蒼黃之雜物混入者、爲優品、故於曬粉時、不可不加注意、曬粉於場、用茄樟（爲一種樹葉編成、略當吾國之蓆）舖底、粉置其上、排勻曬乾、故營此業者、宜常察天時、勿爲大雨所淋、致遭虧蝕、

（六）裝包　乾燥之粉、用壓重機碎其凾結、再以篩篩之、然後裝入蔴袋（南洋概稱布袋）運往發售、通常每包都以重量計算、爲担爲車、然亦有稱磅稱噸稱其羅米突者、不過視其經營之大小、而爲適當分配、免使途中有一切弊病是也、

（七）精製　裝包之後、人造工程可告成功、然尚有屬於搓粉爲粒、應行精製者也、澱粉種類、只就南洋之產地區分、有新加坡碩莪上粉、新加坡碩莪總上粉、沙勞越碩莪上粉、沙勞越碩莪中粉、納閩碩莪上粉、及中粒、幼粒、幼丕之分、中以中粉中粒幼粒爲代價、平均約在十九元內外、

副產物、第一回榨出之渣滓、及精製之不純質、可爲家畜良好之食料、猪食此極肥大而肉嫩、渣（俗呼碩莪頭有乾濕之分）價至廉、乾者每担約一盾、（此價係指產地而言、若輸出他埠得價有時達六七盾）在地者、其樹皮可以鋪地、可以樹葉蓋屋、遠勝於亞答云、

第三章　調査

【英國之殖民政策】白種人之殖民政策、向有矛盾之處、即於某殖民地、不限制外國人之移住、而於另一殖民地、則絕對不容外國移民之自由入境是也、故其對於澳洲則嚴密限制外國移民、而於馬來則毫無限制也、考其故、則以澳洲者南溫帶國也、白人能安居之、無待異種人之輔助、馬來者熱帶國也、白人不能安居之、果亦仿澳洲而採限制外國移民之政策、則其產業之開發、斷非人數不多、而勞動能率又極低微之土著民、所能勝任、亦非不適於熱帶生活、而工資又極昂貴之白人勞動者、所能優爲、如不由另一方面吸收相當能力之外國勞動者、以遂其開發產業之大計、豈不大背於經營殖民地之目的耶、是故彼之歡迎我國移民、實爲事勢所迫、不得已者也、英屬馬來人口之稀少、每平方英里、不及六十人、此尚包括一百七十餘萬之外國人而言也、如僅就土著民計算、則每平方英里、祇二十九人而已、由此觀之、今日以前之英屬馬來、固以移民自由爲其重要政策、而今日以後、當亦不外此政策、可斷言也、且移民自由云者、猶僅就一般移民而言耳、若夫特殊之地、則政府且進而爲種種設施、以招致之、更可見自由移民制度、實爲英屬馬來開發產業之根本要素矣、

【海峽殖民地之財政概況】海峽殖民地財政基礎、則尚爲鞏固、據一千九百二十六年七月發刊之一千九百二十五年年報、則一九二五年末之負債、不過二千萬元、且此款原爲轉放於馬來聯邦政府、柔佛政府、新加坡及檳榔兩埠市政局而募集者、不得謂爲海峽殖民地之負債也、至於一九〇七年之三厘半公債、在一九二五年末、爲五千九百萬元、係以收買新加坡檳榔嶼等埠碼頭之用、亦自有港務局之資產相抵、且港務局收入甚鉅、不在一般歲入項下、按年償還、甚易易也、又一九二一年之八千萬元金鎊公債、亦係代馬來聯邦募集、與海峽殖民地更無關係、此外海峽殖民地且有歷年國庫剩餘之六千三百萬元、故其財政狀況之佳、在南洋各國中、實首屈一指者也、而海峽殖民地之歲入、以鴉片專賣收入爲最鉅、試就一九二〇至一九二五之六年間而論、其歲入總額、不過一億五千三百萬元、而鴉片專賣收入、即占六千九百四十九萬元、蓋當歲入總額之四五%也、此外稅收之稍重要者、爲烟酒消費稅、牌照稅、郵電、利息、訴訟費、及其他國有財產收入、雜收、官地賣價、等項之收入、然以與鴉片專賣收入比較、蓋微微不足道也、

【警察與消防】新加坡警察制度頗完備、警員之行使職權、亦極得法、市中警士皆以印度人充之、凡衝要之地、無不設有崗位、

餘至午後公私執業之人退休時汽車往來馳驟、絡繹不絕、而以四達之衢爲尤甚、是時即有印警四人、身負竹製之物、長五六尺、高數寸、横於背上、如鳥之兩翼然、時而南北相向立、以放東西汽車之通行、時而東西對立、以放南北汽車之通行、緣是汽車雖多、而不患其擁擠、尤無相撞之危險、其指揮車馬及行人也、態度和平、而宗旨堅定、故遵警律以行、則極其自由、反之則立被干涉、毫無通融之餘地、

新加坡行政官廳

也、至於市外鄉村之間、多設有警察分駐所、其警士以馬來人充之、皆携有眷屬、居於分駐所後、此種馬來警察、對於職務、亦皆勇敢盡職、不畏艱險、蓋因其月餉甚優、足以鼓舞之也、凡警察官吏、皆著黃制服、戴黑毡帽、足著皮鞋、頗具莊嚴之氣、土人甚畏之、語以馬達樓三字、則悚然現恐怖之色、馬達者、馬來語巡捕之意、馬達樓即警察官署也、又有偵探一部、附屬於警察廳、偵探長爲英人、偵探則以土著之華人充之、土人稱之曰暗差、(讀如排)凡捕盜及搜索各種罪犯、皆以偵探任之、全埠治安之維持、得力於偵探者不少、華僑之居其地者、於各種事業之進行、雖不免偶爲英政府所抑制、然因法律之保護、警察制度之完備、尚無顯受侮辱之事也、至於全市消防之設備、尤完備異常、所設消防分駐所甚多、警鐘台亦如之、消防器具皆載於汽車之上、無時不在預備中、一聞警鐘、立刻出發、其執水龍機頭、及其他重要職務、皆以英人充之、餘則馬來人也、各處自來水管及其排水量、早已調查明析、繪爲圖說、屆時按圖而索、絕無張皇失措之時、其他各種器物、無不設備完全、所有消防隊員、亦皆訓練有素、其執行職務時、概皆舉動靈活、心思敏捷、而富於勇敢冒險之性、故偶有火災發生、無不迅速撲滅、從無延燒多處之慮也、

【海峽殖民地之幣制】

海峽殖民地之貨幣制度、原爲金匯兌本位、已歷有年所、一九二三年、始改爲英金磅匯兌本位、以海

峽幣六十元、作七金磅、即每元之法定價格、爲二先令四便士、此爲國際匯兌之標準、國內則仍以一元及五十仙銀幣、爲無制限法貨、其改革之經過及運用、大可供我國幣制問題之參考也、當海峽殖民地受制於東印度公司時、通貨種類甚多、公司嘗致力於通用銅幣之驅逐、卒未奏効、故政府會計、雖以留比計算、而民間則概用鋼仙銀元、一八六七年、海峽殖民地移歸英倫殖民部直轄、始下改革幣制令、除規定特種輔幣外、以香港造幣廠所鑄之西班牙墨西哥秘魯波里維亞香港等處銀元、及經政府指定之其他銀幣爲法貨、銀銅輔幣、亦概由香港造幣廠供給、一八六八年、香港造幣廠鎖閉後、遂改由倫敦造幣廠鑄造、一八七一至一九〇七年間、海峽殖民地銀輔幣之鑄造於倫敦者、達六百四十六萬二千元、銅輔幣達一百八十八萬七千五百元、一千八百九十五年、貨幣法復規定、以成色千分之九〇二・七最小重量一一格侖之墨西哥銀元、及成色千分之九〇〇最小重量四一一格侖之英洋、或港幣、爲標準貨幣、日本舊一圓銀幣、與英洋成色重量略同、故亦以該法令取得標準通貨之資格、後日本採用金本位制、日本圓貨遂禁通用、墨西哥洋、及英洋等、亦於一九〇三年禁止通用、而以海峽元代之、雜種貨幣、自是遂絕迹焉、

【最近新加坡各華洋銀行】 新加坡之銀行、自一七一二年以還、即已設立十有餘家矣、然間有因贏利不豐而停業者、如東印度與友華兩行是、有因受總行擠兌、與損失過鉅之影響、而停辦者、如交通與中法實業兩行是、其他如德華廣益閉係於歐戰前歇業、（按近今吉隆坡之廣益係於是時脫離叻行關係、另向雪蘭峨政府註册者也、）今所存者、僅十六家、茲據調查所得、分述於下、

（一）僑商投資創辦者（皆在海峽殖民地註册）

（四海通銀行）創設於一九〇七年、收足資本二百萬元、贏餘公債達一百二十萬、汕頭暹京皆設有分行、現任司理李偉南

（華商銀行）開辦於一九一二年十二月二日、認定資本二百萬、已收一百萬、公債及未分得利、凡一百七十萬、棉蘭吉隆坡與峇株巴轄皆有通匯機關、現任司理阮添成

（和豐銀行）一九一七年一月十五日註册、四月二日開幕、資本認定八百萬、已收四百萬、公債及各項預備金、計八十二萬、已開辦之分行凡六、（馬六甲蔴坡峇株巴轄亘港檳城香港）代理匯兌亦不下十五處、歷任司理蕭保齡

（華僑銀行）成立於一九一九年十月、資本認定一千零五十萬、先收半數、公債並各項贏餘計六十萬、分設支行於檳城仰光占啤厦

門此外尚有通匯機關數處現任司理陳延謙

（利華銀行）一千二〇年開辦認定股本三百二十萬九千九百元已繳半數香港委有匯兑處現任總理李聲餘

（二）西洋人所創辦分駐於此者　（匯豐銀行）總行香港資本已收二千萬公積分為金幣銀幣二種合計約有四千九百萬元現任

助行買辦薛中華

（渣打銀行）在我國稱為麥加利銀行總公司於一八五三年設於倫敦資本認定六百萬鎊實收半數現存公積已達四百萬鎊

（有利銀行）譯音為嗎根代望資本認定一百八十萬鎊已繳至一百零五萬鎊公積金已增四十五萬八千二百二十一鎊總行倫敦

（大英銀行）股本繳足二百三十九萬四千一百六十鎊公積金為一十三萬五千鎊總行倫敦助行於一九二三年開辦買辦孫仲玉

（萬國銀行）即花旗銀行資本與公積各達美金五百萬元總行紐約助行於一九〇〇年開始營業現任買辦殷雪村

（法國銀行）一稱東方匯理資本為四千八百萬佛郎現任助行經理李天錫

（和蘭銀行）總行亞姆德登資本收足八千萬盾定制公積達二百萬零四萬五千零三十二盾又有特別預備金二千二百六十萬六

千八百盾

（安達銀行）舊稱范打資本認定五千五百萬盾公積二千一百六十萬盾總行設於亞姆斯德登而以吧城分行為東方總機關

（三）日本人所經營從其本國分設於此者　（台灣銀行）總行於一八九六年經日政府特許創立於台北助行於一九一二年九月

二日開始營業資本認定日圓六千萬已收五千二百萬公積一千三百七十八萬現任助行華理鄭靄臣

（正金銀行）總行於一八八〇年開設於橫濱資本自日圓三百萬增至一萬萬皆繳足公積達八千三百五十萬現任助行華經理鮑

達侯

（四）中日台商人投資合辦分設於此者（在日本政府註冊）　（華南銀行）總行於一九一九年成立於台北支行分設於番禺西賈

海防仰光三寶壠新加坡及日本東京資本認定日金一千萬已收七百五十萬現任助行華買辦鄭佩辰

【華人銀行現行利率】　（一）往來存款　週息一厘八毫至二厘每六個月計息一次計算時若息銀不滿五元者例不發給

行一厘八毫者、爲華僑銀行其餘和豐華商利華四海通等俱係二厘、計息之期、除華商銀行爲三月三十一日、與九月三十日外、其他皆爲六月三十日、與十二月三十一日、（週息一厘八毫、即每百元年利一元八角、坡中所謂一八巴仙、週息二厘、即每百元年利二元、坡中所謂二巴仙是也、）

（二）定期存款、三個月者、月息二厘五毫、（每百元每月二角五占）九個月者、月息三厘五毫、（每百元每月三角五占）十二個月者、月息四厘五毫、（每百元每月四角五占）息銀乃係同母銀、於到期時、一並領取、若到期時、存戶不向銀行支領者、銀行例不補過期利息、

（三）活期存款、此項存款、本坡銀行通稱之謂（Depositsat Call）皆不給息、

【華僑閩粵人較多之故及其語言之區別】 以北平爲中心而論、中國與英屬馬來之地理的關係、則新加坡之去北平、何止萬里、然使移其中心於閩粵、則新加坡實我國之隣邦也、試以南省交通中心之香港與新加坡論之、其間距離不過一千四五百海里、普通速度之船、五日夜可達、在昔人類未知利用汽機時、海上交通、固屬困難、然南中國海一帶、皆受印度洋季風之影響、便於中南航海者甚大、故不特英屬馬來華僑以閩粵人爲獨多、其他南洋各國、亦莫不然、猶之僑居於高麗之山東人、其在日本幷吞以前、人數雖不若南洋華僑之衆、而經濟上之地位、固甚可觀、今雖受日本人之壓迫、而漸失其勢力、然其人數、仍居各國僑民之首位焉、此無他、地理上接近故耳、據西歷一千九百二十七年、國勢調查、以當時之華僑省籍論、則百十七萬五千人中、閩籍計三十七萬九千九百九十五人、粵籍三十三萬二千零四十三人、客籍二十一萬七千八百五十人、潮州籍十三萬一百二十二人、瓊州籍六萬八千三百零八人、此分類法、係從南洋習慣、以方言爲標準、若嚴格言之、則潮州瓊州皆爲粵籍、而客籍中閩省人有之、粵省人亦有之也、茲就海峽殖民地華僑籍貫人數、列表如下、

福建婦人小本經營

粵人	一九二七年	一一五・七〇七	閩人	一九二七年	二一八・六九一
客人	一九二七年	三七・二七七	潮人	一九二七年	七五・〇〇四

瓊人　一九二七年　二八・四五五

觀以上海峽殖民地閩粵華僑之多、由於地理關係、已可證明、但閩粵人、畛域之見甚深、故其辨別力亦强、惟外省人之未嘗旅行於閩粵或南洋者、則難判其區別矣、大致閩人係指漳泉一帶之閩南人而言、粵人即廣肇惠等屬之人也、潮州本屬粵省、而其方言、則近於閩南語、客人爲粵之梅縣新寧五華大埔閩之上杭汀州水定等縣人、其方言不類閩粵而稍與普通語相近、瓊人亦有特殊方言、然皆發音互異、而文法相同、非若外國語彼此相懸之甚也、

【華僑以閩粵人爲多之原因】今日我國人之富於財者、固莫閩粵人若也、然閩粵人之富、非成於閩粵之鄉土、乃以其地瘠物貧、生計艱難、因而輾轉謀生於海外以成之也、查閩省面積不過四萬六千平方英里、爲我國一小省分、而其人口、則達二千萬人之衆、人口密度、每平方英里約爲四百三十人、且其地多山、河流殊少、土壤貧瘠、物產不豐、近贛省之處、山獄重叠、尤不適於耕種、故其食糧之不自給、實爲謀生海外一最大原因也、粵省亦與閩省略同、面積約九萬平方英里、人口約三千二百萬、每平方英里之平均密度約三百五十人、雖有東西北三江灌溉、全省膏腴之地、較閩爲多、而不適於耕作、或居住之山地、亦較閩爲少、但東西北三江氾濫時、即爲患亦甚烈、且潮循一帶、每多颶風、風發、則海必嘯、或折木毀屋、或淹斃人畜、或掃蕩田禾、潮州府誌載之詳矣、夫災異之發現、一方則傾其民之儲蓄、他方則毀其地之生產力、間接直接、均大有影響於生計問題、故其地雖較膏腴、而其人則終難安居也、況人口日增、地力有限、不從事於海外發展、勢必坐以待斃、又自辛亥以還、內亂頻仍、萑苻滿地、洪水橫流、災異時聞、農民流離失所、田畝遂多荒蕪、此種現象、固不特閩粵爲然、惟是閩粵人之移住南洋已遠在唐宋以前、而激增之勢、至近數十年始著、則其爲生計所迫、復何疑焉、

街市上之廣東婦人

【吉寧人之賽神】吉寧人迷信甚深、其神廟所供神相、時有出巡之舉、出巡每於夜間行之、其神面金色、高二尺許、載以神輿、輿上爲一亭、以木爲之、雕鏤甚精、頂上敷金、簷下以綵絲結纓絡十餘懸之、更以鮮茉莉花簪其上、亭外立二人、皆赤其上體、手執拂塵、蓋

神之侍者也、輿以二牛曳之、牛身亦簪以鮮茉莉花、緩緩曳車而行、吉寧人引導其前者、分數隊而行、最前一隊、皆以柴蘸油燃以火、以長竿挑之而行、如吾國之火把也、次一隊、皆頭頂大煤汽燈一具、燃之而行、又次一隊、則手持火棒、隨行隨舞、作種種形式、又次一隊、則手持鐵杖舞之、又次一隊、則手持木棍舞之、並作相擊之狀、所舞皆甚精熟、最後一隊、則有擊大鼓者、有擊小鼓者、有吹喇叭者、鼓聲咚咚、振動天地、即樂部也、樂部之後、則神輿隨焉、是時吉寧人之家、或商店、皆以芭蕉葉編爲各種形式、上簪鮮茉莉花、懸之門前、及神輿行至門前、主人雙手棒磁盤、內盛椰子香蕉各種鮮菓、恭詣輿前、獻神輿上所立侍者、則以利刃將椰子剖開、向神相前一獻、獻訖、收之後車中、然後取出一種紅色之物、形似樟丹者、賜之主人、主人合掌敬領、即用之徧將家人雙眉間塗一朱點、蓋其神所賜之福也、神輿巡行良久而返、仍供之廟中、吉寧人始紛紛散去、

吉寧神出巡

【吉寧人之蠻俗】吉寧人、本爲不開化之蠻族、其獷悍之性、蠻野之俗、千百年來、因而不改、現在雖爲英人征服、而受其統治、然吉寧人猶未能感受文化、以易其積慣之惡俗、英政府亦喜其愚蠢而易治、曾不加以禁阻、故其鄙陋之習俗、詭譎之狀態、千奇百怪、駭目驚心、凡居新加坡者、皆數數見之、若僅就余曾目擊者言之、吉寧人每值賽神之時、即有多人發願、就其身作種種異狀、以獻媚於神前、其最奇者、則袒其上體、以針遍刺其胸際、臂下懸以銅鈴、纍纍如貫珠、不下百數十枚、行時張其雙臂、聲啷啷作繁響、更於鼻下貫一細索、連於兩顴、索下亦綴以極小之銅鈴、其身後則負一弓形之物、上插多數孔雀之羽、排列整齊、屈曲以遮於頭上、蓋恐頭部爲烈日照爍、藉以蔽之也、又一種、亦袒其上體、前後遍刺巨孔、以長數尺之鐵針插入肉際、其外亦用一弓形之物、上排密孔、使鐵針皆貫其孔中、所以約之、俾無脫落也、此外則以長針貫鼻者有之、貫耳者有之、貫唇者有之、貫舌者有之、奇形詭狀、不可備述、以視吾國惡化之僧道、遠過之矣、聞若輩作此種種惡狀者、皆於前一日、就特定之地點、先將身上應刺之處、用藥水編擦之、次日仍在是地以針刺之、則刺處毫無痛楚、且無滴點血液流出、意其藥必爲極有力之麻醉劑、故能使血脈凝滯、而神經失其

感覺也、逮裝飾訖、乃纍焉魚貫而出、整列赴神廟、在神前拜跪舞蹈、以達其虔敬之意焉、俟經過相當時間、乃有人爲之拔其針、摘其鈴、而解其惡飾、拔針時亦不見絲毫血縷、其藥力之大、可知矣、又有一種惡俗、於婚喪時行之、以二人全裸之、不掛一絲、渾身以漆漆之、黃質而黑章、作虎皮之色、頭上飾雙耳、爲虎頭之形、望之宛然二虎也、然後引至門前、跳舞撲跌、作雌雄相誘之狀、另以一小兒持弓矢射之、其旁復有擊鼓者數人、其聲鼕鼕然、鼕逾促、則二虎之跳舞逾厲、蓋亦如戲劇之有節奏也、夫世界各民族風俗習慣、固不能盡同、其間亦頗有新奇可異之裝飾舉動、令人不可解者、然如吉寧人之殘傷身體皮膚、忍痛苦以媚神取樂、則開化民族之所不爲矣、

以箭穿入肉中之吉寧人

【商場習慣語】家閘　即吾僑稱富翁之別號、昔爪哇壠川有僑商郭爲擁有資產甚豐、且熱心公益、士人多稱道之、後人即以其名稱富豪者、（郭家閘潭語略同音）、

甲必丹　英語（Captain）即領袖之意、昔吾僑移居南洋時、當地政府以民情各殊、頗難管轄、故特聘吾僑之有名望者、授以是職、專理華民政務、但此制今多廢止、惟荷屬東印度羣島、及其他小商埠、尚有採用之者、

望籍　英語 Bank Cheque 譯音、即吾僑商界稱銀行支票之謂也、

沙昔寺　爲巫語 Saksi 譯音、即作證之謂也、

打限　爲巫語 Tahan 譯音、即阻攔之意也、

玻璃　爲英語 Police 之譯音、意爲警察、但僑民多沿用以稱當地之警察裁判所、

峇揸拉　巫語 Berchara 譯音、意爲訴訟、

嚟弄　巫語 Lajong 譯音、即拍賣之意也、

黎申　英語 License 譯音、即執照之意也、

監光　巫語 Kampong 譯音、即鄉村之意也、

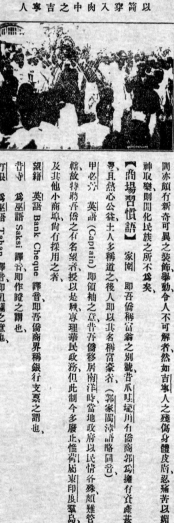

五脚架 即取義於英語之 five foot Way、及巫語之 Kakiima 意、為走廊、之納甲 巫語、Cihilaka 譯音、即狠狽之意也、

馬寅 巫語、Man 譯音、意為玩耍、吾僑商店多沿用、不戲弄謂之勿馬寅、

巴桀 巫語、Patut 譯音、即公道之謂也、

忙殺 巫語、Bangsat 譯音、其意為不公道、

烏光 巫語、Hukam 譯音、意為命令、吾僑多沿用稱犯人受罰、謂之烏光、

釘鍊 閩語、稱犯人受監禁之謂也、

母叟 巫語、Busek 譯音、意為臭、吾僑多用稱行為不正之謂也、

拋家 巫語、Pakei 譯音、即私用之意也、

惹呀 巫語、Jaga 譯音、即提防之意、吾僑亦有用稱印度人為人守閘者、謂之惹呀、

亞呀 巫語、Ager 譯音約略之謂也、

蘇末 巫語、Sobat 譯音、即朋友意氣相投之謂也、

以銅鈴穿入肉中之吉寧人

巴葛 巫語、Pakat 譯音、其意為合謀、

瞑丁 英語、Meeting 譯音、即會議之謂也、

看頭 閩語、即保鏢之意也、

槓白水 以金錢或禮物買人情之意也、

擯銅盤 其意與槓白水略同、

使色水 閩語、即派頭之意也、

談彌 印語、Tamby 譯音、即伯叔之尊稱也、本坡西人商店、多用以稱其行中之馬來人及印度人之當侍役者、

萬山 巫語、Bangsat 譯音、猶吾國之露舍棚廠、架木以資覆蔽者、今吾僑多用稱臨時建築之工場、或園坵中之工人宿舍、皆謂之萬山、

三牲 閩語、即惡漢之別號、或云昔時吾僑寄居海外、有三星會之組織、以聯絡鄉誼、名重一時、未悉然否、故云、（星牲閩語同音、）

九八郊 閩語、與英語之 Commission Agent 同意、即代理商、每百抽二之謂也、

實担　英語、Stamp 譯音、即郵票、或印花稅票之謂也、
老君　巫語、Dukun 譯音、其意爲醫生、吾僑多沿用以稱泰西之醫生、
公親　閩語、即居中作調停人之別號也、
賣報紙　閩語、揭載新聞或廣告於報上、謂之賣報紙、
走路　閩語、即商店倒閉、東主無法償還債務、逃避債主、或店夥存心不良、捲逃店東所有以去之謂也、
班禮　巫語、Pandai 譯音、意爲賢能、吾僑多用以稱有才能者、
馬尖　巫語、Macham 譯音、意即式樣也、用法有二、一以稱貨、即貨樣、一用以稱人、即含輕視之意、如云這種人也、
尖薄　巫語、Champor 譯音、有二意、用之對人、即交游之謂、用之對物、即滲雜之意也、

【海峽殖民地郵票價額之區別】　新加坡、馬六甲、檳榔嶼三處郵票、計共分二十四種、分別列下、

郵票

一占二占	三占	四占	五占	六占
八占	一角	一角二占	二角一占	二角五占
三角	三角五占	四角五占	五角	一元
二元	三元	五元	十元	二十五元
五十元	一百元	五百元	一千元	

【新加坡與南洋各港之距離】　新加坡與世界各大港之里程、普通地理書、多有記載、今僅舉其與南洋各國重要港口距離如下、（單位英里）

檳榔嶼三九五、馬六甲一一七、曼谷八三三、彭亨河口一七一、巴打威五二一、巨港三〇〇、坤甸三四八、古秦（勝砂越）四三五、納閩六三六、日里三六五、泗水（取道巴打威三寶壠）九三八、三寶壠（取道巴打威）七六二、山打根（取道古秦納閩）一•一〇〇、孟加錫約

一•三〇〇、馬辰約八〇五、馬尼拉一•三四三、西貢六三〇、仰光一•一三二、自檳榔嶼至附近各港里程、（單位里程）告打（鐵路）六五、蘇島勿老灣約一四〇、蘇島北部亞齊約四一四、印度馬打拉薩（取道加爾加打）一•九九四、

【海峽殖民地對華之貿易】海峽殖民地對華貿易關係、論理應較其他各國更爲密切、理由有三、（一）馬來華僑達百數十萬、占總人口三分之一、且握其商業經濟實權、（二）地理上兩國相距甚近、（三）馬來物產豐富、對外貿易極盛、然實際並不如是也、以最近四年論、一九二五年、對華貿易總額、尚不及三千萬元、翌年稍加爲三千三百餘萬元、一九二七年、爲三千六百餘萬元、一九二八年、爲四千三百九十萬元、歷年以來、雖增加無已、然其於貿易總額之百分比、則反逐年抵下也、其所以對華貿易不振之原因、一則以中國尚在以原料供給於人之地位、製造工業、近年雖稍振作、但需要外國原料尚少、再則以華僑社會生活、內容不盡與祖國同、而祖國之製造家、亦未能順應其需要、而爲適宜之供給、三則以荷屬東印度越南暹羅緬甸等之於中國、或則有直接航路、或則有國境貿易、不待新加坡爲之轉口也、故對華貿易、恒爲輸入超過輸出、此就有形式言、若以我國輸出於海峽殖民地之勞力與資本之所得而合計之、則無形之入超、（在我國爲出超）或且在五千萬元以上、其關係於我國國民經濟者、蓋極重大也、中國之製造工業、雖尚在發達初期、但輸入南洋英屬之商品製造品、尚能占其大半、此實差強人意者也、餘則盡屬食品耳、自華輸入之商品、除紙烟、毛巾、線衫、線襪、等新式機製品、間有少數銷於土人、或其他僑民社會外、餘均供百數十萬華僑之消費、而轉口輸出於波羅洲及他馬來羣島亦稍有之、近年我國內亂日烈、閩粵尤甚、南渡謀生者愈衆、遂致此等輸入商品、亦有劇形增加之傾向、足見海外移民影響之大也、自華輸入商品、爲麵粉、大豆、雜粮及其澱粉、鮮果、乾果、罐頭果、猪油、鹹菜、貯藏蔬菜、洋葱、大蒜、其他蔬菜、茶末分類之食品、米酒及三蘇酒、紙烟、條絲烟、煤、花生油、陶磁器、其他土器、廚房及家用鐵器、棉疋頭、綢緞、絲

新加坡之紅燈路

線、麻繩、毛巾及其製品、線襪內衣、其他纖維製品、未分類之化學製品、西藥、皮箱、文房具及簿冊、書籍地圖、籐竹器、神香冥鈔、傘、魚乾、焰火、等貨、一九二五年有五卅慘案之發生、沙基慘案繼之、遂引起中國全國排英風潮、廣州汕頭尤烈、六月以後、香港全被封鎖、其影響

新加坡之內河

於我國對外貿易者至鉅、但自中國輸入於海峽殖民地之商品、尙能增加八百四十萬元、不可謂非大進步也、惟對華輸出、則已稍有減少矣、燕窩、魚翅、海參、等珍貴食品之對華輸出、耳聞之、似甚重要、實則每種之輸出價額、不過二三十萬元、尙不及魚乾、椰油、白籐之大也、車胎以外之膠製品、蓋盡爲新加坡華僑陳嘉庚之膠品製造廠及張永福之平民樹膠廠製品、其一九二五年之輸出價額、爲三十萬元、較上年稍爲增加、將來能否更有進展、須視兩公司之努力、及中國政局之安危、以爲斷也、茲舉最近對華輸出品如下、計燕窩、海參、魚乾、白胡椒、黑胡椒、糖、冰糖、木板、柚木、椰油、巴拉膠、白籐、曼格羅夫樹皮、錫、石油、車胎以外之膠製品、米、魚翅、西穀粉、等貨是也、

【海峽殖民地對英之貿易】

英爲海峽殖民地主權國、有一定之殖民政策、此政策之表現於經濟方面者、一方爲推銷英國製造品、他方爲吸收海峽殖民地土產原料、以供本國之製造工業、故英國之於海峽殖民地輸出入貿易、歷來均占優越地位也、但歐戰以後、其於海峽殖民地輸出貿易上之優越地位、已漸爲美國所奪、蓋美國受歐戰之庇蔭、國富驟形膨脹、生活程度增高、我東亞人視爲富貴階級之摩托車、在美乃至爲平常、全國有摩托車二千萬輛、以人平均之、每六人可得一車、故需要樹膠最多、而大半仰給於馬來也、美國之石油及罐頭工業、亦世界首屈一指者、二者均不能離白鐵而獨立、故美國之白鐵工業、亦列世界第一、而海峽殖民地出口大宗之錫、適爲白鐵重要原料、此又海峽殖民地對英輸出貿易、不及對美之盛之一原因也、英國雖亦以白鐵工業者著聞於世、然其國

內之消費、實遠遜於美國、且其海外銷場、向頗發達、然東洋物產之由英倫轉口者、上漸失重要地位之原因、但與美國以[illegible]船舶、飛機等機械、及若干種雜貨、均於南洋物[illegible]商品、調查如下、爲食糧、飲料、牲畜、烟草、原料[illegible]紙器、油漆、衣着鞋襪、縫衣線、羊毛製品、機械、要商品、爲碩莪、（粉粒）罐頭、鳳梨、黑胡椒、斷絕、而日德意等國貨起而代之、但戰事結

【海峽殖民地對美之貿易】

海

不過三%、而海峽出口貨之銷於美國者、則一足觀者、試以一九二五年論、海峽入口之銷路、所以特別龐大、由於美國擁有無量數一之罐頭工業國、石油業尤盛、其罐頭咸以年出車三百數十萬輛、僅此用途、每年亦在銷埸、此爲戰後、美國工業發達必然之傾向、實現、則美國商人、今後必傾其全力於新加殖民地者、在今日雖極形不振、而今後不難梗、典、瑪科巴爾（Copal）椰乾、白胡椒自械、鋼鐵及其製品、紙烟、罐頭沙丁魚等貨、

南洋英屬海峽殖民地誌略

【海峽殖民地對歐陸之貿易】歐洲大陸諸國之與海峽殖民地有貿易關係者、以法德荷蘭及意大利等、較爲密切、夫法德意均歐洲大國、而荷蘭則擁有以新加坡檳榔嶼爲中繼港之東印度羣島、其與海峽殖民地貿易關係之密切、蓋爲勢所必然、然以歐洲大陸全體言、貿易額、實不甚大、而自海峽殖民地輸出於歐洲大陸者、爲數尙屬可觀、前者法國雖以財政紊亂、經濟界時呈杌隉不安之象、但其生產業、近亦日漸恢復、且歐洲政局、近今安定、一九二五年、復有羅卡諾條約之成立、國際關係、更得一重保障、海峽殖民地出口商品、今後尙可多銷於歐洲大陸、而自歐大陸輸入之商品、亦將因輸出之增加、而有所進展、蓋意中事也、海峽殖民地對歐大陸輸出輸入貿易商品、在一九二六，二七年間、爲食糧、飲料、牲畜、紙煙、原料、製造或加工品等項、自歐洲大陸輸入者、爲香水、及化粧品、摩托車、交通器具、車胎及其他樹膠製品、衣著、鞋襪、化學藥品、及染料油漆、棉疋頭、機械、鋼鐵、及其製品、罐頭牛乳、煙酒、水門汀、對歐洲大陸輸出之重要商品、則爲錫、巴拉膠、白藤、椰子、黑胡椒、傾莪（粉粒）、西穀（片粉粒）、白胡椒等貨、

【海峽殖民地對日本之貿易】日本爲東亞工商業先進國、歐戰以來、發展尤速、當大戰方酣之時、歐洲諸國、不暇東顧、日本商品、遂得乘機大舉、侵入南洋市場、然日商往往不顧信義、以劣貨爲濫竽充數之計、當缺貨時、消費者、不得不忍受之、洎一旦有代之者、日貨遂不得不失墜其地位、既失墜之後、欲圖恢復乃大不易、此誠近十年、日商所受之教訓、而亦日謀推銷製品於南洋市場之我國新式機製工業者所應引以爲戒者也、自日輸入海峽殖民地之商品、自一九二〇年銳減後、至今尙未恢復原狀、反之、自海峽殖民地輸出於日本之商品、則近年來、頗有顯著之增加也、自日本輸入海峽殖民地之商品、以棉疋爲最鉅、約占日貨之二%、次爲火柴、魚乾、樹膠、箱、磁器、內衣、煤炭、絹綢等類、以一九二五年論、每種輸入價額、皆在一百萬元乃至

新加坡之士庫街

二百萬元焉、他如毛巾、線襪、玻璃器、牙刷、化粧品、帽子、玩具、廚房用具、藥品、紙製品、油燈、及其部分品、洋傘、自由車胎、及自由車部分品等、在海峽殖民地亦有堅實之銷路、且除自由車胎及自由車部分品外、餘均與中國新式機製品立於競爭之地位者也、自海峽殖民地輸出於日本之商品、以樹膠爲最鉅、約佔對日輸出總額之大半、錫次之、石油第三、鐵礦第四、白籐、碩莪、椰乾、摩托車油、棉、貝殼等貨、日本需要樹膠之鉅、半由於日本膠品製造工業之發達、半由於英國鄧祿普車胎公司之遠東分廠設於日本故也、

【蔬菜及果實業】 馬來土產之果實、如榴蓮 (Durian) 山竹果、(Mangosteen) 木瓜、(Papaya) 香蕉等、香味固甚烈、然含適度之果酸者較少、橘、柑、苹菓、桃、李、梨、葡萄之屬、盡由中國澳洲或其他隣國輸入、爲數頗鉅、一部華僑有鑒於此、遂謀就地供給之道、今馬六甲檳榔嶼及檳榔嶼對岸之馬來北部若干地方、已有華人經營之温帶果實園多所、惜所產品質、概未見佳、是或由於土質及氣候不宜所致、蔬菜園、向來盡由素有經驗之中國人經營、亦以土質及氣候關係、難產優美之蔬菜、故自中國或其隣近諸邦輸入者極鉅、以馬來輸入果實及蔬菜售價之昂、斯業前途、似極有望、然種植之者漸多、市價將隨之低落、馬來各籍人民、頗不慣於低利之企業、前途未必大有希望也、

【肥皂製造業之前途】 海峽殖民地地當熱帶、化粧洗衣之次數較多、肥皂之銷路極廣、今輸入之肥皂、屬於化粧用者、每年約在四五十萬元、屬於洗衣用者、約三百萬元、其中十之八、來自英國、而再輸出於鄰近各地者、亦占十之二三焉、新加坡近年雖有製皂廠之設立、然資本不多、規模甚小、出品僅有洗衣皂、不過足供本地需要之一小部分耳、經營之者、大半爲中國人、日人亦有一二廠、成績均有可觀、陳嘉庚製皂廠已漸擴充、製香皂及各種胰皂之計劃、南洋原料甚豐、植物油脂及香料等、取之極易、而銷場又大、斯業前途、定有相當發展之希望也、

【窰業】 海峽殖民地陶土之可供燒煉傅瓦者、隨處可得、惟馬來土人居處、向僅用樹葉木料構造、故曩昔僅以之燒製陶器而已、自與海外交通後、外國移民來者日衆、磚瓦之需要、遂亦逐漸加多、更以數十年來、都市因工商業而日形發達、土木工程、歲無已時、所用磚瓦、向多仰給於外國、歐戰前、新加坡英商波羅公司嘗設廠於巴實班章、燒製之、惟出品概屬粗劣、且僅足供地方需要之一部而已、其承膠盃（割膠時、置於割口之下、以承受膠液者、）之製造、概在海峽殖民地及馬來半島而自荷屬里莪羣島輸入者、亦不少、

此等窰業均中國人經營、頗有相當之利益云、

【火柴】　新加坡火柴一物、全恃外貨之輸入、每年輸入約十餘萬箱、然銷耗於本埠者、僅數萬箱、其餘數萬箱、則轉銷於附近之地者也、其中以日本火柴爲最多、每年約五萬箱、約値一百餘萬元、和以他國所輸入者、共計一百六七十萬元、近數年來、瑞典火柴輸入新加坡一帶者、日見增多、以與日貨競爭、其貨質既美、而價亦稍廉、于是日貨大受影響、存貨甚多、不能銷售、一九二〇年、新加坡一帶所銷日本火柴、尚値一百十四萬二千餘元、至次年僅銷售八十五萬三千餘元而已、其銳減之勢、可想而知矣、

賣黄梨者

【煤】　南洋產煤之地甚少、雖有、然煤質不良、所需燃料、勢不得不恃外貨之輸入、輸入之貨、以日本爲最多、吾國爲最少、新加坡每年銷售之煤、約六十萬噸、其自日本輸入者、達數十萬噸以上、若吉打檳榔嶼二埠、每年銷五萬噸以上、除直接輸入外、尚有自新加坡轉輸者、我國之煤、每歲約有二三千噸出口者、馬六甲則每年自新加坡轉輸入口者、約數十噸、查我國煤業不發達、其最大原因、則以煤礦雖多、而從事開採者甚少、無販運出口之餘裕、故價値頗昂、而不能與他國之貨競也、次則南洋華商雖有船隻往來、不過北至香港汕頭而止、至上海者已甚寥寥、若天津則從不一至也、至於招商局船、則南以香港爲止境、香港以南則不見其踪跡矣、日本則不然、自神戸至孟買線之輪船、專爲輸出本國貨物之用、往來絡繹、運輸至爲便利、況有三井石炭會社、專在新加坡經營煤業乎、然則日貨之輸出、所以勝過我國者、實其全國上下、經營得法、有以致之也、

【製冰及汽水業】　英屬馬來位於赤道之上、天氣炎熱、故冰與汽水之銷場甚大、較大之都會、均有冰水工廠、新加坡尤多、其出品除供給本地需要外、且輸出於荷屬東印度、據近年調查、新加坡冰廠有四、一爲荷蘭人經營、每日產四十噸、一爲英人經營、產三十噸、中國人經營者二、一產十五噸、一產二十五噸、尚時有供不應求之勢、其後新加坡冷藏公司自設一廠、產額稍加、然有時仍不敷

分配也、汽水廠甚多、而以獅標佛蘭羅日及鳳凰公司爲最、皆歐人經營者也、當鳳凰公司成立之前、馬來汽水市場、幾盡爲獅標所獨占、今則減價競爭、獲利較微矣、

【鳳梨罐頭業】鳳梨罐頭、爲英屬馬來之代表製造品、每年出口價達八百萬元、經營斯業者、完全爲中國人、僅新加坡一埠、即有十餘廠、其名稱爲日新、新記、成發、興新、興謙益、光興等、各廠資本不詳、大致在二十萬元左右、工人少則五六十人、多則一百名、果實雖四時出產、而以四、五、六、十、十一、十二等月成熟者爲最多、其餘六月、往往因原料不足、而有減工之舉、故廠主收買鳳梨、不可不有相當籌劃、資本豐富之廠家、因兼營鳳梨園、故無缺乏原料之虞、而小資本者、則不免稍感痛苦矣、近有倡議於鳳梨枯期、（即一、二、三、七、八、九等月）兼製椰子罐頭者、然尚無人實行之也、

鳳梨罐頭製法、與其他罐頭無異、果實剖爲立方形、花形、長方形各種、亦有整個裝罐者、買賣用語、立方形者稱Gubes、花形者稱Slices、長方形者稱Chunk、整個者稱Whole、銷場最大者、爲一磅半莊之立方形、及花形兩種、罐頭之容量有一磅、一磅半、二磅、二磅半、三磅五種、鳳梨之輸出、五六年來、增加極鉅、然十分之八、銷於英國、我國所銷、不及五萬元也、

【洋灰業】馬來每年所銷洋灰、約值二三百萬元、荷屬東印度等鄰近各島、亦多取給於新加坡、或檳榔嶼之轉口輸出、而原產地則皆歐洲日本也、暹羅越南產、近亦稍有輸入於馬來者、僑商林秉祥營着眼於此、組織新加坡水門汀公司（Singapore cement works）廠址在巴實班埠、原料粘土、即取給於工廠附近之沼澤、石灰則以產於近海之珊瑚礁、及貝殼充之、出品尚佳、除供給本地需要外、亦稍銷於緬甸暹羅及荷屬東印度、營業前途、頗有發展之希望、惜乎今已停辦也、華僑不乏熱心實業者、對於此業、不可不注意也、

【糖菓餅乾製造業】英屬海峽殖民地可供製造罐頭食品之原料甚多、故食品製造業前途、頗有希望、惟今日所有者、僅餅乾與鳳梨製造業、稍足稱道、前者專供本地中下階級之消費、後者專以輸出歐洲爲目的、然所謂糖菓者、僅糕餅餑餑之屬耳、業此者、盡屬中國人、餅乾廠、規模稍大、著名者有三、（一）和和餅乾有限公司（二）陳嘉庚公司寰球餅乾廠（三）中華餅乾廠、廠址均在新加坡、出品不相上下、僅供本地及隣接諸國中下社會之需要而已、至馬玉山或安樂園之餅乾、與舶來品相較、前二者尚多遜色、而新加

坡餅乾、則較馬玉山或安樂園尤爲減色、陳嘉庚公司嘗聘歐人技師、大事改良、以與舶來品爭勝、前途之發展、則方興未艾也、

【新加坡出入各國之航業】 新加坡爲歐亞交通之要路、且爲南洋諸國交通之總匯、故其遠洋近海航業、均異常發達、茲特將其所設支店或代理店於新加坡之各重要輪船公司、及其航線、記之如下、以見大概、(一)英籍船（澳洲及坎納大在內、）(1)格倫歎爾公司（G'enand Shire）「倫敦」「羅特丹」「漢堡」航路、「香港」「上海」「日本」航路、(2)海洋汽船及中國相互航業公司藍烟船図、（The Ocean Steam Ship Co., Ltd. China Mutual Steam Nauigation Co., Ltd. Blue Funnel Line）「倫敦」「北歐」航路、（每禮拜一次）「熱諾亞」「馬賽」「利物浦」及「格拉斯哥」航路、（二禮拜一次、）「蘇島棉蘭」航路、（每禮拜三及禮拜六）(3)P・O・公司「馬賽」「倫敦」「安特華府」航路、（二禮拜一次、）「中國」「日本」航路、（二禮拜一次、）「孟買」「可倫堡」航路、每月一次、「蘇島物老滑」航路、（每月三次、）「香港」「厦門」「門司」「神戶」航路、（即鴨家船、每月一次、）「檳榔嶼」「加爾加打」航路、（同前、）(4)英印汽船公司、（Straits Steamship Co., Ltd.）船百十餘艘、「暹羅」「曼谷」航路、「檳榔嶼」「仰光」「加爾加打」航路、「瑞天咸港」「檳榔嶼」「馬打拉薩」航路、(5)海峽汽船公司（Straits Steamship Co., Ltd）近海航路、（以新加坡爲起點、西至檳榔嶼、東至吉蘭丹以下各港、）「暹羅」「曼谷」航路、（每禮拜六一次、）英屬北波羅洲航線、（米里納閩皇家灣山打根航線、（每禮拜六一次、船二十餘艘、）(6)太古公司（The Chiua Navigaiion Co., Ltd）「海口」「汕頭」「厦門」「香港」、航線定期(7)怡和公司（Indolchiua Steam Navigation Co., Ltd）「香港」「厦門」「上海」「日本」航綫、「檳榔嶼」「加爾加打」航綫(8)孟公司（The Ben Line Steamers Ltd.）「中國」「日本」航線、(二)日籍船(1)日本郵船公司（N. Y. K. Line）「倫敦」航線、（二禮拜一次、）「漢堡」航線、（一月一次、）「南美」航線、（二月一次、）「孟買」航線、（二禮拜一次、）「加爾加打」航線、（二禮拜一次、）日本綫、(2)大坂商船公司（O.S.K.Line）「可倫堡」「倫敦」

航行各路之船

航線、「檳榔嶼」「仰光」「加爾加打」航線、「南美」航綫、「曼谷」「西貢」「香港」「臺灣」航線、「可倫堡」「孟買」航線、「巴打威」「三寶壠」「泗水」航線、（三）美籍船、（1）大來公司（Dollar Steamship Lines, Ltd.）世界一週（二禮拜一次）、（2）花旗輪船公司（Pacifie mail Steamship Co.,）「馬尼拉」「香港」「上海」「日本」「舊金山」航綫、歐洲綫、（取道香港美國）「香港」「新加坡」「檳榔嶼」「仰光」「加爾加打」航綫、（四）荷籍船（1）王國郵船公司（Royal Packet Navigation Co.,）即K・P・M・船百餘隻、近海航路、（新加坡至荷屬東印度各島）新加坡爪哇快船、（三十八小時到巴打威每禮拜五開）、新加坡綿蘭快船、（二十五小時至勿老灣日里每禮拜日開）、澳洲線、（取道爪哇）中國綫（香港汕頭厦門二禮拜一次、）（五）德籍船、（1）悠哥士丁公司（Hugo Stinnes Lines）「安特華府」「羅特丹」「漢堡」綫、（回航月一次）「香港」「上海」「日本」線、（往航月一次、）（六）西班牙籍船、（1）西班牙郵船公司（Spanish Royal Mail Line）西班牙各港綫、馬尼拉中國日本綫、（七）法籍船、（1）法國郵船公司（M・M・）遠東綫、（馬賽新加坡西貢日本二禮拜一次、越南綫、（馬賽新加坡海防每月一次、（八）瑞典船、（1）東亞公司（Swedish East Asiatie Co, Ltd.）「北歐」綫、「香港」「上海」「日本」綫、（九）丹麥籍船、（1）東亞公司（East Asiatic Co., Ltd.）「熱諾亞」「漢堡」「哥本哈根」綫、（十）意大利船、（1）特里斯特公司（Lloyd Triestino S.N.Co.）意大利各港綫、「中國」「日本」綫、（十一）暹羅籍船、（1）暹羅汽船公司（Siam Steam Navigation Co., Ltd.）曼谷線、（經過馬來半島東海岸各港、就航船八艘、）（十二）華人英籍船、（1）和豐輪船公司（Ho Hong Steamship Co.）「仰光」「檳榔嶼」「新加坡」「香港」「汕頭」「厦門」線、上述各公司航線、已包括沿岸航路、或南洋諸國內海航路之一部、如英籍之海峽汽船公司荷籍之王國郵船公司暹羅汽船公司及和豐輪船等均是、此外尙有中國僑商開設之南洋沿岸航路之公司殊多、特錄之如下、（一）和豐輪船公司蘇宜島每週二次、柔佛哥打丁宜（Kota Tinggi）同上、柔佛亀咯（Cucob）每月一次、蘇島之碩坡及北根馬路（Siak & Pekan Baru）每週一次、蘇島之石馬丁宜（Tebing Tinggi）每週二次、柔佛亀咯及新加蘭（Cucob & Singarang）每週二次、（二）滙通公司（Huag Thong Co.）蘇島之巨港及文島（Palembang & Muntok）每週一次、（三）陳嘉庚公司（Tan Kah Kee & Co.）柔佛蔴坡（Muar）每週二次、（四）瑞豐盛公司（Swoe Hong Seng S.S. Co.）柔佛東岸豐盛港及登加樓（Mersing & Trengganu）每週一次、（五）和與隆（Hoe Hin Leong Co.）荷屬東南波羅洲馬辰（Banjermassin）每週一次、（六）同益公司（Thong EK.S.S. Co.）荷屬西波羅洲坤甸（Pontianak）每週一次、（七）和益公司（Heo Aik S.S. Co.）柔佛巴株峇轄（Batu Pahat）每週四次、哥打丁宜每週三次、蘇島加里汶（Kerimon）每週三次、巴丹島（Batam）及檳黨島（Biutan）每週三次、斑加蘭（Pengarang即巴株峇轄之本名）每週三次、（八）黃成美（Wee Seng Bee S.S. Co.）荷屬里莪（Riouw一名廖內）每日一次、蘇島之望加利（Bongalis）石叻班讓（Selat Pandjang）及峇眼亞比（Bagan Si Api Api）每週一次、（九）協榮茂（Heap Eng Moh S.S Co.）荷屬巴打威井里汶三寶壠等埠、（Batavia cheribon And Semarang）每週二次、泗水（Soerabaya）二週一次、蘇島勿里洋檳港及流石等埠、（Blinjoe, Pangkal Pinangand Batoe Roesa）每週一次、（十）砂勝越（Sarawak Steamship Co.）砂勝越每週一次、（十一）順美Soon Bee公司、蘇島詩巫（Sibu）烈港（Sungei Liat）七島（Pulau Tuju）等埠、每週一次、荷屬波羅洲詩巫二週一次、蘇島「望加利」「石馬丁宜」「碩坡」等埠十日一次、武盧（Muro）詩巫二日一次、加里布路（Buru）洪加（Hunga）等埠、三日一次、（十二）通合（Tneng Hup）越南交趾西貢（Saigon）每十日一次、（十三）張元記（Tee Cuan Kee）泗水及馬辰二週一次、（十四）祥和（Siang Hoe）暹羅曼谷（Bankok）十日一次、（十五）錦和（Kim Hoe）西貢二週一次、（十六）陳元利（Tan Cuan Lee）曼谷十日一次、

齊智人種

【各帮營業之狀況】　中國爲家族主義之國家、故有聚族而居之習俗、縱處於不得聚族而居之情況之下、亦必於可能範圍內、聚鄉人戚成友而同居、因而商工業上、亦深受此種習慣之束縛、故一商號所用之人、不爲其同族、必爲其至戚、不爲其至戚、必爲其同鄉、國內人如是、僑居國外者尤甚、以族援族、以戚引戚、進而至於以鄉援鄉、久之遂成同族或同鄉之職業團體、試以海峽殖民地而

論、經營行號土產生意者、多爲閩南人、經營布頭行號者、爲潮州人、經營門市雜貨者、爲廣府人、或客人、經營西餐小食店、或咖啡茶水店者、爲瓊州人、製造皮鞋者、爲嘉應州人、經營典當業、或中國藥材者、爲一般客籍人、而於馬來半島經營錫業者、則什九爲廣府人、要皆同鄉互爲援引之結果、此亦華人南渡、造成民族團體之一重要原因也、

【齊智 Chttg】　齊智本南印度民族之一、而其地、亦有以齊智名者、其人奉印度教、長腹大耳、降準巨額、身高手長、微帶佛相、姓名必冠以齊智、緬甸一部分華僑則稱之曰起甚、新加坡人通常譯爲齊智、或債池、亦有稱之爲大耳朶者、明史有哲地國、稱其人多金珠財寶、似即指齊智人而言、但此之所謂齊智、係專指是種人之經營外國貨幣買賣、及重利放款者而言、非種族之名、乃職業之名也、南洋各屬、西自緬甸、東迄交趾、縱橫萬里、隨處皆有齊智之蹤跡、緬甸及荷屬東印度尤甚、雖窮鄉僻野、亦有其活動、齊智之根據地、爲馬打拉薩、活動資金、殆不可以數計、皆自馬打拉薩之齊智寺院放出者也、自齊智寺院領本經商於外之齊智、須三年一歸、歸則理其賬項、結清後、始再作二度之活動、但今之齊智資本不盡來自齊智寺院、仰給於銀行者、亦不在少數、但對於銀行信用極佳、倒賬之事、蓋極鮮見、聞仰光某銀行、嘗放出鉅款於某齊智、某日突然通告、限三日內歸清、藉以試驗其信用程度、屆期果如數解清、齊智成功之原因甚多、而團體堅固、有事能互相扶助、亦其重要成功之一、即如上所述之仰光某齊智、蓋亦以同行之援助、而得免於危險也、英屬馬來之齊智、於放債之外、兼營存款業務者、殊不多見、而買賣小額之外國貨幣、則甚發達、幾成獨占形勢、其他人種、斷難立足其間也、放款分信用抵押二種、信用通常以五千元爲最高、利率視金融市面之緩急而異、大致在一分二至二分二三之間、（週息）息銀及經手費、均計入母金內、換言之、即預先扣除也、償還方法、或分月、或一次、向無一定、抵押放款、爲數頗鉅、有多至十萬元者、惟抵押品之選擇極嚴、以將來市價、不至跌至放款當時以下者爲合格、故以土地爲最確實之抵押品、樹膠園及椰子園、亦認爲與土地同等、房屋股票公債等項次之、商品更次、首飾寶石等類亦可供抵押之用、放出款數、以抵押品之種類而異、大致爲抵押品之六成至七成五、對於信用素著之商號、雖常爲信用放款、但利率亦較高、至於個人信用放款、則以有妻室者爲確實也、新加坡之齊智兼買賣貴重金屬品寶石、或不動產、新加坡收印度交之匯款、同行間亦多爲之、有時亦與銀行交易、至於借戶之信用狀況、如無特殊事故、則雖同行之間、亦不輕易發表、對於同行以外之關係人、更不易洩露也、英屬馬來之受齊智利益、以個人小農園爲最、歐美人雖亦頗需其惠究

不若中印兩國中小商人之多也、

【金融機關】　英屬海峽殖民地之金融機關、大致可分爲三類、(一)銀行(二)齊智(三)信局及典當銀行職掌商業中樞地位、最形重要、其主要營業、爲普通商業之匯兌、及往來存放、齊智類似我國之錢莊、介於銀行與中小商人之間、經營之者、皆南印度人、於南洋各埠金融界、勢力甚厚、以重利放款、及買賣外國貨幣爲重要業務、信局及典當爲平民金融機關、盡屬華人開設、在昔銀行業尚不發達、郵局亦未經理匯兌時、信局利用甚廣、今已稍呈衰象、所經手之匯欵、類多我國中小僑民、匯回本國之家屬贍養費、每戶少多則數百元、少則二三十元、大批匯款、亦往往有之、然收款多、而交欵少、資金之運用、未免困難、論其貢獻、則固極有裨益於華僑社會也、典當業利息甚重、經營之者、雖盡屬中國人、而往來戶、則各色人等俱備、惟其性質、純爲小民金融機關、商業上殊鮮關係也、

匯豐銀行

【華僑在海峽殖民地漁業之前途】　海峽殖民地近海中、有商業價值之重要魚類、不下五百種、然漁法幼稚、故產額不甚豐富、然每歲出口價額、尚不下二三百萬元也、此外此地間出入口之魚乾、價値則已有千餘萬元、蓋屬於轉口之貿易也、魚類之於馬來土著、及中印兩國僑民、皆爲重要食物、而其漁業、則盡在華人掌中也、中國人漁法、較馬來人爲優、而實遜於日人、近年日人漁戶南侵、勢力已及於南洋各處、中馬漁民、頗蒙其影響、日人漁戶、不特資本較大、且嘗受相當之專門敎育、爲素有研究者也、但有識者、鑒於日人之日謀南洋發展、慮其將大不利於中國僑民、深爲危懼、蓋華人之南洋土產貿易系統、一則以歷史甚久、今已根深蒂固、再則以勤儉耐勞、而且團體堅固、終非他國僑民所得而攘奪者、獨漁業則不然、今日人勢力已蒸蒸日上、使中國人不力謀防禦之道、必有敗於日人之一日也、且魚市場之中國魚商勢力、實淵源於華人漁戶實力之強大、逮乎將來日人漁戶勢力膨漲、則魚市場之華商地位、亦必轉爲日商所奪、甚而至於魚乾貿易權、亦將寖假以入於日人之手、此其前途

之危險、爲何如乎、故謀漁業之發展、使在輸出貿易上得占一重要地位、必須採用大資制度及新式蒸汽漁船、而同時尤不可不有漁港、冰庫、魚乾製造廠、罐頭廠、及魚類運輸之特別設備也、今海峽殖民地政府對於此種種問題、已有具體之研究、政府之新式試驗漁船、亦經於一九二六年造就、已在海面實驗捕魚、漁業今後必有相當之進步、是故日人漁戶勢力既已日漸膨脹、而英人政府又力予提倡指導、我國漁戶及魚商等、處此關頭、不進則退、深望其能羣策羣力、以維繫此百餘年來之華僑漁業也、

【機械製造及其修理業】 馬來鐵工廠之最大者、爲新加坡之由乃直公司及中央鐵工廠（我國人通稱之豐鏻局）其他小規模之工廠、主要都市均有之、而以新加坡爲最多、然大抵祇能製造簡單之機械部分品、及器具、以應地方之需要、甚則並此簡易之製造亦不能、止於修理而已矣、此等小規模鐵工廠之經營者、殆全屬中國人、日人亦有一二規模相等者、由乃直及豐鏻局均在海峽殖民地註冊設立、前者之資本、爲八百萬元、已繳四百六十三萬元、後者之資本爲一百萬元、已繳四十萬元、中國人雖亦有爲其股東者、然主腦部、則盡屬英國人也、兩公司營業、成績均有可觀、股票市價、亦在票面以上也、

【煉錫業】 錫爲英屬馬來次重要之出口商品、此不特由於馬來產錫、占世界產額之四〇%、其煉錫設備之完美、熔鑛能力之大、及地理上居東洋產錫區域之中心、均爲重要原因焉、查東洋錫產區、北自雲南之個舊、愈南產額愈豐、每歲不下十萬噸、占世界錫產之七五%、而精煉於新加坡或檳榔嶼者、達十之八、據最近調查、世界煉錫機械之設備、以熔鑛能力言、約爲十七萬六千噸、而新加坡檳榔嶼即占其三分之一、英國五分之一、美國六分之一、可見馬來煉錫廠生產能力之強大、堪稱世界第一、然此世界第一之馬來煉錫業、僅集中於兩大公司、與絞膠業之小廠分立者異、所謂兩大公司者、即海峽貿易公司與東方煉錫公司是也、海峽貿易公司成立於一八八七年、資本九百萬元、分九十萬股、全數繳清、近年資金、恒在過剩狀況中、公司現有煉錫廠二、一在新加坡石叻門對面之白拉尼島、一在檳榔嶼、因熔鑛能力極大、故常派員四出收買錫鑛、以謀生產費之減輕也、東方煉鑛公司成立於一九一一年、資本二十五萬磅、廠設於檳榔嶼、檳榔嶼雖有兩廠、然出口之錫、不多於新加坡、兩公司營業、均極發達、其股票市價之高、在海峽殖民地証券市場中、蓋首屈一指也、兩公司精煉之錫、成色均在九九五以上、稱海峽標準錫、又有所謂B.H.H.者、亦稱白錫、成色尤高、爲新加坡華商萬福興所精煉、B.H.H. 者、則其略稱也、係用舊法精煉、毫無機械設備、因成色略高、故售價較爲稍貴耳、多銷於日本、聞日人以之

製錫薄云、

【絞膠業】馬來工業集中於新加坡絞膠業尤著、蓋以其地位適中交通便利、馬來所產之膠什九皆經膠園自製爲膠片、爇乾後、即可裝運出口、故絞膠廠之原料、多取自蘇門答臘波羅洲、爪哇暹羅緬甸及新加坡附近各島嶼、所謂土人膠者是也、土人膠、如不經新加坡絞膠廠加工製爲綯（Crepe）或氈片、(Blanket) 不特商品的價值將大失墜、甚且不能出口、以供製造膠品之用焉、絞膠廠之機械、設備甚大、原料收買、概用現款、而出品之販賣、則以有期日者爲多、故其流動資本之重要程度、亦不亞於固定資本、因採辦原料競爭異常劇烈也、經營絞膠廠者、以中國人爲最多、幾有獨佔之概、查新加坡絞膠公司之設立、已在二十家以上、而外國人經營者、不過二三家耳、茲將其大者列舉如後、

陳嘉庚公司　陳嘉庚　明美公司　林義順　振成豐公司
陳水泮　益和　合股　裕昌　李俊祺　南祥　合股　濟川
合股　信誠　陳延謙　福裕　合股　新成茂　陳煦士
南春　合股　潮祥　合股　志誠　陳廷猷　怡源　吳宗黎
大成　洪才烈　慶興公司　未詳

此外、尚有於一九二六年建築、先後竣工者之公司、曰振東曰怡和曰建興隆外人經營者曰依也峇峇公司曰火石公司曰烏蓮蓬公

陳嘉庚公司製造廠

司華人紋膠公司之最大者、爲陳嘉庚公司分廠甚多也、紋膠廠因同業間之競爭異常劇烈、故其設備如何、營業成績如何、均秘不告人、吾人得爲普遍之觀察、則皆甚爲得利也、

【南洋米糧與我國之關係】

予初至新加坡每見駛往國內之中外船舶、以載米糧爲最多數、頗驚人、於是對於米糧爲之調查、乃知南洋之米糧、於我國民食上關係匪淺也、攷我本以農立國、而民食乃不能自給、民元以來、每歲輸入之米最多、如民國十二年、計九千八百十九萬八千兩、最少爲民國九年、計五百三十六萬二千兩、民國七年以前、通常在二三千萬兩、民國十六年以後、增加極鉅、通常約六七千萬兩、當此國內米食不足之秋、使無此寄食於南洋諸國之五百萬僑胞、則每人平均每年消費米三擔、每擔平均扯價十元、每歲須多輸入一億五千萬元之食糧、換言之、即每歲將增加一億五千萬元之入超也、試問疲憊至於今日之中國其能勝此乎、且食糧問題、能引起重大之政治社會問題、影響所及、不僅經濟界而已也、南洋一帶、不止我國人寄食之所、我國每歲所需之一萬萬元之米糧、亦南洋所供給也、且其供給方法、乃直接的、非如其他輸入品商權、盡操於入口洋行也、詳言之、即南洋產米國、如越南暹羅緬甸等、其米商權幾盡爲中國商人所掌握、試就順序言之、買穀於農家、而集之於精米之地者、中國人也、經營精米業者、中國人也、販賣精米出口者、亦中國人也、其有賴於外商之扶助者、僅保險及運輸而已、夫米食原貴獨立、然在今日之中國實亦有不得不仰給於人之勢、幸而有近在咫尺之南洋米產國、更幸而有握其米商權之中國商人、我國民食、乃得供給自如也、

【造船及船舶修理】

新加坡爲世界有數之商港、每年出入船隻、達二千數百萬噸、檳榔嶼雖不若新加坡之盛、然出入噸數、亦在千萬餘噸、故船塢之設、由來已久、但其設立之目的、僅以修理爲主、所謂造船者、祇限於航行港內、或近海之小蒸汽船耳、其重要工廠有二、一爲新加坡港務局經營、一爲由乃直鐵工廠（United Engineers Ltd）經營、港務局爲半官半民之機關、除管理碼頭、靠船、引水、船貨、倉庫、等一切港務外、兼有船塢三所、以資修理、或建造船舶之用、一名維多利亞（Victoria Dock）一名亞爾伯特（Albert Dock）均設於碼頭附近、但僅能任小船之修繕及塗油漆等簡易工作而已、大船之修理、或小蒸汽船之建造、惟國王船塢能任之、設於石叻門船渠、雖較大、然底長僅八百七十三英尺、面長八百七十九英尺、船臺自底至頂、高四英尺六寸、滿潮時、水深三十四英尺、故大於此之船隻、亦難入渠修理也、由乃直鐵工廠除製造或修繕一般機械外、併經營造船、或船舶之修理、船廠設於加東

(Katong) 之沙嘴 (tanjong Rhoo) 在新加港之東、但其設備亦僅修造小船耳、西歷一千九百二十四年、新加坡軍港計劃決定工程、積極進行不遺餘力、是新加坡之造船或船舶修理業、其前途之發展、概可知矣、

【華僑在南洋商業上活動之優點】

中國人之商業活動其於南洋產業經濟上關係最大者有二、一爲南洋產業之直接開發、一爲南洋土產之「集中的販賣」及輸入品之「內地的分銷」、前者白種人亦優爲、而且較中國人更爲進步、後者則非中國人、決無由實現者也、蓋土產有集中的販賣、則出口洋行節省不少之時間與勞力、輸入品有內地分銷、則入口洋行、得免鉅額之經費與危險、況經營輸出輸入之白種人、其於熱帶氣候之抵抗力、耐苦力、以及對於土人之友愛、皆遠不若中國人、雖欲從事內地貿易、其如能力不勝何、又就開發產業言、彼白人科學之知識、及資本之組織、雖較中國人爲優、然不有中國人優秀之熱帶勞動能力、則最重要之生產條件、即缺其一、所謂南洋經濟生命之開墾事業及鑛山事業、又何有至今日之盛哉、雖然世無利人而不利己之事也、故我國人之貢獻於南洋者、雖如此其大、而本身受益亦無窮焉、

唐人街

【華僑每年匯欵祖國之概況】

南洋華僑五百萬、除少數婦孺外、餘均有相當職業、而自奉又甚薄、或以所積蓄之一部、投資於實業、而以其餘贍養國內家室、或則盡數匯回國內、此種匯款、即貿易外之收入之一部、於國民經濟上、裨益至鉅、查我國對外貿易、除一二例外、皆屬輸入超過輸出、自民國元年至十三年、入超之數、已達關平十九億五千七百萬兩、約合國幣三十萬萬元、蓋皆華僑所匯之款也、其中尤以來自南洋者爲獨鉅、特爲調查、平均每年每人有五十元之匯回、亦有二萬萬元之確數、考馬來聯邦及新加坡郵政局每歲收到信局匯回中國之零星欵項、即達五千萬元左右、他可類推、固然南洋華僑不盡人人匯欵回國也、例如閩僑大資

本家之一部、向以南洋爲家、父母妻子皆與共處、固無待匯款回國也、然反之如潮州之資本家、大部則往往傾其所有、以治產業於故鄉也、此外每年數十萬之勞動移民、及數無中小商人、其匯回祖國之款、數十元者有之、數百元者有之、數千元者、亦有之也、故南洋華僑匯款之鉅、凡稍知南洋情形者、皆能道其大概焉、

【國貨在南洋之前途】 華僑之在南洋各地、到處皆是、第遠離祖國、爲日且久、但其社會生活狀況、大致仍與國內無異、雖有數典亡祖之士生、亦不盡失其祖傳之生活習慣、故對於本國貨品之需要恆大、而比年以來、華僑對於國事尤形熱烈、因以對於土產國貨力爲倡用、於是銷路大增、果使祖國工商業發達、而足以供應南洋華僑之需要、則平均每人每年實不難消費五十元之國貨、以五百萬人計、每年消費國貨總額約二億五千萬元、其他人種之消費、尚不與焉、不觀夫今日中南貿易乎、蓋國內製造工業、固尚在萌芽時代也、然對英屬馬來之貿易、猶得鉅額之收入、且目前雖然如此、將來希望實屬無窮、我國政治誠能早就軌道、則工商業蒸蒸日上、以我富有購買力之五百萬華僑爲後援、我對南輸出貿易、實不難達三萬萬元、可敢斷言也、

【出入各國之商船】 新加坡當歐亞之衝、且爲南洋諸國交通總匯、故其遠洋近海航業、均異常發達、而出入之船隻、自來以英船佔絕對之優勢、次爲日船及荷蘭船、蓋荷人以荷屬東印度羣島爲南洋一大產業國、且與海峽殖民地有密切關係、故提倡航業最力、而其船之往來南洋各埠亦甚多、我國航業、尙極幼稚、本國沿岸及內河航權、且操於外國商船公司之手、而莫能與爭、遑論海外發展、故中國人雖於南洋諸國產業經濟界、擁有絕大勢力、而華船之出入於海峽殖民地者、不過六七萬噸、其勢甚微也、雖然、我國僑民之經營南洋各國近海航路、而以新加坡爲中心、以運輸土產及輸入品者、實際上、頗不乏人、不過爲便利起見、多懸掛英旗耳、茲調查海峽殖民地出入商船之國籍、計有芬蘭希臘美國葡萄牙英國中國丹麥荷蘭法國德國意大利日本諾威俄國砂勝越暹羅西班牙瑞典等十八國之多、則該地商業之盛、概可知矣、

【日本商店概略】 余初抵南洋、聞日本人對於南洋商業、極力與中國人競爭、以此事與華僑前途之榮瘁、關係至爲重大、乃注意調查其商業狀況、藉覘其發展之程度若何、結果始知日人商業尙在幼稚時期、猶未足與我華僑爭也、查新加坡日人最大之營業、爲正金台灣兩分行、此其政府所設、用以輔助日人發展海外貿易者也、其次則有船業株式會社數家、皆往來航行南洋直接輸運

其出口之貨、而華僑則無自辦之船業公司、輸出之貨、全賴外輪爲之轉運、惟此一端、視日商有愧色矣、至於其他營業、則有布店二三家、醫院三四家、洋貨店三四家、旅館數家、理髮館四五家、兒童玩物店一二家、藥房二三家、照相館二家、印刷局一家、手杖店一家、紙盒店一家、玳瑁器店一家、總計不過二十餘家、且規模皆甚小、每家店夥不過男女二三人、故其營業殊未能大見發達、而又散居全市中、

日本街

誠無異九牛之一毛耳、更有所謂日本街者、初聞之、必以爲日本大公司、大商店薈萃之區也、詎一涉足其中、祇見有妓院數十處、料理店十餘家、標本店二家、又有小布店二家、則專供日人購買而已、所謂大公司、大商店者、竟杳不可覩、日人在新加坡商業之幼稚、即此可見、推之他埠、當亦不甚相遠、故余初以爲此事與華僑前途、關係甚鉅、未免神經過敏、然日人惟最堅忍、不畏艱苦、往往以小本經營、漸擴爲大商店、以少數人漸擴爲大勢力、現在雖不足畏、將來如何、猶未敢逆覩、凡我僑胞不可不注意及之、

【日本對南洋貿易發展之企圖】　日本對南洋貿易、在歐戰中爲長足的進步、從前英國商品、雖能在南洋久佔勢力、究不能左右馬來民族之生活、在日人之奢望、則欲迎合該民族之心理、嗜好、可於根本上、執該地商業之牛耳、茲將日人最近對各方面之計劃、揭之如左、以供國人之考鑑焉、

（一）開發經濟資源、　日人以蕞爾島國、孤懸海中、其天然物產、及工業原料、皆不能爲自給自足之謀、故欲圖南洋貿易之發展、當先求多量之輸入、以推廣製造品之銷路爲急務、現在南洋百五十萬里之廣漠地域、凡砂糖、橡樹、椰子、蔴、茶、烟草、咖啡、以及其他藥用原料、並香料食料品之種植事業、歐美投資總額、約在十數億元以上、日本近年投資於橡樹、蔴、及砂糖者、皆較爲增進、總額亦不下一億元、此外南洋天產物、由歐美人輸出者、年約十五億元左右、日本所輸入者、千九百十八年爲最多、亦不下一億五千萬元、其一部份之復輸出於美大陸者、亦復不少、其確歸本國消耗者、則爲量甚鮮、故今後當投資於未開發之富源、而爲利用其天產物之先步、如鐵石油錫等鑛物、秘藏於地下者、決不在少

數、至於種植物、如前所述者、俱爲工業發展之根蒂、輸出貿易、增進之源泉、今後欲推獎之、又當先行供給巨額低利企業資金爲急務、質言之、即設置特殊貸付銀行也、彼英美人、荷蘭人之投資、達十數億者、皆以此種特殊任務之銀行、爲之後援也、

（二）防遏粗製品之貿易、　南洋一帶住民之大半、所謂馬來人種者、其數約在五六十萬、其生活程度、本極低下、故日本商人、認該地爲粗製濫造品之輸出地、大戰中、日本對外貿易雖躍進、而試究其商品內容、反較戰前爲劣、蓋但爲數量的增加、而未遑爲質料上的進步也、此因日人乘戰時物資缺乏、祇圖目前之利、而不爲久遠之圖、殊不足怪、從前南洋住民、多慣用歐洲製品、尤以英國商品爲主、美貨但銷於菲列濱羣島、其販賣於其他之南洋市場、則歐戰以來之事耳、據此則日本之粗製品、縱能發展銷路於一時、而終不能維持於久遠也、今後歐洲經濟回復、捲土重來、則日本在歐戰所佔有之南洋市場、俱將爲之奪去、斯實日人所引爲恐懼者、至其矯正方策、略有數端、一曰、改善工業組織、現時日本工業製造、大半爲分散的、小生產組織、萬難供給統一的商品、惟倉卒間、欲成立大規模之生產組織、亦勢所難能、故爲目前救急計、寧合小規模之製造業者、爲共同之組織、貸以低利工業資金、以圖製造之統一、是計之上也、二曰、對於輸出商品、加以嚴重之檢查、蓋第一方策、不能行之於各種製造家、於是品質檢查之勵行、實爲必要、所以補商業道德之不足也、三曰、組織同業公會、現日本商人於海外貿易、殊欠聯絡、同志間、動輒發生競爭、其結果、坐使華人、或歐美人、收漁人之利、所謂自殺的競爭也、苟組織各項同業公會、求相互間之諒解、與聯絡、微特可以自動的改善商品之質地、並可進而協力圖金融保險運輸等事業之改善、四曰、務使當業者、通曉市場之情狀、從前輸出商人、往往受海外代理店之掣肘、而不能獨立自營、以發展其業務、且於南洋一帶、無相當之調查、與準備、故今後欲使商人通曉海外實狀、是在政府及各地工商業機關互通聲氣、而盡諸般宣傳之責、以誘導之也、

巴薩之一

（三）廉賣方策、　上節所述粗製品、固須防遏、然謂南洋市場、絕對不需要粗製品者、亦非也、蓋其地之文化、究未大開、雖多年消費

歐洲之高級生產品、然廉價品、亦能喚起彼等之同情、惟廉價方策、不流於粗製濫造、斯可矣、商人往往不通曉市場實狀、專事省去生產工程、製成不經久之商品、此大誤也、須知價固宜廉、而品質尤須改善、廉價之方策不改、一面改革生產組織、以低減生產費、一面改善販賣組織、以期販賣費用之節省、他如輸出時、酌免其營業稅、所得稅、而與以（彈拚）之餘地、國有鐵道、亦酌免其運費、海上運輸、更與以相當之補助金、皆所以擴張販路、爲廉賣方策中之最要者也、

（四）掛賣方策、　南洋一帶、廉價固足以誘改其需求、然長期之掛賣主義、亦爲上策、蓋居民無貯蓄心、且尚未以農業經濟爲主眼、苟能應其必要、得金融機關之便利、採長期掛賣方策、是亦爲擴張販路之一法、但一面須增加銀行資金、使商人易得銀行之後援、一面須擴張商人之信用、方能解決也、從前日本銀行資金不十分充裕、故通融長期固定資金、殆不可能、望其如猶太人所經營之德國銀行能放資於投機事業者、彌覺其難、今雖在歐戰中、資金稍爲增加、而猶不足以勝此任、故勢必限於一定之銀行、而付以發行若干額社債之特權、庶可爲相當長期固定資金之融通矣、至商人間宜組織公會、以保持共同信用、或以最密切之同業、爲連帶保證、或另設一種引受機關、俱無不可、而此種銀行內、更須特設南洋課、以期相互間之了解、兼負指導並監督之任焉、

巴薩之二

（五）推翻南洋華僑勢力、　南洋百五十萬里之地域、年約三十億萬之貿易經營、此經濟不可謂不大矣、然試問操經濟集散之權者、非占有領土主權之英人荷人法人、亦非馬來人、乃我華人是也、其總數既稱三百萬、其經濟上之根蒂、皆帶有歷史上之關係、且因營業上、政治上、對於日貨、皆有敵視之性質者也、當千九百十六年、及千九百二十年、因政治上之牽聯、兩次抵制日貨、風聲所播、影響殊大、今後日人欲執南洋貿易之牛耳、是必先以摒除華僑之勢力爲急務、要在有團體之組織、痛切於共同之利害、而又不囿於家族主義之舊型、則華僑雖年代久遠、亦不難一舉而擊破之也、夫日人倡此論調、固純爲鼓吹之性質、原勿庸爲之驚詫、然苟回顧我南洋華僑、果嘗有統一聯絡之精神否耶、果能努力扶植其固有之勢力、而日圖上進、以共禦外侮耶、

誠恐方興後進之日本將本其計畫而益得勢也、是不禁慄慄引以爲懼者矣、

【巴薩】　巴薩譯言菜市也、新加坡全市設有四五處、地爲一廣場、其上用堅固之鐵棚爲蓋、其下劃爲若干段落、凡售賣魚類、肉類、生菜、乾菜、果品以及零星食物者、皆薈萃其中、分部而居、不相混雜、售賣魚肉之攤、概用洋灰爲臺、賣菜蔬果品者、以木爲之、所有售物之臺、每日必用自來水冲洗一二次、故其間非常清潔、腥膻之氣既微、蠅蚋之集者亦少、蓋歐人對於公共衛生、最爲注意、而於售賣食物之場所、其注意尤甚於他處也、我國菜市所在多有、然多不注意衛生、如北平之廣安菜市、西河沿菜市、及東單牌樓之東菜市、規模既小、設置尤欠完備、而於衛生上、更毫不知講求、至於東四牌樓西四牌樓兩菜市、則皆露天而設、雜亂而相處、更毫無規模設備之可言矣、吾意宜仿新加坡巴薩之制、將北平各菜市、大加整頓、務使整齊清潔、無害於公衆衛生、方爲美善、此爲市政上一重要事件、所關非淺鮮也、

【九八行】　九八行亦占重要、其性質極似買賣經紀人、因代辦百元、從中可取得二元手續費、故名九八、而權利則較經紀人爲大、其經營法、固在資本雄厚、而信用尤要、蓋新島爲轉運埠、貨物裝卸集散頻繁、他埠商人不便來新者、故皆托新埠九八行代爲買賣、其購貨之價值、除經由購主自定外、多由九八行定之、故雖名九八而於水脚之多開、及價值內之仲漲、每百元所獲嘗自七八元以至十元、是又在經紀之得人矣、而樹膠之小種植者、出貨無多、非批發商所樂購、故多托九八行代賣、或即由九八行努是購入而躉發批出、其利爲尤厚也、

育英學校第八次畢業攝影

【教育界之生活狀況】　新加坡華僑教育、其初本不發達、後因國內名流南來者漸多、莫不以提倡教育爲急務、於是僑民重要人士、爲之感動、競捐鉅資、創立學校、冀促教育之推行、所用校長教員大率取材於江浙湘蜀等省、其待之也、極盡優禮之意、薪金既豐厚、且供其往返路費、一時文學之士、師表之才、聯袂南來、學校紛紛成立、而新埠教育之偉業、燦然可觀矣、自是以後、新埠教育界全

爲江浙湘蜀諸省人士所佔有、江浙人勢力最優、湘蜀人次之、故此時可謂華僑教育物興期、亦可謂江浙湘蜀諸省教職員鼎盛之期也、其後各校學生多已畢業、程度較高之校、亦多附設師範部、師資日多、勢不能不取江浙人士之席而代之、且以本籍人教授本籍學生、語言可通、習慣相近、較外省人尤易得力、由是各校教職員僑生日多、而外省人少矣、迨至今日、外省教職員殆已寥若晨星、無復曩昔之盛況、其待之也、亦非復曩昔之優禮、大抵月薪不過六十元、且不供饍、以其地生活程度計之、一月間飲食費、需十元、車資需十元、衣履之添置洗濯需十元、加以娛樂應酬及各項雜費、所入月薪僅足個人生活、況往來路費、校中亦不供給、即欲儲蓄餘資、爲他日辭職返國之需、且大非易易、其他更何望焉、現在外省教職員、欲留不可、欲罷不能、陷於進退維谷之境者、頗不乏其人、故今日華僑學校中、外省教職有減而無增、有悲觀而無樂觀、世有謀赴南洋任教職員者、可以止矣、

【圖書館與博物院】新加坡有圖書館一、博物館一、植樹園一、皆英政府所設也、圖書館所貯、皆英文書籍、博物館設於俄查路、所陳列者、有南洋所產鳥獸魚蟲之標本、種類極繁、獸類如獅、象、虎、豹、猿猴、等皆有之、鳥類、則羽毛華美、彩色艷麗、可觀者尤多、又有蘇門答拉之大蛇、婆羅洲之大玳瑁、皆不可多得者、更有大鱷魚骨一具、長約四丈、腹腔如一隧道、尤屬罕見之物、鑛物標本、不下數千種、以錫鑛種類爲最備、煤次之、古器中頗多中國之物、如刀、劍、古錢、及磁盤之屬、皆明代物也、

博物院

別室陳列新幾尼亞極樂島之模型、及馬來人生活之模型、馬來人男女衣著、飲食、坐臥、及舟楫等類、無不維妙維肖、大者以玻璃罩之、餘則置諸壁間玻璃格中、而馬來王室之衣冠、刀劍、古器、神像、亦不少、亦足起人興亡之感、而徵民族進化之遲速也、

【報社】新加坡出版報紙、不過十餘種、其中華文報計四種、皆華僑所辦也、一名叻報、爲南洋華僑報紙之最早者、出版逾三十

年矣、資本由集股而成、以薛中華佔股爲最多、其資格既老、故所載新聞確實者多、臆造者少、言論亦不帶黨派色彩、華僑多喜閱之、現由周君南主筆政、周君湘人、畢業北京大學、人甚開通、與各界感情均恰、一名新國民報亦集股所辦者也、現由謝文進担任總理、論調平順、所出附刋泉幣專號極有價値、嗜好者多歡迎之、一名南洋商報爲陳嘉庚獨力出資所辦、無黨派臭味、專以提倡華僑商業、輸入商業新知識爲宗旨、現由林獨步主筆、宗旨正大、文筆又足以達之、僑人極表歡迎、前途發達、殊未可量、一名總滙報規模視前三種稍小、蓋前三種每日出版三四張、該報僅出兩張也、論調毫無黨派臭味、純以業營爲事、英政府喜之、所有公家布告、皆登該報發表之、故得利之豐、爲他報所不及也、現在主筆爲梁顯凡除華文報四家外、更有英文報二三種、至日文報則僅有一種而已、

【書報社】　書報社者、華僑所設社會敎育機關之一種也、南洋各埠、多有之、其在新加坡者、計三處、一爲同德書報社、社員多廣州人、一爲同文書報社社員皆瓊州人、而勞動者居多數、一爲星洲書報社、則基督敎會人所立也、余至新加坡時、星洲書報社因犯英政府所忌、已被查封、居年餘、同文書報社又被政府查封、現惟同德書報社一處尙存、其中所購書籍雜誌報紙甚多、任人入覽、四壁懸以所謂黨魁及先烈之照片、並有孫黃諸人所書之對聯、晚間則附設英文補習班、國語補習班等等、夜校學生甚多、頗有發達之相、而社員有結婚者、亦往往假其地舉行之、亦一方便之法也、

博物院之標本

【華僑會舘】　新加坡華僑以閩粤人爲多、閩粤人又各有縣界、故各縣人、皆仿內地之制、設立會館、用爲本縣團體會議集合之機關、焉所需經費、由本縣人集資、儲之銀行、作爲基金、公舉總董董事司帳司事、各項職員、經理其事、每至年會則改選之、會舘規模、大抵爲一樓一底、其中劃爲辦公室、供神室、閱書報室、同鄉寓室等、其設置最新者、

則神祠所供爲本縣僑民之先賢、所備書籍雜誌報紙甚多、並於晚間附設夜學校、至於舊式者、則神祠供一神龕、前列五供、與人家之佛堂無異、所備書報亦寥寥無幾、君館人多吸鴉片、其腐敗之狀、望而欲嘔、而所謂總董董事者、皆視若固然、曾不知加以整頓、殊令人不可解也、

【文字與語言】　新加坡華僑雖因省界不同、語言各異、而普通所用文字、仍係國文、故辭翰往來、尙鮮隔閡之弊、至英文則惟政府公文、及大公司商店用之、華僑用之者、頗不多覯、馬來文、吉寧文、惟用於本族之人、對於本族以外、即不能用之矣、至於語言、則複雜最甚、全埠人民所用語言、不下百餘種、新加坡所用最多者、爲閩語、粵語次之、而閩語又以縣界之故、分爲數十種、粵語亦然、往往隣縣之人、言語不能相通、而閩語尤以福州語最難解、粵語以瓊州語最難解、故同爲一國之人、甚或同省之人、而因言語不通之故、彼此情感隔閡、往往發生惡劇、各帮之械鬬、即其一端也、近來教育發達、國語又爲重要學科之一、嫻習者日多、言語不能通、則改用國語代之、有識者、知國語之便利、且以不能操國語爲可恥、競起而提倡之、各資本家及商店執事、皆以習國語爲榮、視爲一種要務、於是風氣爲之一變、昔以國語爲扞格不入者、今則視爲便利、而易解矣、故近數年來、華僑間多以國語爲普通之語言、如能竭力提倡、進行不懈、將來華僑語言、或能統一於國語之下、亦未可知、至於歐人所營商業、及華僑大商店公司、則皆通行英語、德法日本等國語言、用者不多、此外則惟馬來語爲最普通、因馬來人既居多數、又係土著、凡各種通用名詞、概屬馬來語、無論何人、皆不能不用之也、吉寧語、亦有用之者、然不多見、他如爪哇語、印度語等、則惟其本族間用之、本族以外無人用之也、

新國民日報社全體撮影

【南洋工商補習學校】　南洋工商補習學校設於新加坡丹戎巴葛之東南隅、右隣有一草場、面積約百畝、校舍二層、樓上

有作業室四、學生宿室一、教員宿室二、商品陳列所、圖書館及俱樂部各一室、樓下有辦事所、禮堂、招待室、體育室、膳室、沐浴室、僕役宿室、電機房、手工作業室、學生銀行、消費公社、飲食部、及厠所、此外又有校園一、在禮堂之東、名曰小園、小園之北爲飲食部、以校役管理之、全校屋宇高敞、布置適宜、風景亦淸幽可喜、現任校長爲林則揚君、林君受任於顚危艱險之際、竭其熱誠、努力維持、誓與該校相終始、又得學生維持團之奔走呼號、始得校董多數贊助、由林君兼任經理、遵例註冊、重行改組成立、該校之基礎、至是乃稍稍鞏固、使非林君之苦心毅力、曷克臻此、余抵新加坡後、即聞林君維持該校之熱心、因往訪之、極得林君及該校職教員之歡迎、對於一切進行之事、無不竭誠贊助、其人之慷慨好義、於此可見、實華僑中之錚錚者、茲特將該校成立之略史、與其改組之經過、就調査所及、述之於下、以見華僑學校辦事之艱難、經費之不易籌集、不獨該校爲然、其他各學校亦皆可作如是觀也、

該校成立之略史、　該校成立於民國九年春、先是有愛同學校教員施蜒存者、與該校代理校長某君意見不合、而被辭退、當時擬回祖國、因有彼所教授之學生十餘人、同時退學、不忍分別、乃由洪石亭林則揚二君爲其計畫、另設補習學校於樹膠工會內、復得李承嘉陳文珪柯朝陽莊國影黃脩嚴黃淵鑑莊丕唐葉貽秀黃卓善諸君極力贊成、因得成立、但因公會地方狹窄、不能適用、由李君承嘉等商借貨賓俱樂部二樓、並推與施蜒莊國影李承嘉陳覺民郭福來陳文珪六君爲籌備員、陳文珪君兼理財政、乃於九年一月五日開課、學生四十餘人、分爲英文國文二級、施教修身等科、聘葉貽秀君爲國文科主任、聘林朱淵君爲英文科主任、後以報名入學者日衆、校舍不能容、於十六日由施蜒君提議、（一）遷移校舍、（二）兼辦日學、（三）擴充捐欵、乃覓得今之校舍、於三十一號遷入、添招日夜學生、廣告一出、報名者紛紛而來、計日學五十餘名、分爲三級、夜學增至一百餘名、再添設國文一級、聘葉貽宙君任之、英文一級、聘蘇威廉君任之、而均兼日校教授、國語一級、由施蜒君兼任、至是校基始漸臻完備、乃於二月一日、提議正式選舉董事、三日發票、六日開票、至九日選舉告竣、王

星洲書報社陳令典先生

世貞君爲總理、莊澄江君張嘉信君陳六郎君李天來君郭福來君張松棟君莊鼎貞君爲董事、並正式聘施甦君爲校長、是時董事部、非常熱心、勸募捐欵有定期、監視學務有定日、蓬蓬勃勃於星洲各學校中、頗有後起之秀之稱、未幾因經費問題、董事部與施校長衝突、施君旋辭職回國、乃任葉貽秀君爲教務長、復聘張志和君佐之、維時經費支絀萬分、乃議演戲籌款、以爲補救、特聘王鵬飛君爲教演戲劇主任、練習月餘、至十月七日起、租賃慶昇平戲園、連演三夜、結果極得社會贊助、共得三萬餘元、校務復振、適我國北七省災荒

客屬會館

頻報、同胞遭死亡甚多、該校惻然憫之、復提議演戲助賑、議既成、因前次演戲收捐問題、教務部與董事部積成意見、於是董事部所有充任演戲總務諸職相繼告辭、學生等不忍功虧一簣、敦促雙方顧大局、共蕆其事、乃於十二月十一日十二日兩夜在慶昇平開演、籌得二千五百餘元、復由本校夜學生節費湊得一百餘元、託由領事館匯交災地散賑、自是以後、教務部與董事部意見愈深、董事部於十一月二十七日重行選舉、黃肖巖君被選爲總理、黃君辭職、乃再舉陳鳳毛充任、黃君退爲協理、蔡嘉種君爲財政、蔡君辭職、以謝榮西君充任、查賬爲蔡多華君、董事爲莊丕唐君、郭福來君、陳覺民君、莊澄江君、楊泰祥君、陳贊朋君、李悟民君、其時教務部不滿意於新選舉、全體辭職、自行組織仁藝學校、董事部乃議決一面聘請武勁如君管理教務、一面議決遠聘林則揚君來主校務、林君乃於十年二月蒞校視事、主張校務公開、師生合作、於課外並提倡關於修養德性練習健身諸小組織、學生數遂漸增加、然是時商場凋弊、演戲之款既難於收集、經費遂日形不支、校舍賃金三月不能清還、屋主大東方保險公司於七月十七日實行拍賣校具、時有校董及夜班學生等、不忍聽其倒閉、乃奔走補救、並設維持處於榮記號內、每日早九時到該處商議一次、常到不懈者、推莊惠泉李鐵民康鏡波林穆羣諸君、至二十九日、始收有的欵、從事開封、租金亦大減、每月只收二百金、至八月一日再行開課、不一月、又以政府將實行教育條例、本校又隨各友校停課、諸校董且多主張乘機停辦者、學生等力持不可、特組織學生維持團日日奔走於校董之門、請求繼辦、校董多數感動、允爲贊助、乃要

求林校長兼任經理職、遵例向居留政府註册、於十一月十五日重行開課、此該校改組前之經歷也、
該校初辦時、只三四間、董事部與教務部協力籌畫、校務賴以發達、後此歲月、皆在顚沛困厄之中、終施校長任、則以經費支絀而生意見、迨葉張爲教務長時、又以演戲籌欵、支配經費不均、而鬧風潮、武爲過渡人物、無甚可記、至林校長時、董事部教務部與各科學生等情意融洽、事無隔閡、成績宜可超越矣、而困於經濟、無日不在恐慌之中、舉其大者而言、如工部局封閉水火也、謝財政停付薪金也、大東方拍賣校具也、一波未平、一波復起、故雖於種種之計畫、而終難於實現也、雖間有一二舉行者、然成績亦極微、至中華民國十年七月間、居留政府實行教育條例、董事部多數擬乘機停辦、各科學生聞息、咸大恐慌、雖其時已停課、然每夜仍來校者常數十人、相與議挽救之法、乃組織學校維持團、在圖書館開會、議決辦法三種、（一）各同學各担任投稿報館、發表補習教育對於我僑社會之重要、申訴本校應當維持之理由、（二）各同學舉出代表、面懇各董事務須繼續開辦、（三）懇請林校長須要留任、共擔鉅艱、林校長鑒諸生之誠意、宣言願甘同終始、其言曰、我此生得爲優秀青年服務、雖如何犧牲、亦所甘心、我之萌去志者、係覺共同負責太無人耳、非忍與諸君離也、同學聞之、咸大感慰、竭力進行、除投稿報館之舉、係各個人以其意思結構爲文章、自行舉動外、每日約定數十人聯隊至各董事之門、作秦庭之哭、果也、董事諸君、感學生之奔走呼號、知非繼辦無以對諸同學、乃定期開會、提議改組、茲將議決案錄如左、
本校已開辦一年有餘、規模略具、今因註册條例停課、幾將一月、繼辦與否、雖尙未知、而日班學生家屬及夜學學生紛紛要求開課、若果停辦、則此百餘貧民子弟、及百餘名年長失學之工人、將無處求學、且無以對創辦及贊助者之苦心、若再繼續辦理、則又慴觸法網、因此特於本月（按即十年十月）二十三日、開會討論兩全之策、仿西人學校辦法、以校長爲經理員、負完全責任、所有董事部職員、同時一律改爲贊助人、居於贊助者之列、對學校仍舊贊助、對政府則免註册、在校長方面、雖多困難、（本校常月費約八百五十元、收入學費及月捐約四百元、尙不敷其半）然以學生之要求、董事之力勸、義無可辭、亦願勉任其難、因此議決辦法數條、茲列於下、
（一）改組前一切進支賬目、由董事部結束清楚、移交經理執掌、惟所有延欠屋租水火費及各項欠費、概歸董事部清理、經理不負其責、
（二）改組後、經費不敷之額、由經理及贊助人設法籌畫之、

（三）改組後、所有進支賬項、及校內概況、經理人應逐月報告、一面並將所有收入月捐或特別捐、登報發表之、
（四）改組後、本校原有之校具、概歸經理人保存、倘遇特別事故、可與贊助人共同處決之、
（五）凡本校校董均認為贊助人、校董以外、有熱心人贊助本校者、再由本校函請加入、

董事部已議決改組矣、因到會人數未齊、恐發生異議、復由各同學將議決議案、每日於工餘之暇、猶往來到會諸董事處、請其承認、費時七八日、乃始告竣、遂擬登報辯明、其責任照例應由原任總理及財政代表負責、學生等復袖稿與財政謝榮西總理陳歐毛簽押、謝財政見稿即行承認、而陳總理避匿不見、同學等、並不畏難、日夕登門、幾經奔走、始得見之、總理甚以負責為懼、經學生詳為解釋、始肯簽名、於是本校改組手續遂克完竣、改組計劃亦見成功、然是時經費仍無着落、且諸教員改組前、薪金悉被延欠不償、多已不支、自行他適、留者僅英文科顏辰洲君一人而已、勢不得不另覓教員、時適丹戎巴葛耶教堂牧師陳希堯君、薦教員劉林柯三位、林校長乃與約明、每月先支半薪、至四月後籌有的欵、再行補足、諸教員首肯、於是於十一月十五日開課、而學生因未能久待轉入他校、來者不及原有一半、惟夜學照舊、且有新報名者十餘人、校長乃於第一時集諸同學於英文教室談話、大意謂本校賴諸同學之奔走呼號、得以死而重甦、希望今後大家益當努力求學、庶不負此番苦心、余素主張校務公開、校中應興應革、大家俱可隨時提出意見、本互助合作精神、從事進取、俾可達到諸君最初之目的也、第二時各科各歸教室、與各主任教員商議功課表、越宿乃照常上課、因經濟奇絀、事事節省、向僱有辦事人員、現亦由學生担任、義務收捐員林穆羣任之、會計及庶務則林君担任、其餘諸同學一到校中、凡有可以服務之處、無不盡力効勞、若試抹洒掃抄錄等事時見之、且多於應繳學費外再添認月捐、故斯時處境雖困難、而精神則極形活潑、未幾娛樂

南洋工商補習學校新校舍模型

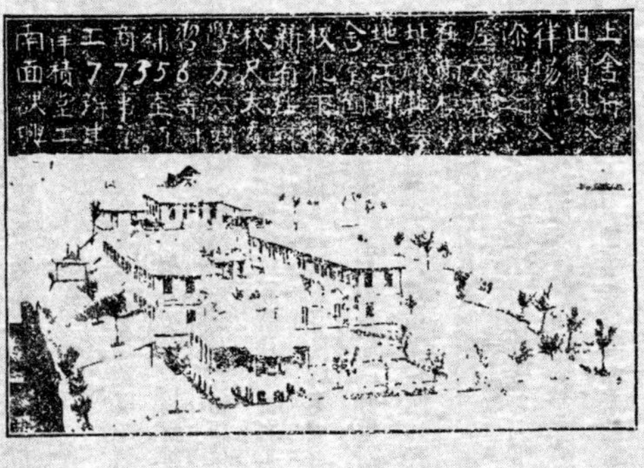

會繼續舉行、隊球團以次成立、諸同學對於功課益皆奮發研習、報名入學者、日見其多、惟經濟益形不支、除按月照發半薪與諸教員外、已無餘額、致屋租延欠至二月餘、（內一月係改組前未還者） 林校長覩茲危像、乃於十一年慶祝元旦時、演說本校瀕於破產情形、希望各同學設法挽救、作最後之奮鬥、於是同學咸紛紛獻計、或謂宜求助某某富翁、或謂宜急於募月捐、然皆不易達到目的、最後乃決定演戲籌款、至二月七八兩日、假作新舞台開演、大蒙社會贊助、覓得一萬餘元、出乎始料之外、於是乃清欠擴充班數、添聘教員、增多設置、校基始安、惟校長以為我國人辦理社會事業、每多失敗、其原因雖甚複雜、而處財政不得宜、貽人口實者、實居最要原因、故除進支依據改組議案、按月登報發表、並歡迎贊助人查賬外、對於籌得之欵、更籌完善管理之法、全數貯存銀行、舉財政信托人六人、司理簽押、凡校中支取欵項、須有信托人二人以上簽押支票、始生效力、藉杜濫用、於該校之基礎、始鞏固無虞、此該校改組之經過也、現在該校、已然募集巨款、興築校舍、將來前途、定卜蒸蒸日上也、

【拉弗斯爵士 (Sir Stamford Raffles) 小史】 拉弗斯爵士、（拉弗斯一譯來佛） 為新加坡建設者、生於西歷一七八一年、卒於一八二六年、英國人、家住英倫島之約草 Yorkshire, England 其父若母、曾航海至南洋、當船至東印度附近時、即拉弗斯產生之日也、拉弗斯自幼聰明過人、年十四、已在東印度公司任書記之職、至一八〇五年、即二十四歲時、因熟悉南洋地理、被薦至檳城為政府之秘書官、是時英國人對於馬來語、或馬來文知者頗少、至於文法、更絕無知之者、彼自幼即勤習馬來語、後且知其文字、當其來檳城之時、路中得馬來古書數冊、讀之、漸通其文法、故至檳城後、二年遂被任為政府之英巫繙譯員、

拉弗斯篤學好文、而熱誠、當約翰來登南遊檳城時、驚其為人而友之、及回印度、乃介紹於孟加拉 (Bengal) 總督明道勳爵、(Lord Minto) 以是時檳城猶在孟加拉政府管轄之下也、勳爵與拉弗斯雖地位不同、然因愛才之故、而與之交、詎知二人之友誼、竟大有造於英屬殖民地焉、蓋是時之英人輕視馬六甲 (Malacca) 苟非拉弗斯通信於勳爵、論其地位之重要、則此地早為他人所有矣、一八一一年、氏隨勳爵遠征爪哇 (Java) 克服荷領而佔有之、氏雖年僅三十、竟被任為此島代理官、任職約四年、竭力廢除蓄奴制、並實行當地之陪審的陪審制、氏妻身故爪哇、其墓至今尚存於茂物植物園中、後爪哇歸還荷蘭、而氏乃大失所望、蓋彼久有經營南洋之心、必先欲得一重要地點為中心、自佔領爪哇後、以為得行其志矣、至是功敗垂成、豈不可惜、然氏此次之失敗、與後來新加坡之開

闆、不能謂無影響也、彼因服務於熱帶者十一年、久離家園、頗思回英休養、遂於一八一六年言歸焉、翌年拉弗斯再回蘇門答臘、因其在爪哇地位已失、被調至萬高崙（Bencoolen）爲執政代理官、然彼早知是地不能有爲、欲建爲南洋英領之中央政府、更不可能、彼欲另覓新地爲發展之中心、至此已決、乃進見英國新總督哈斯丁斯勳爵、請求准在馬六甲以南尋覓新地、然檳城之執政代理官、因與彼競爭不勝、而生妒心、多方阻止其進行、拉弗斯不能行其素志者久之、至一八一九年之首月、得馬六甲駐守威廉夸耳少佐之同意、率艦四艘、密秘向新加坡進發、下錨於聖約翰斯島（St John's Island）附近、月之二十九日、登岸升旗、以表得志、猶哥倫布發現美洲、二月六日、氏與柔佛（Johove）蘇丹定約、名爲准英國在其地、設立通商總局、實無異將新加坡割讓於英也、

來佛士學院

自一八一九年至一八二三年、駐使之職、由少佐代理之、蓋彼於萬高崙之職任、尙不能完全放棄之也、彼至其地者、只三次、且每次僅作數月之勾留耳、然於此短促時期內、彼仍盡其全力、以經營政治、而用其餘力於教育、其政治之進行、一如在爪哇時、如廢蓄奴制、禁止鬥鷄、及以陪審官行陪審制等是、且設種種地方制度、實行一種非常的法律、以保全地方之安寧、並將是埠開放爲自由口岸、其於教育、則有拉弗斯學校之建設、

一八二四年冬、彼因大志已遂、乃回至萬高崙搜集其數十年來關係政治之著作、動植物之調查、以及熱帶野獸鳥之標本、約值三萬鎊、遂起程回英、船離出發地二十四小時後、不幸被火、而此無價之著述、及標本、盡付一炬、惜哉、然彼得脫是險、亦不幸中之大幸也、回國後、從事於政治、然皆不得志、至年四十有五、甚望東印度公司給予養老金、然非但不能得、且因十年前之會計數目不符、被罰兩萬鎊、加以彼前所創立於加爾各答之商店、亦破產、於貧病交迫、中風而卒、時一八二六年也、死後葬於中塞克斯之痕頓坟場、其所葬之地點、直至一九一四年、無有能知之者、是誠無名之英雄哉、

今氏銅像巍然立於新加坡維多利亞紀念院前、令人景仰不止、氏爲馬來文及熱帶動植物之學者、亦爲一聰明之政治家、生平最反對賭博及其他不正當之娛樂、其克己工夫、同事中罕能有及之者、且有獨具隻眼之奇才、蓋當時覺無一人念及新加坡、且彼建設新加坡時、反對者亦以千數、其料事之本領、尤爲英雄中之英雄也、當時之政府、雖不能重視之、然彼今已被承認爲英國殖民地之一大建設者、而新加坡已爲英國之商業及戰事之要地、亦即世界之第七商港也、

【青年勵志社】新加坡華僑團體甚多、然如普通俱樂部之類、不過資本家驕奢淫佚之機關、除博賭聲妓外殆無餘事、求其設備新穎、思想高尚、而有益於青年人士者、當以青年勵志社爲最矣、該社爲僑生所創立、各省各界皆得自由加入、社中備有各種書籍雜誌報章、雜誌最多、無論南洋內地、凡新出之雜誌、搜羅殆遍、又有樂器、圍棊象棊、乒乓球、各種娛樂品、俾社員或瀏覽、或運動、以增益其學識、活潑其興趣、晚間附設英文商業及國語等各項補習班、以供社員之補習、故社員雖多土生、頗能嫺熟國語、通曉英文、而於商業之知識尤富、蓋該社純以研究學術爲宗旨、迥非羣居終日言不及義之團體所可同日語也、現任社長爲曾君幾生、亦一僑生、其學識思想、皆新穎非常、一絕好青年模範也、余至該社參觀時、頗蒙其招待、對於祖國情形、殷殷垂問、觀其關心國事之切、則其志趣之遠大可知也、

【俱樂部之內容】新加坡華僑多以俱樂部爲逍遣之所、名之曰公舘、其爲大資本家、或大公司組織者、多設於海濱或去鬧市較遠之地、中有書報、並其他稍文雅之逍遣品、公司職員、每於晚間休息之暇、前往逍遣、所以慰疲勞而和腦力也、亦有假其地爲宴客之所、或各公司經理、假其地集會、以研究營業上之事務者、此其上焉者也、若夫普通俱樂部之組織、大抵由數人集資、租樓房一所、其中前分若干小房間、最後則爲廣厦、房間之中、設備床鋪烟具、廣厦中則各種賭具無所不有、每至晚間、電燈明如白晝、汽車馬車滿門、來賓麕集、於是吸鴉片者有之、賭錢者有之、召妓者有之、廣厦中牌聲盈耳、小房中烟雲滿目、莫不恣其性之所至、以逞其嗜慾、歡呼喜躍、至夜深始紛紛散去、每夜賭場輸贏、動累數千元、抽水亦不下數百元、部中一切開銷、即取給於此、部主人且取其盈焉、然因此破家者有之、廢業者有之、染錮癖患惡疾者有之、其害有不可勝言者矣、當樹膠業最發達時、新埠俱樂部、最多約不下三百餘處、每處平均開銷日以百元計、則每日共銷耗二萬餘元、全年共銷耗七百餘萬元、加以乘車酒食之費、全年銷耗當不下千萬元之譜、華僑遠涉

重洋、勞智慮、苦身體、易得有限金錢、不用以擴充實業、立子孫百年不朽之基、乃投諸毫不生產之地、且疲精斂神以自戕其壽命、不但不視爲畏途、而反以爲樂境焉、嗚呼、可不謂之大愚乎、

【中國領事館之簡陋】　領事館設於異國、爲本國體面攸關、外人觀瞻所係、雖不必過於鋪張、然要不可不自有一種規模、足以與他國領事館同等齊觀、若外觀與內容皆極簡陋、令人視之若有若無、不足敬畏、則國家之體面、爲之喪失無餘矣、東西各國領事館之在我國者、莫不莊嚴其規模、堂皇其設備、視我國大官署有過之無不及、至於天津上海之各國領館、高樓廣廈、規模壯麗、尤足以見大國之氣象焉、余至新加坡後、即赴吾國領事館拜訪領事、乘人力車而往、初意吾國領事館、亦與津滬各國領館相似、一望而知、比至領館門首、乃知其與吾想像中之領館、相去直不可以道里計矣、館門掛尺許小銅牌、辦公處設於樓上、其下則商店居之、樓梯設於屋旁、不能自樓下之屋登也、辦公室僅二間、又一間爲會客並發護照之所、其中設備尤極簡略、館員二三人居之、聞領事每隔數日始到館一次、館中除發護照外、幾無可辦之事、每發護照一張、可收手續費數元、館中之收入、祇此而已、館員之生活、亦特此而已、余觀之不勝駭異、考新埠華僑之豪富者、居宅皆極壯麗、樓閣之宏崇、園林之廣大、足視歐美富商、曾不多讓、而領事館之簡陋、至於此極、如有人出而提倡、公同捐貲、爲建一規模擴大、合乎體制之公廨、以存我國之體面、免外人之輕視、豈不甚善、乃皆熟視無覩、若與之無關痛癢者然、嘻、可怪矣、

【衣食住之變更】　余、北方人也、以北人而居南洋、以溫帶之人、而居熱帶之地、則生活日用上、必有絕大之變更可知矣、新加坡人之衣服、中國式者、謂之唐衫、西洋式者、謂之西裝、皆長僅及股而止、內地之長衫長袍、不能見也、終年概著單衣、質或以布、或以紬、色皆白、非但皮衣棉衣不必用、即裌衣亦輕易不用也、每出必戴帽、帽多以毡或樹膠爲之、用草帽者絕少、蓋烈日之下、非厚質之帽、不足以護腦也、地面甚濕、烈日蒸之、則濕熱之氣上騰、故鞋用皮底或樹膠底、始能禦其濕熱、不致爲足部之患、若以布爲底、則濕熱上浸、而足部易於受病矣、余始至新加坡、常著紬質衫褲、日必一易、交洗衣房洗之、其工資甚昂、布質褲衫每件需五六仙、綢質倍之、且需時逾一禮拜、始能洗得、若令其一二日內洗得、則價又倍之、故人須有衣五六身、始足洗換之用、月須消費五六元、始足洗衣之費、且衣經洗衣房洗之、敝損極易、余甚惜之、乃每日自行濯洗、非獨省費、亦以習勞也、至於每日兩餐、除番菜外、則粵閩兩省之菜爲多、每上一品、

器既大、而味尤豐、一人食之不能盡、且肥膩太甚、油脂滿口、求如北方肴饌之濃淡適中、鮮美可喜者、杳不可得、余初食之、每欲作嘔、後乃漸成習慣、亦安之若素矣、居處概爲樓房、尚無所患、惟蚊蟲最多、其體之巨、數倍於北方之蚊、一爲所擾、則終夜不能安眠、雖床懸蚊帳、防禦綦嚴、終有防不勝防之虞、臭蟲亦到處有之、室中清潔者、其患稍輕、反之、則其害較之北方臭蟲爲尤烈、余始至、頗爲蚊蟲臭蟲所擾、乃竭力講求防範之法、其患乃稍稍減輕、夜得安枕而臥矣、夫衣食住爲人類生活三要件、余至南洋後、幾無一不與素所習慣者相去遠甚、乃爲時不久、不知不覺即習而安焉、甚矣習慣之可以移人也、

人力車

【吃榴蓮】　榴蓮、爲新加坡最著之果品、樹高數丈、果爲橢圓形、長六七寸、外裹厚皮、頗堅級、皮上密布齒狀之硬刺、食時以竹刀剖開其皮、中有三四格、每格有核五六枚、核外爲濃厚之果汁、即所食之部分也、其性至熱烈、華僑及土人無不酷嗜之、上至大資本家、下至苦役、皆嗜之若命、每至榴蓮上市時、售之者到處皆是、每枚約需二三角、嗜之者競就路旁購食之、每次可盡二三枚、每日或食二三次、勞動者雖舉日間所得之勞資、以食榴蓮而不惜、甚有傾其家貲以食榴蓮者、余初抵新加坡、見有食榴蓮者、其皮乍剖、即發出一種極惡之臭氣、幾令人不可暫忍、因問食者其氣之臭如此、何以嗜之、則曰、食時但覺其香甜無以復加、殊不知其臭也、余甚異之、後聞人言、西人曾用化學方法試驗之、以爲其物實不臭、乃因香至極度、而反似乎惡臭耳、友人嗜此者、多勸余食之、余因其臭不敢嘗試、一日數友以汽車接余至海濱一友家、自樹上摘新果使余嘗之、其意以爲如此美品、若不食之、在余爲虛此一行、在友人尤爲不盡友道矣、不得已乃令一人捻余鼻、一人握余目、勉强入口、其味果甚甜美、無怪嗜之者之多且甚也、雖然凡物嗜之過甚、皆能爲害、味濃性熱之物、其害尤烈、榴蓮之味濃極矣、其性熱極矣、嗜之太過、其害與烟酒無異、聞嗜榴蓮之人、常有發爲熱病而死者、然而死者自死、嗜者自嗜、曾不因有所憚、而稍殺其嗜之之心、吁、榴蓮一物、殊可畏哉、

【馬來化之女裝】　余初抵新加坡、見我華僑婦女、多螺其髻而襪其裳、非粵飾、亦非滬裝、怪而詢諸友人、則曰、此馬來裝也、因

吾人嘗昔僑此、與馬來人雜居、小兒女輩戲仿其裝服、久而相安、遂與之同化、無識者反以爲時髦裝束、沿其陋習、牢不可破、近來雖藉報紙之鼓吹、與國產影片之流行、南洋女界受其影響、服裝爲之一變、凡稍受新式教育者、多改從上海流行之時髦裝束、雖其氣象輕浮、乏雍容大雅之致、然固勝於亡國陋習之馬來裝萬萬也、而頭腦頑舊者、方且以保守其陋習爲事、不肯翻然改觀、模仿新式之裝束、此馬來裝所以觸目皆是也、余閗之不勝駭異、夫馬來人之與華僑、國異其籍、民異其族、以其程度言之、則不開化之人也、以其地位言之、則亡國之民也、假使其服裝果屬優美、以吾華堂堂文明獨立之國民、猶不屑模仿之、恐招外人之輕視、況其簡陋輕佻、且遠在滬上流行之時裝下哉、今華僑無識婦女、上之不能爲雍容大雅之服飾、次又不肯改從國內流行之時髦裝束、而甘居卑下、沿其相習之馬來裝以自辱、於不開化民族之列、豈非吾國未亡、而無知婦女先以亡國民自居乎、

【特別名字】　南洋華僑營商工業者、亦多富力之實、遠出國內各地之上、其號稱大資本家者、且指不勝屈、然其人大都出自勞動、或小本經營、毫無憑藉之可言、而惟以其辛苦勤動之力、積日累久、漸進爲實業大家、而資本之雄厚、亦與之俱增、故今日號稱大資本家者、皆昔日之小工小販、由白手以造成今日之盛業者也、吾人初聞南洋多大資本家、大實業家、以爲其人必有若何之憑藉、若何之學術、始能臻此地位、豈知其出身微賤、且多有不識之無者、試觀其命名之粗鄙、即可知之矣、如黃奕住者、中南銀行最大股東、有操縱全閩金融之能力者也、林推遷者、新加坡大資本家、曾歷任商會會長者也、鄭成快者、馬六甲資本家之巨擘也、郭春秧者、荷屬大資本家、世所稱爲郭河東者也、此數人者、總其資力、當在萬萬元以上、其人又皆慷慨好義、對於一切善擧、及學校等、一擧而捐以鉅資不吝也、故不特有資本家之名、且兼有慈善家之稱焉、是知門第不足爲憑、而學術亦未必可恃、成功之妙訣、惟在乎辛苦勞動而已、此外有名資本家、命名之粗鄙、類此者尤多、其人亦皆由辛苦勞動白手成家者也、有志實業之士、可以知所取法矣、茲將命名之特別者略擧於下、以見一斑、

（人名之特別）　黃奕住　林推遷　王水斗　楊水花　謝燈燎　李琅玕　鄭成快　蕭官姐　郭春秧　劉金獅　楊白兎

陳金秧　李引口　葉乃取　陳蒼朮　丘寄瓶　鄭玉指　謝烏梳　劉應鏽　林光挺　林榮燕　陳金針　李斯桃　莊媽嬌

葉壬水　鄭俊仔　葉燕淺　陳銀鍊　黃機軒　張烏蝦　鄭妹子　侯西反　黃伍二　陳振打

【各種車輛】新加坡閭閻櫛比、人物殷闐、加以港口船舶、往來出入口貨物、積如山阜、行旅之往來、貨品之輸運、皆恃乎各種車輛爲之運載、故雖區區一小島、而車輛之多、幾至不可勝數、除火車不計外、若電車、若汽車、若馬車、若牛車、若人力車、若脚踏車、皆各有其應用之途、及其發達之程度、電車爲官家所經營、在民國十六年以前、尙用有軌電車、其後始改用無軌電車、將電車鐵軌逐漸拆去、今則全用無軌電車矣、汽車即摩托車也、又分數種、一爲自用汽車、凡大資本家及大公司商店、幾無不人置一輛、家有一乘、全埠不下三四千輛之多、一爲營業汽車、即汽車行所備以供商民僱用者也、其形式之壯麗、裝飾之整齊、較自用汽車殆尤過之、司機者多爲馬來人、每小時賃費約一元二三角之譜、每車可坐四五人、全埠約二千餘輛、一爲大汽車、用以載重者也、凡由碼頭上下船貨物、多用以運載、全埠約一千餘輛、一爲羅利汽車、即運載往來行人之營業車也、車箱頗大、乘客自車尾登之、坐於兩旁長椅上、每輛可坐七人、或九人、其車皆敝舊不堪、司機者多爲華人、乘客每英里五分、價廉而勢便、故行人多喜乘之、馬車自用者少、營業者多、凡旅客携帶行李往來碼頭、或車站者、乘之甚爲便利、每次賃費一元或數角、此種車、用途頗窄、故不發達、全埠不過百數十輛而已、牛車皆雙套者、專載往來碼頭之大宗貨物、全埠約數百輛、人力車即東洋車也、車身稍廣、可坐二人、車資每英里一二角、全埠二萬餘輛、拉車夫以閩人爲多、又有人力排子車一種、惟不甚多、亦用以運載貨物者也、每車二三人拉之、拉車者皆華人也、至於脚踏車、凡居民商店、無論貧富盛衰、殆家家必有之、或且多至數輛、車上皆嵌有警廳牌號、乘車者、無論行至何處、如有事故、即將其置之路旁、不必用人看守、而不虞其被人竊去、因警察稽查甚嚴、有失車者、以牌號報告警署、即按號數案之、科以重罰、故無人敢竊之也、又摩托脚踏車、亦甚多、凡資本家與夫大公司商店、皆蓄之、蓋行長途用之、速度大而用力小、較乘他種之車尤爲便利也、

馬來人入水中拾錢者

【人力車廢止問題】南洋英屬各埠之有人力車、實我華僑至可痛心之一事也、蓋人力車夫、以人類而任牛馬職務、爲牛馬生活、爲之國內、已非人道、爲之國外、實爲國恥之尤、故爪哇華僑毅然爲廢止之運動於前、菲律濱繼之於後、皆大著成效、現二處已不

見人力車之片影、新加坡華僑人數之衆、事業之盛、冠於各埠、乃人力車依然存在、不聞有人出爲廢止之運動、亦足異也、杳新埠現有人力車二萬餘輛、爲車夫者、全屬華人、且多爲閩省之福清人、因吾國鄉土關念最深、界限最嚴、且挾有排外意味、故人力車業、爲福清人所把持、他省他縣人、皆不易插足其間、此類車夫、率皆黑衣垢面、跣足編髮、身任牛馬事業不知怨、且不知羞、終日馳驅不已、所入一元至三元、僅足生活而已、蓋其人本皆蠢如牛馬、不知牛馬事業、爲人生可恥之事、固無足異、惟新埠不乏大資本家、與大思想家、乃熟視無睹、不知起而運動、此則令人大不可解者也、第運動之初、須精密籌畫、一面廢止人力車之營業、一面更須爲多數人力車夫謀安頓之所、生活之資、始能達到實行禁絕之目的、非冒然以强力禁止、所能成功也、泰晤士報曾有社論一篇、主張禁止人力車、余讀之不禁汗流浹背、外人且如此主張、吾人烏可不迅起圖之乎、今譯其文如下、

（上略）現在有一問題、吾人以爲已達可以詳愼考慮之實機、蓋即人力車應否禁止是也、在小巴士車出現之前、人力車之需要、誠顯然不可少、是時談廢除人力車、實非實事求是之政治手腕、現在羅厘車、已足供交通之需求、除此種巴士車外、交通已甚擁擠、而准用人類在街道作負重之獸、絕對爲可羞之事、此輩奔走街道、生命常在危險之中、不論何人、一注意巴士車之一般司機人、即可見彼等對於大羅厘車比較柔弱之人力車、當加意留心、大羅厘車可以將巴士車撞碎、而巴士車則可將人力車撞碎、有人以剝奪人力車夫之職業、將爲一種可羞之事、此種意見、吾人却不能入耳、任人力車通行、吾人可自由吸引中國數百萬最低賤之人、做一種畜類、此種猪仔、更價廉易得、比較一隻馬、且容易畜養、此間自然大有其人、預出資經營人力車業、利用人力車之汗血獲利、如此間無人力車、則此輩亦易於覓他種工作也、爲此交通之要素、爲對人力車、當如何辦法、吾人願見當局、先出一六月期之通告、期滿不得有人做此種致死自賤之工作、目下約有二萬餘之中國人民、苦役於此、此輩華僑中之領袖人物、尤當出而提倡之、因他國人無肯在異國作此種獸役者、况此間此種需要、今已過去、設能廢止人力車、不准有人在街道手拉重車、則吾人亦可免除交通上、最危險之情形矣、（下略）

【旅新下船情形】　某年月日余由香港赴新加坡、乘英船南生號、行約五晝夜、船抵港外稍停、先由海關等機關、派醫生乘小艇登大船、檢驗乘客有無染疫之人、醫生中有英醫有華醫有女醫、皆著白衣、依次將乘客檢驗訖、無一染疫者、始下船去、又派檢驗護

照人員、另乘小艇登船、檢驗去訖、然後由導引入港之小艇、引大船入港、港中兩旁青山綠樹、形勢曲折、船行其中、如送如迎、無異身在畫中、逮至碼頭、見有旁岸船中人、擲錢水中、覩小舟上之馬來人泅取以爲戲者、市中則高樓櫛比鱗次、車馬紛紜、極爲熱鬧、於是乘客紛紛下船登岸、後先至稅關檢驗行李、其處爲一大鐵棚、其中爲道路、可通車馬、兩旁則有木榻、旅客下船後、或乘馬車、或乘汽車、或乘人力車、行至其中少停、將行李取出、置木榻上、經英員檢驗訖、然後放行、惟經旅館招攬之客、則檢驗時頗了草、擧目一望而已、亦有非旅館所招攬、而不詳細檢驗者、同一檢驗、而有詳有略、不知是何原因、或另有他故、亦未可知、余是日寓益生旅館、時已下午三時矣、

【益生棧之旅況】新加坡旅館數十家、以祺生益生兩家爲最大、皆廣東人所開也、余所寓爲益生旅館、館爲西式三層樓房、約分二十餘號、內有三等、頭等每日房租四元餘、二等二元餘、三等二元上下、僅有數號而已、室中床帳器用甚潔淨、電燈電扇皆備、冲凉室以至廁所、亦極清潔、館中傭役對旅客十分敬愼、茶水無缺、惟館中不備餐餸、早晚由外間飯館購送、飯館多廣東式菜飯、食白米飯、佐以燒肉、豆腐湯等菜、如不喜食廣東菜、亦可呌番菜、若欲食北方菜飯、則無從呌之矣、余始至不習冲凉、冲時用毛巾醮水擦之、覺全身凉爽、精神爲之一快、後乃習而安之、該處距牛車水甚近、牛車水者、妓館薈萃之地也、每至晚間、游客麕集、鼓樂之聲、不絕於耳、汽車馬車、馳騁絡繹、無一時或息、余爲輪蹄及車笛所擾、常覺夜不能成寐、蓋商埠繁盛之區、皆不免此種情形、而新加坡其尤者也、

南洋酒店

【南洋酒店之適意】南洋酒店、爲華僑黃有淵所開設、黃氏常往來北平、清季曾任度支部員、一精明幹練之人也、該酒店樓上爲旅館、下爲酒店、房屋宏敞、器物清潔、每號房間、皆有一小望台、爲旅客乘凉之地、其冲凉室、亦每號一處、不相混雜、廁所即附於冲凉室中、尤爲方便、余既苦益生棧之喧閙、乃移寓該店、主人黃有淵對新客極盡招待之意、店夥亦極恭順、故居之極爲適意、店中旅客西人甚多、房價頗昂、坡下者亦在四元以上、每早店夥以咖啡點心贈客、飯時即在樓下酒店中呌之、或番菜、或廣東菜、皆聽客之便、每飯約一元以上、較購之外間爲稍貴耳、店夥亦皆廣東人、操廣東語、與說官話、概不能悉、故余

與之言、多以筆寫出、始能明瞭、我國地方過大、言語不能統一、其困難有如此者、

【鄉居之生活】　余居南洋酒店、雖甚適意、然店中旅客往來頻煩、頗多不便之處、且於經濟上消費亦距、余將爲久居計、乃經王君清源於藍頭巷賃房一所、陳君鏡清假以器用、遂移居市外、爲鄉間之生活、其地去熱鬧之區甚遠、溫度稍低、空氣至佳、南爲跑馬場、北爲打球場、四圍多椰林、彌望菁葱、極清靜幽深之致、村中多土人居之、余以和平誠懇之態度待之、故彼等對余亦表愛敬之意、每早至村外遊覽、則渾身如墨之吉寧小兒、與馬來小兒、皆環余左右、作憨嬉遊戲狀、與以食物、則歡樂舞蹈、若不勝其感激者然、故余不通馬來語、而與馬來人雜居、不獨不感寂寞、反覺非常快活、即起居飲食、亦因之無不適意、孔子曰、言忠信、行篤敬、雖蠻貊之邦行矣、以今日觀之、其言益信、該村距市雖遠、而交通甚便、於作事毫無窒碍、故余樂而居之也、

山竹

【各種果品】　新加坡地居熱帶、草木暢茂、所產之果品、種類最多、略述其重要者如下、

(一)榴蓮、　爲產於喬木之果、形作橢圓式、長六七寸、殼外密排齒狀之硬刺、內分數格、每格有子數粒、濃汁裹之、初嗅之彌覺其臭、習慣後、則不覺矣、其味甘美適口、土人最嗜之、久居者、亦多嗜之、

(二)山竹、　亦喬木所結之果、形圓、其大如胡桃、初作青色、比熟則爲深赤色、外爲堅殼、剖之、中有核數枚、裹以白色之濃汁、味美可食、惟其性最寒、多食往往致病、蘸白糖食之、並可殺生、食者切宜注意、

(三)芒果、　形爲橢圓、長數寸、外爲黃色之皮、內只一核、裹以黃色之厚肉、性極熱、多食可以致命、香港等處、亦有售之者、

(四)紅毛丹、　狀類荔枝、惟無硬殼、皮外只有紅色之刺、厥狀如毛、故名紅毛丹、味美、性熱、不宜多食、

(五)芒蔭、　外殼甚軟、皮作淺黃色、內有核、其味稍酸、

(六)山桃、　有六楞八楞二種、長三四寸、味頗甘、食之不甚鮮美、以吉隆坡新街廠出品爲最佳、

(七)水翁、　爲喬木之果、結實甚速、大約一月中、即可摘食一次、其狀上削下廣、柄頗長、皮作綠紅色、

（八）香蕉、　即芭蕉所結之實也、形如羊角、長數寸、多數駢生、至數十枚、種類甚繁、有暹羅蕉、蠶指蕉、木棉蕉、蜂子蕉、花蕉、石蕉、雞蕉、等名、（詳見另條、茲不備述、）性凉味淺、食之有止渴潤腸之功、

（九）黃梨、　一名鳳梨、又名波羅密、形作橢圓式、長約五六寸、皮爲黃紅紫色、外作鱗片狀之節目、食時以刀去其皮、內爲淡紅色之肉、味甚甘美、其種類有中國種、和蘭種、錫仔越種之別、錫仔越種果實特大、有重至十磅者、肉作黃白色、惟其味稍遜、

【輸入果品之奇貴】　新加坡所食果品、除本地所產各種外、其自他國輸入者亦甚多、如荔枝、橘橙、蜜柑之屬、皆自吾國閩粵等處輸入、其價較之香港已加至三倍以上、梨由閩省輸入、食之汁液少而渣滓多、直類枯木、而一枚且需二三角之鉅値、乾果則有紅棗、胡桃、杏乾、海棠乾之類、皆自天津輸入、價亦三倍以上、蘋果由澳洲輸入、或由香港轉販之美國產、每枚約需三四角、葡萄由英國輸入、運輸時裝於箱中、以軟木之末密護之、故其價尤昂、每斤約需一元以上、至於吾國北方所產之佳果、如桃、李、杏、梨、柿、櫻桃、山查、等品、種類既繁、性味尤美、徒以無定期航行之船、運輸困難、無法輸入南洋、而日本之橘柑等物、反以運輸之便利、得輸入南洋、以奪吾閩粵輸入品之利、故南洋華僑有終身未睹桃李等物作何形狀者、而余以北方人、旅居其地、以極昂之價食極劣之果、欲求素嗜之佳果、如鴨梨、白葡萄、鄉黃李等品、杳不可得、豈非最不快之事乎、

芒　蔭

【各種食品】　余至新加坡後、以北方之人、忽居熱帶之地、所有生活上一切事項、不能不因之變更、而食物其尤著者也、查新埠飯館、以粵菜館爲最多、閩菜館祇有數家、但不賣門市、專作成桌酒席、遇有喜慶宴會、可令其包辦而已、所作之席、亦不外鴨翅燕菜之類、價目則由十餘元、以至三四十元不等、此外則爲番菜館、大致可分二等、上焉者、早餐每人一元五角、晚餐二元有餘、下焉者早餐一元、晚餐一元二三角、又有粵人所開之小飯館、其菜皆預爲作成、以盆盛之、零星售賣、不定價格、大約一餐之費、不過二三角足矣、至於沿街設攤售賣食品者、則以售稀飯者爲多、稀飯每碗不過二三分、兼有燒餅油菓之屬、計一飯之需、不過七八分而已、凡食此種物品者、大都爲勞動之人、取其價廉而食之甚便也、粵菜油膩太多、

余食之不慣、故恒就普通番菜館食之、雖不甚適口、然油膩稍少、亦足以果腹矣、又新加坡產生白薯、味與北方所產無異、居民多喜食之、謂其可以通氣、蓋居其地者、每多便燥之患、常食白薯則便燥之患可免、此亦初至新加坡不可不知者也、

【各種飲料】新加坡地方酷熱、飲料爲時刻不可缺之物、故售賣飲料者、無地無之、飲料可分數種、第一爲茶、所用茶葉、以武彝爲最貴、次則鐵觀音白毛猴大方等類、武彝一兩價數元、盛以小錫盒、飲時用小壺泡之、小杯飲之、其重之如此、蓋惟豪富之家用之、非常人所慣用也、茶館甚少、惟粤人有開設茶樓、兼演粤劇者、然亦不多見、最多者、爲咖啡館、幾於到處有之、咖啡每杯價五分、兼售牛乳、可可、及麪包等物、如偕友數人至咖啡館飲咖啡、並用點心、每人約需二三角之譜、至於路上則售賣冰水者甚多、冰係人造冰、質極清潔、售者將冰錯成細末、其狀似雪、故名曰雪水、加以糖精、果露、每杯價二分、售賣冰激凌者、亦到處有之、汽水有歐人所製者、有華人所製者、牌號甚多、尤爲人人必需之品、新加坡人習慣、飯時皆佐以冰水、一面吃飯、一面飲冰、而不覺其不適、若初到之人、則未有不望而生畏者矣、

水翁

【衞生】新加坡居民之普通風土病、以馬剌里亞熱病爲最多、除馬剌里亞熱病外、則多脚氣病及貧血性病、赤痢等、馬剌里亞熱病、約估總數四分之一、脚氣病之腿部水腫者、每易浸及心臟、勢最危險、赤痢及他病死亡最少、貧血性病、惟從事伐木之工人、及土人多犯之、千九百十年、入星洲病院者、一萬七千八百八十九人、而不治者、不過二千六百二十二人、同年生產總數、六千四百四十八人、死亡總數一萬二千五百十一人、死亡多於生產、大都由於馬來人、印度人、不知衞生所致也、中國人亦不知衞生、但本天賦之健康、能與氣候戰而獲勝、然往往斲喪元氣、自戕其生者不少、市內所謂俱樂部、公館、別墅、不下三百餘所、美其名曰、結合團體、實則四淫幷具、亦自戕之結合場所也、至歐美人之死亡、每年不過數人而已、

普通衞生之法、每日須以冷水從頭頂淋下、洗濯之、謂之冲凉、少則一次、多或三四次、既解凉、兼以收斂毛竅、否則必發熱症、晝則枵腹不宜外出、夜則腹部須令常溫、西南風之季節、河岸時起濃霧、空腹接觸、最易發生馬剌里亞熱病、東北風之季節、則安適無事也、

市內溝渠空疏、道路整潔、凡建築房屋、必須經市政局檢驗、門窗方向、皆由其指定、俾合衛生、平時派員巡視、取締甚嚴、以至室家修理、尤爲獎勵、故發生瘟疫、及虎列喇病者甚少、英政府特爲下級社會之衛生起見、制定勞動者健康條例、凡使用十人以上之園林業主、均須供給醫藥、及注重衛生、義者、華僑陳德勝倡建新加坡慈善醫院、大得各處贊助、規模日擴、收容日多、爲殖民地第一之病院、數年前有人繼立廣東惠肇留醫院、地方適宜、規模亦大、每日看病之人、爲數甚多、誠最有益於僑胞也、

【廁所】廁所清潔、爲公共衛生之要端、新加坡市政局對於此事、設備甚爲精密、所有民居商店、皆月徵衛生捐、令於後門設廁所一、其制甚小、僅容一人便溺、以鐵筩承之、每日一換、僱吉寧人爲公共糞夫、至夜間則以汽車載潔淨鐵筩挨次至各家換之、換去之便筩、運至郊外、洗滌潔淨、以備次日更換之用、故日間絕不見糞車便筩之僂影、非如吾國食物與排洩物之混雜於途也、至於公共廁所則甚少、全市祗有三四處、土庫街有一處、入門後墜階而下、約丈許始爲廁所、全室以鋼磚砌之、便溺之地、上有自來水管、時時下注、便溺後即逐水而去、刻不停留、故不獨毫無惡臭、即便溺之形、亦不可覩也、聞此廁所建築費、需數萬金、可謂講究極矣、余初履是地、偶行市中、忽腹痛欲洩、不知公共廁所之所在、欲叩之警察、而警察皆印度人、言語不能通、經一學校門外、擬入而借地排洩、比入則爲女學校、失望而退、不得已、覓一咖啡店、以飲咖啡爲名、始得於店中排洩焉、此亦初到新埠者不可不知者也、

賣茶者

【理髮館】新加坡之理髮館、以粵人所開設者居多數、其房屋之宏敞、設備之完美、器具之潔淨、不待言矣、即其理髮匠亦復氣象莊重、衣服整肅、頗具正當營業之風、迥非北方理髮匠之輕佻嬉笑者可比、手藝亦甚佳、兼施電面電身之術、所以助血脈之運行、如北方理髮匠之爲人按摩也、每次理髮約需三四角、電面電身約需一元之譜、次爲吉寧人所開、其設備亦甚講求、手藝亦甚精細、惜其人皮膚太黑、面目可憎、又時作狐騷氣、使人悶損、往往不快而去、其價雖僅及粵人之半、而華僑亦多不肯令其理髮、所往者、大半土人而已、又有日本人所設者、視粵人尤爲講究、所有器具、每用過一次、即投之消毒水中、俟消毒後、始能復用、理髮匠之手、亦時用消毒水

洗之手藝甚優、間有以婦女充之者、手藝較男子尤精細、其價頗昂、大約每次須在一元以上、歐人與華僑之豪富者、多就之理髮焉、

【醫藥】新加坡地居熱帶之下、居民最易患病、而國內人士之初抵是間者、因水土氣候之不慣、尤多發生痢疾瘧疾及吐血等症、故醫藥不可不講也、考新埠醫院、除政府所設官醫院外、私立醫院、惟華僑陳篤生醫院並日人醫院數處而已、陳篤生醫院規模甚大、內容亦頗完美、日人醫院視陳篤生醫院則遠遜之矣、私立醫院、醫藥費皆甚昂、療養室每室日需四五元、乃至十餘元不等、非富於財力者、不能居也、故普通人患病、多就官醫院診治之、院中醫生、皆西人、與華人言語不通、關於病原徵候、及經過情形、無法使之了解、而彼亦不求甚解、但知頭痛醫頭、脚痛醫脚、敷衍了事而已、至於中國醫生、挂牌行醫者、所在多有、而中藥店傳賣飲片及各種熟藥者、尤指不勝屈、此類醫生、大抵僅有一知半解、無何等學識經驗、求其深明醫理者、實百無一二也、中醫店所售以廣東丸藥爲多、福建藥品亦不少、閩粵皆產生藥材之名區、故所製熟藥材料精粹、用之得宜、所收之效果、往往出人意表、華僑所恃以療治百病者、當以此爲最要矣、若夫售賣野藥之江湖派、炫奇競詭、以僞冒眞、或稱朝南海而歸、或稱入普陀而返、腰繫黃巾、手持神像、藉以欺世惑人、因而謀利者、亦到處有之、華僑中之無識者、多爲其所愚、紛紛購買其藥、實則此種藥豈能治病、求其不增病已甚幸矣、故居南洋者、欲期身體之健康、惟宜注意衞生、以免發生病症、若病症已生、而思假醫藥之靈、以療治之、蓋不易易也、

第四章　名人

【林義順君】林君義順、字發初、一字蔚初、粵澄馬西鄉人也、育於舅氏張永福家、性敏悟、十齡能受中西文字、既長、富貿遷術、凡所經營商業、有盈無絀、遂豪於財、性愛國善氣、我國甲午戰敗、割兩台賠欵兩萬萬、而奴顏婢膝諸大僚、又甘心異族、日爲上壓抑漢人計、時遊學風亦漸盛、清廷君臣、遂議日本成城軍官學校不准補漢人子弟、蘇報首揭之、義正辭嚴、見者感泣、不日傳至星洲、君與陳楚楠張永福聞之、憤不欲生、立語同人曰、革命再遲、漢人尚有噍類乎、會鄒容革命軍繼出、不數月傳遍東南、未幾新福建新廣東浙江潮鵑聲等書、又先後由東京輸入、凡君力所及者、無不資之助之購之、且爲宣傳革命先鋒、直與滿洲宣戰、辭中有血、血中有淚、京師有言及此書者、罪不能赦、而君故首訂千數百部、藏之歸國、偕張來喜於潮州各處散放、其胆識有如此也、踰年又有中興報之設、中興報者、民黨中機關報之一、君任總理事、主筆爲汪精衞胡漢民居正田桐陶成章諸人、文字不患其乏、而經費時虞不繼、遂偕許子麟赴仰光

招集股欵、仰地時尙不大明民族主義、因而利導之、而仰人以化、又創諸新戲、就地指點、事前更于道途演說、如物因風之動、以有聲、時鄒容革命軍章太炎爲之序、因被淸廷之官吏所偵、得坐二人以謀叛罪、鄒首章後、下英界獄、諸漢奸謀引渡、欣欣然欲以二人血染紅許多大頂、有北京某電星洲、言其事、君得電大爲焦急、日與張永福陳楚楠同集小桃園俱樂部中、謀皆不當意、幸事在外人案中、乃聯名長電英領事、是時吾國中于革命事、知之者稀、而外人則已皆以革命而樂享太平、故聞而善之、獄至三訊、英領以星電示陪審官、乃以國事犯論、獄少少緩、然而太炎之不與鄒容庾死獄中者、亦僅僅矣、又汪精衛黃復生以刺淸攝政王不成、被逮下獄、君與胡漢民等合力營救、後亦密不以言、而當時日集于君山莊、悲壯滄凉、謀所以出兩君於獄者、今猶令人感而泣也、君之謀革命也、初甚秘密、當中山之南遊也、胡漢民等、與俱至星洲設中華同盟會、君充外交職、而實行任務、偕李竹癡陳楚楠等赴檳埠設會、以遙通聲氣、至是而民

林義順君

黨在南洋始有切實根據地、後革命日增月盛、風起水湧、失敗頻仍、死者生者病者流者、不得已時、祇南渡海而行、集於各島、其來星之尤著者、爲陳炯明李烈鈞栢文蔚林虎熊克武方聲濤張繼岑春煊譚人鳳宋淵源諸人、君皆左右而保之、有園曰滋華別墅、地極幽靜、本間中讀書處、悉開以客諸人、斯墅遂成一亡命棲宿所、癸丑前後數年中、幾歲無虛月、月無虛日、君既認革命爲吾人天職、則凡所以供給之者、知無不爲、爲無不力、不獨區區金錢補助、而金錢補助數十年如一日、君之財固手自創之、由堅苦而來、其最初供給報館也、或出於己、或勸之人、必應緩急而後已、而平日衣履食飲資裝同人、自不克一一詳述、其卓卓焉大者、鄒容精衛獄急時、自百數十元至千元、作郵電交接費、廣州之役、直傾囊以助、諸君之見而化者、雖普通智識、皆一變而成特別思想者、往往而有之、當武昌起義、喜電報來、君拍案距躍曰、我漢族亦有今日也、於是益奔走募資以助軍需、未幾南北旣搆和、民國規模粗具、君亦少少逸、往遊西湖六年、粵省長朱慶瀾約歸辦實業、未至而朱去、中山于五年組織護法軍、君又力助之、遂任大元帥府參議、思察大河以北諸形勝、作燕趙之遊、中山且戒之、君笑不顧、逕航海至津門、與前總統黎元洪見、元洪告以天津水災、請募賑於華僑諸之、得款十餘萬元、活災民無算、黎請於北政府給三等嘉禾章、入北京謁馮代總統、因徧歷舊時城郭宮闕風土民習、而襟懷又進一境矣、時張國淦長農商、造詢實

業、多君經驗、復任以高等諮議、自南而北數千里、無論賢豪貴者、皆爭禮之、其素樹立久矣、歸由大江以南、而鄂而甯中原人物、江山文獻、古往迄今、無一不供君之身心學問、君曾受南京政府旌義狀、軍務一等勳章、及援閩粵軍總司令顧問、而北庭乃禮而不之嫉、中山阻行、亦竟不爲少動、君誠智矣哉、民國成立後、尤以教養爲弭亂之要、故銀行保險諸事、均提倡之、又總理華僑中學、並任外職、作太平洋局員、及農務局員、農務局者、設于鄉鎮中外人所以補市政力所不及、其職頗爲重要、華人任之者、君一人而已、

【胡文虎君】

胡文虎君

永安堂藥房主人、胡君文虎、閩之永安人、與其弟文豹赴南洋營商、初設藥房緬甸仰光埠、顏曰、永安堂、兄弟協力經營、業務蒸蒸日上、獲利甚豐、遂以資本家稱於時、性慷慨好施與、於仰光慈善事業及各學校、均捐鉅欵、即鄰埠與國內校捐賑款動輒千百元不吝也、胡君以仰光一埠、地方狹小、商店無多、華僑年老失業者、謀事較爲困難、故凡年老僑民男女之欲回國者、均可隨時往領船劵、以遂其回國之志、此外因抱病乏資調理、身後乏棺殯殮者、亦皆隨時資助之、又於上緬甸之直通埠、闢地一隅、建養老院四所、不取租金、以予某善團、俾收養華僑年老艱於覓食之人、且兼收十人、藉以終其天年、免致流落失所、故仰光之人、莫不仰之如一方生佛也、去年胡君、因新加坡對永安堂藥品歡迎最甚、乃推廣營業、設永安堂分號、於新埠、自是胡君始駐新埠、爲分號經理、而將仰埠商店交其弟文豹管理之、胡君既駐新埠、對於慈善事業、亦無不熱心贊助、與在仰光時無異、又見新埠年老華僑無力回國、因而客死異域者、較仰光尤多、更出鉅資、遣送六十以上之男女僑胞回國、每次以百人爲率、臨行時、給以船票用費、及冬衣藥物等、派人護送登船、且於船中覓適宜地點、安置之、使得安全返國、當初次遣送時、報名者超過額定之數、胡君憫之、更增加五十名、計所費不下數千金、其宅心之慈悲、舉動之慷慨、尤爲胡君慈善事業中之卓然不朽者、南洋各埠人士、莫不艷稱之、永安堂所製藥品、以虎爲商標、皆靈驗異常品、近又發明萬金油、八卦丹、二種、所治各症、尤神妙有特效、視西藥且遠過之、不獨南洋各埠銷行甚暢、即國內各處、亦極歡迎、乃於國內推廣銷路、委託中南貿易公司爲之代理、營業因之更見發達、凡銷路所及之地、輒於華洋各報紙遍登告白、計一年間之廣告費、不下三萬餘元、臨時刊於雜誌或種種印刷物者、尚不在內、其營業之宏偉、可想見矣、

【侯西反君】侯君西反閩人也、弱冠南來、商於吉隆坡又三年徙居新加坡初受開源興號聘任總司理、七年春乃與友謀開嘉美號興記號等商店數處、又於彭亨設有豐美豐泉等號商店數處、其中有爲合股公司者、有爲一己經營者、氣勢連合營業蒸蒸日上、君於是卓然有商業大家之目、及民國十年、南洋商業不振、經濟界頓形拮据、不得已逐漸收盤、斂華就實、現所存者、只彭亨美豐號耳、然商業盛衰無常、每隨時勢爲轉移、以君之才識、不患無恢復時也、君幼讀書、明大義、對僑胞公益事、熱心提倡、不遺餘力、先後與同志倡辦嘉東育才學校南安會館樹膠公會等、於嘉東女子學校及星洲幼稚園創辦之初、亦奔走贊成之、曾任育才學校正總理南安會館會長等職、又任南明學校副總理有年、捐資尤鉅、性和平、待人一主慈祥、有急難求之、無不立應、妻陳氏篤信佛法、恤孤獨、賑貧老、布施無虛日、數年前有老嫗、乞諸其門、陳氏與言、嫗陳佛教因果之說、殊有理致、陳氏悅之、即留養家中、俾執雜役、其性行類如此、一日君自吉隆坡返新埠、汽車自山坡顚墜、車碎、司機馬來人被壓立斃、君折脇骨數條、嘔血不已、急延西醫注射興奮藥、始能言、謂侍者曰、吾斷不死於中途、須設法送我回家方好、乃別僱最平穩汽車載之歸、延中西醫診之、皆束手無策、陳氏悲啼欲絕、忽前所留養之老嫗、率然曰、主人傷雖重、尚不要緊、我有靈藥、服之即可回生、遂連服其藥數丸、果霍然而愈、君病起、感老嫗之德、欲重報之、而老嫗忽失踪、不知何往、於是其事遍傳僑界、各報亦載之、以爲異聞、或曰老嫗係菩薩化身、因陳氏好佛、來拯君命也、或又曰、老嫗係劍俠一流、因受陳氏留養之惠、故以是報之也、二說未知孰是、而其爲善行所感則一也、

【黃有淵君】黃君有淵字卓如、粵東文昌縣人、父商南洋數十年、樂善好施、久而不倦、君幼即明敏好讀書、有大志、於詩文皆有所得、知者喜其不凡、邀之入仕、用薦爲度支部漕倉所主事、既而政績勤勞、蒙獎至二品銜、以道員分省補用、於時在位者皆泄沓相安、強隣偪處、禍至無日、君乃棄官歸故里、未幾革命軍興、粵東響應、行及文昌、君率民黨健兒鄉間子弟入縣署、逐知事、推舉韓灼春爲縣長、文民遂安、地方幸免糜爛、事畢、君即斂身而退、絕口不談厥功、君既脫身政界、乃專致力於海內外教育實業兩大端、其於鄉間則創辦邁犂兩等學校並助縣校及省中各校以鉅欵、此在國內之能盡義務者、其在海外、則出鉅金捐助保安局、歷任星洲育英學校總理華僑中學副總理瓊洲會館總理、無不慨捐重資、以盡厥職、至其自身所營之業務、有瓊源豐號有益號南洋酒店各商店、又於華僑銀行投以鉅資、爲股東之重要分子、此外尚有舖房數十間、椰橡千數百畝、皆莫大之利源也、余初至新加坡寓南洋酒店者多日、於是與

君相識、其後諸承黃君照拂、並常談及北京情形、相得甚歡也、

【林金殿君】　林君金殿字成嘉、閩之同安人、年十三、侍父至新加坡、稍長、徙安南、因無所事、仍返星洲、又曾歷遊巫屬各埠、終以星洲爲工商繁盛地、久居焉、初操划船業、既有積蓄、遂以次置駁艇、中舡、數十艘、小輪船又數艘、設辦事處曰吉祥號、年來更購屋宇地段板木絞等、所值不下數十萬、始以資本閒於時矣、君幼讀書鄉塾、尙不及二年、第以天資穎異、公餘勉學、至能觀書閱報、且能自撰信札、性沈毅寡言、樂助人之危急、與人交披肝瀝膽、相見以誠、而於貧寒之士、恆多方周恤之、蓋君起自寒微、故對之尤若別有情愫也、其於敎育及諸公益、亦極熱心贊助、新加坡㓜和園及道德學校、南洋工商補習學校、均捐多金、舉爲董事、又若愛同學校、南洋華僑中學校、廈門靑年會、廈門雅化學校、嶺南大學、同安啓智學校、亦皆捐鉅款、內而國內各處水災、外而日本震災、皆有捐助、其慷慨好義類如此、又南洋工商補習學校年前開募捐遊藝會、君擔任財政員、且捐鉅款、及第二次月捐徵求團、又任名譽隊長、並將月捐增至二十元、又因該校所欲建築之校地、極力覓購、迄難成就、慨然以房屋二所、捐助之、其房在丹戎巴葛、得力門牌三十六三十七號、面積九千餘方尺、建築費三萬餘元、與校舍正相接近、故君舉以贈之、該校自得此爲校舍、規模大爲擴充、將來之進步、殊未可限量、然非得君始終贊助之力、曷克臻此、故詳述之、用告世之關心華僑敎育者、

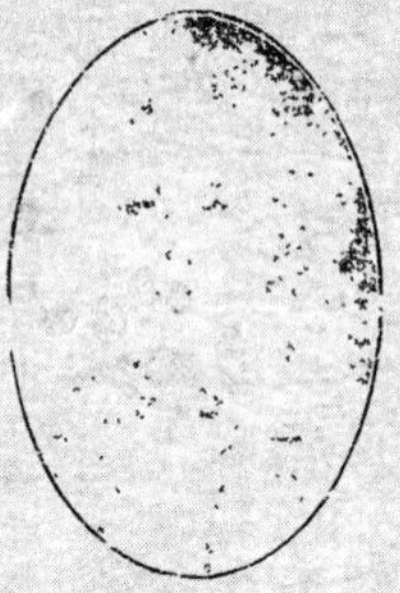

林金殿君

【薛武院君】　薛君武院字秀嵐、閩思明縣底兜鄉人、星洲之殷商也、年二十六、始南渡、至荷屬西里伯之萬鴉老埠經商、越六稔、與叔文林合資、共營萬益興於新加坡、今垂二十餘載、業大發達、獲利亦巨、因知銀行爲吾僑急務、乃與同志等、合創華商銀行事、既成、衆推君爲總理、數年來、該行得利甚厚、君之力爲不小矣、營種植、擁有大樹膠園於叻之牛籠律凡千餘衣吉、其他不動產業亦巨、現以大富有聞矣、君於國家社會、極爲熱心、曾任新加坡中華總商會副會長、華僑中學、道南學校財政、愛同學校副總理、南洋女學校董事、辛亥改革之捐、不下千金、雲南起義、亦捐巨資、至南洋華僑中學之倡辦、捐銀二千、福建賑濟、捐銀一千五百金、廈門英華書院捐銀五百、禾山高等專門學校捐銀三千、中國女學校捐銀五百、此外若愛同學校也、道南學校也、紅十字會以及各處水災善事之捐、亦皆多

數、誠可風哉、

【趙文烟君】趙君文烟閩南安潘山之鎮尾人年十五、乃從商、凡十四載、如新加坡初受聘爲泰豐號要職、又二年、與同志合股、開茂成公司於叻之大坡嗣諸股友、志圖別業、咸讓股於君、因改號曰嘉成專營灰業、八九年中、均獲巨利、爲人廣交遊、素貴名流、一見如雅識、至卑賤均禮、恩敬尤備、坡中公益、懃懃懇懇以爲之、星洲南安會館南明學校嘉東育才學校等、均捐多金、咸被推爲董事其尤可敬者、發起戒煙醫病社既輸巨貲、又費經營、社中冗雜、絲來線去、事多躬親、人皆服其不憚煩勞焉、

【陳庚辛君】陳君庚辛字子金號天清福建同安集美人年十七、南來緬甸屬之良黨埠任事於新德興商號凡八年、未忝厥職、卒以結婚辭職回國、後南渡至新加坡任米業經理於陳嘉庚公司凡三年、遷巴雙埠陳嘉庚公司黃梨廠股東兼經理於黃梨罐頭之製造法、精益求精、力事改進、五年於茲、民國十三年、又自開里記土產雜貨號於巴雙營業日進、性慈祥、樂義舉、二任閩南公所總理、數任華商公所董事、一任福建公塚總理嘗發起巴雙華僑接生醫院於社會教育公益、及辛亥革命、尤多輸將焉、

【楊古傑君】楊君古傑字篤豪福建金門湖美中堡人、爲人急公好義、秉心公亮、少就父攻書、以家貧、旋農作、十七歲南來、隨戚友至新加坡爲伐木業、凡二年、回國省親、未幾邀友楊水車合置捕魚船、從事魚業、俄移吉礁佐林梨爲商、逾年、復辭職回國省親、林不能留也、回又操伐木業於雙巴埠有得利、因爲菓子業、遂而爲新加坡出水客、嘗以貨物配寄星洲香港等處、在巴雙港口開有全振裕號經營雜貨、及火柴海味、又設裕祥磚窰業大振、民國商、蒙巴雙爲新興商埠、足以擴張商業因移居之、從事於建築業、並立板木廠、發行大宗建築料、又與友葉淡水陳能斯楊硈石陳尭階陳金生等、合辦振利火炭公司於巴雙港口、至是、始大富、君於國家社會之利益也、兢兢業業以圖之、嘗發起巴雙華僑樹膠公會又倡辦閩南公所至華商公所及中華女學校中華學校華僑夜學青年會閩公塚華僑接生醫院皆努力捐巨金以成立、國內慈善事業、尤力爲之、不能一一誌也、

【傅芙蓉君】傅君芙蓉福建南倒橋人、少失怙、事母孝、見客南洋歸者悉捆載、心怦怦然動、乃稟命而行、然抵星洲後、舉目無親、入工廠求爲學徒、人愛其精勤謹慎明達、爭相教導、時年甫十三、迨十九歲、藝成、發以便包築屋宇、以能選工擇材、良結構、美粧飾、故爲業主所歡迎、近星洲之丁加奴石馬丁宜及芙哩諸商埠、聞其名、招往承辦者、不計數、檳城名埠、英政府亦請其造橋築車務館、惠羅英

美兩大公司、皆聘君建築、毛廣一埠、填海成岸、至抽油所辦事樓勞工廠亦概歸一手承辦、前後工作垂二十年矣、益以所開之長興布店、樹膠郊、歲計皆盈、獲利幾百萬矣、君富而好禮、財能聚能散、年來捐巨欵於桑梓、設築巖學校、又捐巨欵於星洲之愛同育才南洋南華南明工商等學校、更能耐勞任怨、均肅其校事、大善既舉、小善亦爲時備藥品施贈、爲人寡言心慈、尤可欽式云、

【林秉祥君】　君負奇才有大志、富建設毅力、弱冠理豐源航業、爲二十九艘船務主任、壯歲遍觀國內名勝、周覽日本風景、返星洲遂創米油二較、時德商亦設一油較、號民冬資本機械勝君倍蓰、相與角逐者四年、後竟爲君有、迄今巫來由羣島椰油價格、操縱猶在君手上、越數載再建一米較、復爲鐵廠錸局大股東、更締造士敏灰廠、至若航業、初僅三艘、君乃嘆盡圖維、苦心孤詣、至今奄有大小輪船十餘艘、僑界稱慕、其得力儘在訓練船員、不得毫絲薄待乘客、貧病衰老、船單卸免、厦門油頭香港仰光所開之船頭行、亦均能體其美意以行事、英德戰事起、華工須返國、新加坡華民政務司直接與君商酌、將由其輪船以運返、君承命而措置咸宜、金融爲市

傅芙蓉君

塲命脈、銀行乃商界關鍵、廣益銀行辦理未妥、遞遭失敗、政府輕其股東委託君爲收盤人、君收稽部籍、催收賬項、結局攤回四數、溢過股東所望、然而君終以我華人之不克振作銀行爲可恥也、爰集同人、博採羣議、經營數月、而華商銀行成、君被聘爲總理、後復自開和豐銀行、分行徧設於檳城、馬六甲、吧轄、檳榔嶼、瓦港、香港、發達迅速、進步驚人、猗歟盛哉、家鄉閩漳龍溪濟茂廣置田宅、設醫局建織造廠電火局、振興男女學校十有餘所、凡欲入學概免費、閩省長知其賢、禮聘再三、大總統獎以三等嘉禾章、交通部聘爲顧問、公債局請爲參議、英政府授爲太平局紳、參議局員、洪漳山第一任董事、總商會舉爲董事、各保險公司、咸以主席董理相強、民國未成立前、捌設福建保安捐、首題巨款、以爲之倡、水疫旱災凡百慈善事業、靡一回蔑與焉、故北京紅十字會特奬紅十字徽章以旌其善、此其所謂僑界明星者也、

【梁允祺君】　梁君允祺、廣東順德北海鄉人、年十七、隨親友南來新加坡爲藥肆傭、又數年轉在著名映相館練習映相、未幾精其藝術、自創廣興祥商店、開張後、多盈溢、遂分支店於庇能、更墾闢樹乳園數百畝於柔佛、屬之德興港、同時購置產業甚多、號素封矣、

平素最熱心革命、與張永福爲友、介紹之入同盟會、辛亥前後革命數次、皆捐資出力、同德書報社爲當時革命機關、匡助之力尤多、在同盟會爲財政科主任、又爲黨務科主任、又嘗爲聯絡委員、孫中山知其功、賞三等有功獎狀、對於教育、尤多可記、合羣義學校君發起之、且捐巨資、衆亦推君爲名譽總理、其他各校、亦無不盡力捐助、爲人慷慨、樂講平民政治、人以是敬之、現雖年五十二、尚矍鑠有爲云、

【李本明君】 李君本明、字陵溪、廣東番禺石溪鄉人、年十六、稍能文、乃棄而爲商、適君翁在新加坡開張長盛遠盛瓷器店、君在省時、爲輪運各貨、當西歷一千九百〇一年、乃來叻佐理父業、未幾另自創李隆昌號、專僱名匠製造洋衣服、中西人士皆樂購之、獲利頗巨、素熱心國家、然志在革除滿清、嘗與周之貞及諸革命家爲友、會辛亥前二年回國、增開隆興洋行、與諸同志益接近、數謀起事而弗克、諸同志嘗集君家、因忙於國事、商業弗及顧、虧蝕十餘萬、至民國五年、乃收盤、君對於革命事業、開消最多、辛亥三月二十九日一役、奔走尤甚、二次三次革命、仍猛勇直前、無少懈、孫中山以其功、曾旌其義狀、以榮之、晚近篤志於社會、尤熱心於教育、各處學校、頗多捐助、而於同德書報社、亦多贊襄、爲人慷慨任俠、急友難、扶衆厄之事、力所能逮者、每能爲之也云、

林連貴君

【林連貴君】 林君連貴、福建詔安山外鄉人、於西歷一千八百九十一年、生於新加坡、幼聰慧、異常見、故父輩多奇之、先攻漢文、嗣攻英文於禮佛大學、五載寒窗、始得畢業、然君固有志於新學者、不期父竟衛化、家遂中落、因就星洲丁部局水火部記席、兩稔、倡辦密多利亞摩多架公司、爲總司事、又三年、被聘爲衣是利樹乳公司買辦、繼則一躍而爲棧主、兼買辦重職於佛力哇打好樹乳有限公司十餘年來、克勤克忠、該公司之所以能獲巨贏者、君之力也、爲人孝友、復急公好義、慷慨輕財、於祖國文學、雖未嘗習之、然甚尊重之、且具有莫大之志願、將欲振興而普及之、每思獨力擬一中華義學、以容納許多貧寒子弟、卒以所謀經濟未達目的中止焉、惟與同志等、共創中南學校、初捐五百金、以爲開辦之費、復捐五百金、以爲附設師範之用、往年與同志鑒於建築校舍之不可以容緩、乃發起建校籌款會、從事募捐、君則被推爲該會總幹事、除自捐千金外、復與同志等奔走出募十餘萬金、今該校校舍巍巍、千秋萬歲、君之功爲不少矣、此外如星洲鹽豆巷之回祿災也、君則擬（小小振濟會）演戲籌款以賑之、如平民學校之經濟未充也、君則認年捐數百金以

充之、如振東學校籌款會之演劇籌款也、亦捐巨資以予之、至捐醫院、助水災、及其他諸善舉、爲者尤多、不能盡記、

【丘國瓦君】丘君國瓦閩海澄新安社人、年十七南來、父本星洲良賈、開張益成米郊、依之學商、懋遷之術既精、父遂授其專權、業益發展、計二十年、獲盈無算、仰光久已置分號曰益成棧、以糶糴專權任其子思春君、後又置橡樹園二千餘畝於峇株巴轄及居鑾新山蔴坡星洲等處、屋業不動產亦不少、至各有限公司及銀行買股頗多、尤以華僑銀行、華商銀行、和益輪船公司、環球餅乾公司爲獨巨、君愛國如家、視人如己、故施貸周給之事、時優爲之、辛亥國體改革、與衆倡組同盟會、捐款不下萬金、此外二次三次革命、亦捐不少、保安之捐、奔馳鼓衆、心疲于役、而不以爲勞、亦得募十餘萬金、民國成立後、遂致力於教育、助坡華僑中學及道南愛同等學校、始終維持、凡捐萬餘金、各學校各團體推舉爲董事者數十處、祖國官紳贈徽章、頁頌詞、不計數矣、

【王邦傑君】王君邦傑廣東潮安人、十六歲、即南來新加坡、時無汽船、祇以帆船爲渡、亦苦險矣、初到爲工於某號、嗣在萬盛號司買賣職、以儉樸有蓄積、自啓生怡興號、營布疋雜貨九八等業、該號久垂、已及五十年矣、而亞洲保險公司且爲股東、厚記汕頭郊大股東、不動產業尤多、致富至萬鐘、望孚中外、其在社會出力資財、而又任職權者、如中華總商會協理、端蒙學校正總理、振武善社副總理、中華女學校正總理、同濟醫院正總理、善安郡公司副總理、振南日報總理、布商公局協理、助參事局局員、太平局紳、保良局局員、淇漳山瘟疫所調查員、英政府入息稅諮詢員等、其最顯著者、至祖國諸災、數十年來、不可勝紀、要之無一次不爲君所發起捐賑者、一埠以善士稱之、眞不誣也、

【徐統雄君】徐君統雄字洞雲、廣東大埔三河鄉人、年十六南來新加坡、佐父治商、於商事之餘、輒潛心書報、於是工文、迨弱冠、欵洋貨盈溢內地、充斥南洋、爲挽回利權計、遂與父共張國貨舖曰華興、僑民大爲歡迎、後同與諸同志合股設富華公司於星之水仙門街、仍以國貨專其途、對於國家政治社會改良、胥存諸懷抱、君於己酉入同盟會、辛亥光復、與有力焉、民五袁氏變更國體、帝制自爲、與同志組織國民黨、謀誅伐之、時君任評議部員、當民國三年國民黨改組中華革命黨、君亦與其事、並擔任要職、年來又殫力於社會、諸如改良同春醫院、組織茶陽京果商團體、倡辦志同書報社、星洲華僑新商會、同德書報社、南華女學校、南洋華僑中學等、在在捐資出力、其煩巨之事、莫有不出頭擔任者、其爲僑界所敬重、良有以也、

【王嘉祿君】 王君嘉祿福建南安二十八都象運金柄鄉人、迨十三歲轉入鼎新學校後又入肄業於道南學校父亡、乃接理其遺業、閩僑人士、以君少年樂善、共舉之爲賑濟會會長、於是衆謀假座歡樂園、舉行演劇遊藝、籌資助賑、更向諸商店爲災民呼庚呼癸、衆爲之感動、自亦捐巨款故能集事、南明學校爲正總理中南學校嘉東育才學校光洋學校均任爲名譽總理、南安會館通俗劇團俱爲正會長行餘勵志學社演劇籌款會、均任副會長南安會館尤爲君與侯西反君所倡辦、至各學校各善堂醫院捐款數千、靡不慨然、

王嘉祿君

【陳貴賤君】 陳君貴賤福建思明殿前鄉人、三歲喪母、七歲喪父、零丁孤苦、依其姊及舅氏以成立、年十四、南渡馬來半島之新加坡住新協興號習商、所入極微、未幾升爲經理、所入漸厚、然以其儉約、終能以十餘稔汗積、與其舅父鐘水泮合資開興柴店而鐘以其誠款耐勞苦、畀之以總司理職、自是年有盈息、既而鐘以事回國、君益專其權、鐘既返星始命君回國完婚、無何挈眷來時、鐘自知其老、將再興號本息抽起、遂傘業歸君焉、君居星有善士稱、尤有愛國名、星洲學校如崇正、如道南如南洋華僑中學愛同南洋南華等校、皆多助貲、與物無競、溫良克讓、豪士達人多歸之、

【陳延謙君】 陳君延謙字遜南閩同安溪埔店人、成童之年、南來仰光未幾、回國、再來求學、年十七、重蒞新加坡置身商界、迨二十五歲、始與友人共設裕源號時南洋樹膠之種植、方在萌芽、僑人少有注意於此者、君獨具卓識、每謂地球雖大、產膠之地、欲求如馬來半島之適宜者甚少、且以世界之大、用膠如是之廣、膠價終無致大敗、已而購地栽种、經營不已、不數年、果獲大利、又知我國商業之不振、緣由於銀行之不設、毫無收放之處、有以致之、於是商之星中富商林秉祥君等、遂共發起華商銀行嗣又與衆發起華僑銀行當該二銀行之組織、頗盡心力焉、君又羨西人股分合資之有限公司、其商業頗有大利、華人多不知爲此、於是以次提倡之、合資有限公司、凡六七家、君不過中人產耳、所謀皆遂、所倡皆成、人謂誠信公忠、有以致之也、君既有餘資、每思富貴不歸、如衣錦夜行、於是收縮商業、歸里、略置不動產、兼以考察各省商務之盛衰、至各處名勝、幾踏遍、風景盡領略、更爲本鄉設學校、及補助一切公益、鄉人皆以爲德、無何、再渡星洲重建樹膠生意、兼任華僑銀行總司理、性好讀書、商餘之暇、手不釋卷、年方四十餘、正當有爲、惟君一生所以最抱憾者之事業、爲航業是也、每謂行當有以謀

成之、懷抱之宏闊、有如此者、君之積善甚多、略舉之、如石叻道南學校愛同學校、均其所發起、且任董事、又捐巨貲、同安醫院鼓浪嶼華英書院南洋華僑中學日本水災浙江競志女學校、莫不捐貲數千元、其他辛亥前後、每次革命助資不下萬金、且在星洲書報社演說關於建國方針、及保安捐事、凡六閱月之久、君望隆星島、傳聲南洋、叻中各團體、推君爲總理董事者、多不可數、爲社會所欽敬云、

【陳母張太君】　壽母張氏、適陳、居閩南同安裔魏鄉、天性慈祥、持身恭儉、中年撫孤、克見令子喜亭君之成立、安處新宅、將課肅然迎養島居、不改此度、而喜亭君少本習儒、學識宏通、壯歲渡南、起家商業、對於宗邦閭里公益之事、靡不盡力、以是名聞遐邇、京政府頒給五等嘉禾章、黎大總統手書宣勤海外匾額、圭章文武世褒、博學鄰王楹聯、遙爲贈與、人以爲榮、君乃謙退益甚、恂謹靡樸、外貌藹然、是其得力於母教者深也、母有厚福、受君色養、歷數十年、自不知老、常航行往返南洋鄉國間、子孫追隨、視萬里途若履庭戶、近以朝市更革、鄉土多氛、遂安居於僑第、頻歲桂秋、六日恒設祝嘏盛筵、子孫拜舞乎堂前、賓朋進頌於屏幪、壽母顧而樂之、來賓林推遷嘗舉觶語、同座林秉祥君諸人曰、吾輩獨無九旬壽母、可以稱慶、此際不得不羨慕喜亭也、四座聞之、皆爲感動、甲子生朝、忽自盛服莊嚴、肅容端坐、趣召攝影技師來、獨映一像云、欲留此紀念、爲後嗣祝福、家人異之、迨越七日、稍有不豫、始知其神明內瀅、預告歸真、然猶彊延至第

陳貴賤君

四孫婦入門、婚禮舉行、受其叩見、道吉祥語、翌晨含笑而逝、享壽八十有八齡、世嘗稱作米壽、視爲人瑞者也、子一、喜亭、又名雨、孫七、曾孫五、元孫二、全眷環侍、世福克臻、雲南唐省長贈匾曰福壽全歸、福建薩省長贈匾曰鐘郝遺風、駐洋總領事諸領事、及國內外朝野名流諸公、贈輓匾聯詩文、繽紛稠疊、出殯之日、送者凡幾千人、車徒塞路、孝子喜亭年屆六十、鬚髮皤皤、涕交於頤、匍匐而行、備極哀痛、衆咸戚戚然動容、既葬、躬自負土、朝霧午炎、繼以風雨、歷時十旬、始畢乃事云、

【陳輝相君】　陳君輝相、字炳輝、福建永春岵山鄉人、十七歲作客新加坡、二十歲移住吉蘭丹之古毛、初亦侘傺、後漸騰達、啟有萬裕號、貿易錫米雜貨、旋又招工開掘錫礦、築廠造鑪鎔錫、三十年間、獲利數百萬、四年分支號於星洲、曰萬福興、仍交易大宗錫及樹膠、獲利尤巨、查其現有產業、凡數百萬金、大抵以星洲屋宇橡樹園居多、家鄉亦置有田園建築物、及一切產業、性好善、新加坡華僑中

學校捐金千元、泉州培元學校永春育賢學校星洲道南學校實業學校工商補習學校愛同學校古毛競明學校各有巨捐各處災祲公益亦多輸將、永春會館歷任財政員曾被舉正總理保赤宮爲財政員古毛競明公立學校爲君所發起曾一度爲正總理亦嘗爲財政員春秋六十餘精神尙矍鑠云

【湯祥藩君】　湯君宗瀚字祥藩福建永春城內人、冠前二年、南渡新加坡始爲小商、繼操航海業、凡七八年、直至三十二歲、始與人合資、開泉成號、幷買置膠樹園二百餘畝、以耆本家聞矣、爲人胸懷坦白、休休有容、藹藹宜人、聞過則喜、星洲鼎新學校永春會館南洋女學校南洋工商補習學校南洋華僑中學等、皆嘗捐資、幷任董事至於衣食分人、災患拯恤、計事量力、有求皆應焉、

【孫銘仲君】　孫士鼎號銘仲一字孝箴浙江錢塘縣人父宦於粵君因長於粵光緒中葉署順德縣知事治績卓異陞任知州駐英汪欽使大燮君之中表也、丙午夏、調君任新加坡總領事先是光緒戊子、粵中大疫、星洲政府因設防疫所於淇漳山凡華僑由粵海閩海來者、至海口、英醫生登船驗疫、令我僑裸體驗身、有閩女畏羞憤而投海行之十餘年、無抗之者、君至星下車

湯祥藩君

後、有人上書論裸體驗疫、與美之驗勾蟲因木屋、同爲國體之辱、洋洋數千言、請君抗議、君得書、與歐君海天商交涉、時歐君主總匯新報筆政、慫恿曰、君舍一官、我舍一主筆、事必濟、君因毅然向叻督交涉、昔之領事諳外交如某公、亦僅與華民政務司周旋耳、公文至叻督署、白君始、叻督接君抗議公文、知褫褌大不文明、非所以待友邦、即下令除此例、今輪至星海、僅脫衫驗身、不至如前之赤條條若牛馬然、君之爭存國體之力也、投海閩女之父、聞此例除、親至領署謁君、感極涕零、叩首如搗蒜、英荷兩屬華僑交頌之聲大作、君聞而憮然曰、人必自侮、然後人侮之、教育不普及、嗜好不戒除、言語不統一、皆取侮之道、因勸僑衆設校、是時岑西林督粵適派劉任驥爲南洋勸學員、君與劉君舉衛文中興首在敬敎勸學、由是嘉屬之應新潮屬之端蒙廣惠肇之養正大浦之啟發福建之道南次第與焉、各埠僑衆感君能爲僑民保障、擬辦孝箴學校以爲紀念、君聞再三辭、著中設戒煙所以三十人爲一班、限期戒絕、試辦數月、效大著、因勸僑商設振武戒煙社以惠黑籍、嗣是各埠聞風興起、今煙毒雖不絕、而吉隆陸秋泰君尙繼此志而請願、又君發起之

力也、君慽閩學方言多稱同一國人、而言語不通、體胡能團、因在署設國語講習所、以副領事陸星源君爲教員、以北京白話爲課本、每晚由七點教至九點半、陸君循循善誘、以英文拼音法教人諧聲、音不正者必矯正之、反覆數四、而不憚煩、今國語通行於海峽、又君倡導之力也、是時荷屬尚未設領事、旅荷屬之僑民被虐、皐請救援、君亦力任之、有湖南譚某、廣西秦某俱庠生、及某秀才、爲人騙賣至文島爲猪仔、君皆力任交涉、救出火坑、資遣回籍、譚與惠州守陳兆棠有戚誼、由叻至惠訪陳、適騙賣猪仔頭某甲、投在陳部爲營長、一日見譚疑見鬼、譚遇仇、扭送於陳、戮之以徇、人以爲奇報云、君任滿解職、僑民歡迎、南洋口碑皆歌頌之、惜天不憖遺、民國未成立前、遽卒於學邇之又久、其公子始扶柩歸葬於錢塘、君弟士頤任爪哇金山總領事、蜚聲於西半球、伯符仲謀兄弟英傑、君昆仲誠足繼前徽矣、君善書篆隸、筆力遒勁、行書又得南宮東坡之逸氣、大字圓結甚魄力、華僑中有得君之筆跡者、皆視爲墨寶云、

【歐雲樵君】 君姓歐氏、諱榘甲、號雲樵、別字海天、又名雲高、先由閩遷粵之歸善某鄉、即今惠陽也、君生有異稟、祖萃山公視爲偉器、其與孫如王福時學見也、同鄉鄧御史鐵香承修歸田里、聞萃山公有長者望、常至訪俊才、萃山以長孫榘甲對、命摳衣晉謁、賞識不置、使執弟子禮、以四百制錢爲贄、鄧公見君姿穎異常、介紹師康南海於粵之萬木草堂、先生得名陶鑄、又與曹偉著陳壽麥孺博梁任公爲友、故年未冠、下筆輒萬餘言、丁酉科試、惲杼學按臨惠、拔擢第一、補博士弟子員、秋試策、房考得君卷、詫爲異才、觸忌諱、抑不錄、人皆以爲賢下第也、我國經甲午之創、南海倡言變法、湖南巡撫陳右銘寶箴、臬司黃公度遵憲遂創時務學堂於長沙、聘任公與君及唐拂塵才常爲主講、由是與瀏陽譚壯飛嗣同訂交、日與高才生發明救國大義、批削文義、動輒千數百言、長沙知府某偵知之、暗搜筆削講義以告密、德宗留中不發、以原卷交回南海、戊戌以陳中丞疏薦北上、考經濟特科、中途聞六君子被難、即變姓名亡命日本、與任公創清議報、又在澳門主知新報筆政、庚子惠州發難、歸善縣知事劉能獲首領何某、供君主謀、遂詳革衣衿、懸賞購緝、時唐拂塵亦舉義漢口事洩、一時高才生多羅其難、辛丑冬由日本橫渡太平洋至三藩散斯科（俗名金山）創文興報大同報、著新廣東一書、板既出、人爭購之、革命言論、革命思想、譬尋山脈、君則爲昆崙、譬窮河源、君又爲星宿海也、君留美時日以新智識灌輸僑衆、奔走呼號、與人言國勢、輒咨嗟痛哭、聞者哀感、美僑黨派分岐、多宗洪門、君說其黨魁、喩以合羣之利、散沙之害、由是所謂中華會館所謂致公堂始立焉、美洲百餘埠與火奴魯魯（即檀香山）墨西哥坎拿大及澳洲雪梨埠僑商、皆感其至誠、以入維新會爲榮、奉南海爲魁、又見美

借禁工苛例虐我華僑上書梁振東公使、爭改條約、見留美學生僅習西文、喻以必讀中文爲主、時無師、羣奉君爲師、時無書、羣以君日著之報爲書也、丙午南洋總匯報聘君主筆政、其一鳴驚人者、論英醫生除褲驗身、爲辱我國體、論賣身爲傭者、以人爲貨、實大背人道、又控懲洪漳山印差姦辱華婦、勸駐星總領事孫士鼎與叻督交涉、卒除驗身除褲之苛例、君聞湘桂文士被誘賣往荷屬、商諸孫領事救回三四人、於是著華工出口問題、殷商胡子春大韙其說、即與君商闢瓊崖實業、君見土生多習西文、不知內向、又著土生宜知愛國論、星洲於是始聽先生言、創辦應新端蒙兩校、英屬由是聞風興起、在星八月、先生之名日噪、領事孫士鼎視學劉任驥遂會銜詳請學督岑西林君爲奏復衣衿、君於是始得還鄉里、君嘗謂欲祖國富強、必自興實業始、因創振興華公司、股本三百萬元、廣美公司股本三十萬元、戊申秋、偕與鄒鳴岐葵派先生與劉任驥往美招股開辦廣西貴縣天平山銀礦、及欽廉至南寧鐵路輪船銀行開墾諸實業、美

陳勅義君

僑入股踴躍、不數月、數百萬股本集成、己酉春回國、嗣黨人爭握財權、劉任驥不讓、被刺、君之道益孤、振華至壬子停頓、折閱十之四、廣美亦無大效、辛亥革命功成、滇督蔡松坡聘君爲顧問、君仍欲振興實業、不願仕宦、癸丑春回里省墓、道出某村、惡少以石擊傷、誤仲君背、馬蹶墜、以爲無傷、百日傷發不治、時年四十有二、君博極羣書、文宗龔自珍、春秋宗公羊、字工石門、學有根柢、接其容貌、恂恂似不能言、及見大義、辨利害、侃侃陳詞、若燭照計數、其行文如長江大河、一瀉千里、憂患百經、著書萬卷、惜天不永年、未竟其用、惜哉、

【佛陀轉道師】轉道上人、父黃汲水、原籍福建晉江縣、稼穡者、以篤行稱於里閭、師自幼性眞穎異、惘幅無華、讀書絕慧、然恬澹養志、仕版厭登、有疑其所志者、輒曰齊家治國非素志、走賈行商不關心、農乎工乎吾其未學、請請吾其睞衣阿彌陀佛耳、顧其時、父母雙存、未獲自由信教、年十九、始毅然在漳州南山寺落髮爲僧、已而緇衲杖錫、遍遊擔簦、周遊全國名山靈域、一心屏氣、訪謁宿僧高衲、以成其道、然到處山林添色、僧俗歡迎、師因謙克、每謂己之所學、屬於辟支聲聞小乘者、自度而已、若普濟衆生之大菩薩、衆實未升堂入室、聞者以其謙巽、益敬重之、民國八年、上海有倡佛教會者、師爲奔走鼓吹、閩南之有分會、亦師所提倡、時師爲佛教總會會員、及閩南佛教會議員、名益噪、游益遠、聞南洋佛教方興、同志日衆、乃隻身南來、既到新加坡、見青山綠水、饒有景光、棲止之、未幾自建普陀寺

於丹戎巴葛地方、自是得所、方便大開、舉凡施捨事力所能致者、靡不爲之、滇南雞足山原爲迦葉尊者之道場、以僻處窮野、故不爲施主檀那所重視、年久寺宇風雨摧殘、蠹魚耗損、日殆不忍睹矣、既而該寺特派山虛雲僧前來勸化、師導之向各處庵廟及諸商業家捐題、卒得巨資以去、今該山寺凌聳巔際、藏經滿樓、師之力也、寧波孤兒院專收納孑立之孤兒女爲教養、然人多費困、該院傅君愍焉憂之、躬走南洋代孤兒請命於華僑、但人地均疏、無人介紹、師爲之介紹、與諸僑商籌謀、果也傅君得藉是如願以償矣、至于慮佛教之凌夷、欲佛教之彰明、到處倡建蘭若、以棲僧侶、止納淄流、尤自謂僧分所當爲者、功不澤世也、師又云、布施爲六度之一、菩薩行願、常戒不受福德焉、亦洞澈佛心佛道若之言、現春秋五十三、髮黑而顏朱、大有爲時也、行見對於衆生社會、靡善不張矣、

【陳礽義君】　陳君礽義字尊宜、福建永春岵山人、幼英雋卓越、寒窗攻苦、凡九載、善文牘、成童至廈門爲父帮理新永興旅店多所擘畫、該業因之以不振、逾九年、即伸張其商業於國外、相繼開張永興號於新加坡及昔加密馬六甲等處、營業皆以樹膠椰肉白米諸土產爲大宗、專營祖國匯兌、及經營樹膠園數百衣吉於昔加密嗎咯巴士等地方、起家於商業、君亦其一人、品性沈默謙和、推誠待人、嘗捐巨資于星洲各社團學校、及廈門幼稚園、青年會、泉州培德女學校、歷任新加坡樹膠公會董事、永春會館議員、保赤宮董事云、

【林降江君】　林君水字降江、世居福建永春大卿鄉、少貧寒、性亢爽、交友以質直、名人多樂與爲友、中年南渡、以傳達洋客銀信爲業、星廈一航飄蓬、泛梗黃金、兩袖善囊橐矣、自是營商肆、置膠園、若新加坡之同成興客棧、若埔萊港之成立山及其他種種之拓業、莫不勃勃以興、蒸蒸而上、爾時、君之際會日隆、聲名益噪、復與同鄉至友李道君等合組南春樹膠公司、以其哲嗣立宗君任副經理、靡如弗適、營業愈豐、而君則以澹泊半生、霜飄兩鬢、夕紅彌寶、桑榆境自珍矣、君雖幼年失學、而臨事識大體、洞機要、尤長於詞令、凡有爭者、過君數言立決、排難解紛、常人所難、君獨易爲、在星與已故實業家林推遷君交最稔、推遷君因以魯仲連著聞於時者、惠莊莫逆、相得益彰、有必然歟、社會公益尤熱心、設於星洲永春會館內之鼎新學校、即爲君於七年前一手所創辦者、該校之名譽總理、如鄭奕良李俊承諸君等、又皆爲君之同鄉稔友、頻年經費維持、不簣社會、君家喬梓、致力獨多也、星洲社會年來爲教育慈善事業、出而演戲籌款者、肩摩踵接、風起雲興、君靡役不任、名譽總理、靡任不傾囊以輸、實之所至、名亦隨之、星洲華商總會、華僑中學校等、競以名譽職員相推、繩而樂得君之資助焉、

【林英佐君】 林君英佐字育嚴廣東文昌縣白延墟嶺上梅村人、家清寒而書香世代、幼受父訓、以忠信篤敬自持、年既長、生計困難、乃南遊於南洋各埠、宗族戚友、盛知君剛健篤實、常以巨大之欵相托、君惴惴小心、保持信用、漸有蓄積、即在星洲招股、開設綸彰合記二商號、代各埠士產匯兌、嗣又在香港開設恒泰興號、所業皆成就、家既富饒、即遊上海天津北京等處、藉以考察商情、擴廣貿易、未幾南旋、又在麻山種植樹膠、値膠價昂貴、富而益富矣、性孝友、且愛國、當民國光復時、人心渙散、即與前國會議員林格蘭王斧軍等、創辦興漢社、補助地方之治安、衆舉君爲財政、進支既巨且繁、無差圭撮、至於文昌縣立中學校亦捐巨金、兼任董事、祖國南洋足跡所至、遇善即舉、年來捐於學校、捐於創造橋梁道路、及一切災賑慈善事業、頗難數計、其慷慨解囊之匡助社會國家有如此者、長次二子、皆留學東西洋、生二孫、皆在國內就學、一門濟濟、簪纓勿替矣、

【王金鍊君】 王君金鍊福建同安西湖塘鄉人、幼家貧、無力攻讀、顧君廣交士類、情好驩洽、益友多聞、遂明義理、而抱負亦高、不甘久守鄉井、因來法屬之摩爾士埠、時年僅十六耳、始君之南渡也、數日而逾星洲、既抵高浪嶼、居留政府醫生、忽下令不許登岸、羈留三十餘日、盤費已罄、不得已仍折回星爲苦力工、莫可言狀、如是者四年、汗積百餘金、乃同國省親、未幾復來星與乃弟合資開設協興隆業蔴袋、凡二三十年、溢巨萬、逮民國十二年、增創協振興、仍業蔴袋、君於商業外、又購地種樹膠、頗爲得利、品性率易、人已無所畛域、樂爲人排難解紛、遇有相爭相持者、得君一言、莫不立解、且愛人利物之心、凡求助於君者、莫不立應、如南洋華僑中學星洲嬰兒保育會同安醫院廈門教育會、俱各捐金一千、此外如道南學校愛同學校南洋女學校光洋學校以及紅十字會各處災賑、諸善事等、或千或百、無不前呼後應、歷任福建會館及南洋華僑中學道南愛同南洋女學等校董事、同德書報社職員、同濟醫院總理、辛亥前、曾入同盟會於星洲、與張永福陳楚南等同時發起、對於團體之改革、奔走不遺餘力、捐資達數千金、誠南洋之高士也、

洪高興君

【洪高興君】 洪君高興福建思明縣草仔安鄉人、父爲廈門名商、年十二、從母兄南來新加坡、在新攻讀英文、升入大學、畢業後、乃出任緞葛兄弟公司記席、凡兩載、乃轉任BI輪船副船主、航行於仰光檳城香港日本等處、又一年、被聘爲星洲華商銀行掌櫃職、

繼則南洋樹乳公司也、振成豐樹乳較也、裕慶樹膠較也、均歷任總司理、因營樹膠業獲大利、自開復成公司未幾、忽失利停辦、乃就EA吉吉有限公司買辦職、爲該公司立善規、啟利源、人多稱之、性輕財重義、尤熱心慈善事業、嘗謂人曰、金錢爲世界之流質物也、君現爲振東學校正會長、該校一度演戲籌款、君首捐巨資焉、公立南洋女學校亦捐巨資、爲副總理、此外如醒民公立學校南洋補習學校樹膠公會華聖閣華陽閣等、或爲正副總理、或爲重要董事、君不辭其勞瘁、其於各學校各社團各災賑、尤多捐資、誠南洋慈善界傑也、

【張清穌女士】　張女士湖北黃岡團風鎮人、字麥秋、女士穎悟夙成、畢業於江甯粹敏女子師範、工詩能文、書法尤佳、爲基督教徒、素抱悲天憫人之志、尤富於國家社會思想、民國十年、南來星洲、初代理南洋女學校校長、未幾、爲六甲培德女學校聘爲校長、現在該校之進步、女士之力也、當辛亥以前、嘗變名投稿於滬漢日報、鼓吹革命、不遺餘力、素爲民黨所重、女士於鄉梓中之教育、多有成績可視、在星洲與徐東藩君創辦中華國內佈道會星洲協進部等機關云、

【李天來君】　李君天來、福建晉江南店鄉人、年十三、南來新加坡肄習商學於乃父之泉益商號、孜孜攝學、旋擢爲掌櫃焉、時年僅廿五耳、十餘年來、善於積蓄信息、操贏制餘、得以置產巨萬、而設商棧於砂朥越矣、爲人愛國、尚熱心教育事業、嘗與同志王世貞郭福來莊鼎貞君丕南等、發起籌辦南洋工商補習學校於新加坡、以爲教育一般年長失學之工商僑人、前後輸助捐款不下二千金、尤好義、知晉江邑衆之宜有友助扶持、朋心合力之團體也、因與同志蕭志來等十餘人、發起而籌辦晉江會館、慨捐千有餘金、以爲基本、會館以立、至道南愛同培德南洋女學校等、尤慷助多資、他如晉江培德學校之題捐、惠給留學者之資斧、以及賜貧賑乏、敬寡恤孤之舉、均樂爲之、於是名望益著、允當衆心、衆因推之爲晉江會館財政員、南洋工商補習學校及諸校董事、洵足敬也、

【詹經君】　詹君經字運經、廣東文昌昌印人、少就宿儒學、迨九年、至新加坡日爲工作、夜習英文、凡四載、即周歷於新金山菲律賓中國及南洋群島、爲航海業、卒以倦於遊、乃入彭亨之關丹經商、開張悅興商號、二十餘年來、孜孜於貿易各國商品、代理美孚火油、並及膠樹之種植、今則華埠隆隆、業產豐贍矣、以天性慈祥、好義輕財、於社會事業、極爲盡心盡力、政府倚重之、歷推爲監獄院議員、案審局議員、社會愛戴之、歷舉爲中華商會會長、商辦學校總理、瓊州會館總理、廣福廟董事、至倡辦同德學校、以普及教育、至其歷爲賑事、任艱巨、並捐其金二千餘、厥功尤偉也、及捐資於國民捐、中央籌餉局、各省災賑、其款尤巨、均不能一一道、孫前總理因贈徽章、以旌

其義焉、

【黃雲沛君】黃君雲沛字照然福建同安錦鯉人、七齡、隨庶母南來新加坡就學於教會學校及道南學校後父命之幫理合發商業、越四載、乃邀同岳父汪振望及汪順發汪水簾等合創仁成油廠自經理其事、未幾割讓股友、而與岳父及黃文成楊正忠等合謀事業、集資再開裕美椰干茨粉號自創辦至今、凡九載矣、爲人富有幹才、素抱大同主義、於社會尤多提倡、曾被推爲南廬學友會副總理、民國九年、華北水災、中學經濟困乏、及十一年潮汕之災事、均與該會張建壇等同志、發起演劇籌款、以賑災民而維教育、誠善舉也、

【林作雨君】林君作雨字淑恭福建同安溪邊保人、幼慧異、好讀書、年十六、能文、初任簿書職於廈門慶祥香港郊三年、歸同安任振隆號事、顧才氣駿逸如君、終以家鄉跼天蹐地、未易掌高蹠遠爲憂、爰與堂兄治平南來新加坡任書記於建隆興號市四年、回國完婚、旋復重來、此來初任金裕美記席、嗣金德和聘之爲總經理、在事勤愼、日雖百機造次便了、東家倚之如干城、然終以依人作嫁、無由發展、未幾、乃邀全治平開張協隆源號方一載、治平忽謝世、時嗣姪某、志有他圖、以全業歸君、二十年來、辛勤役役、靡懈經營、業遂丕振、爲人有謀有猷、尤方正敢言、星洲社會、或有糾葛、經君短長、立付冰釋、暇隙則觀書閱報、搦管摛章、一觸時事、遂藉報發揮、尤篤志教育、爲義散財、星洲愛同學校之成立也、初發起之、繼維持之、前後捐資、不下數千金、至中華女學校幼稚園道南學校南洋華僑中學同安教育會同安救濟捐、以及各處善團等、受君惠者、尤更僕難數、歷任中華商會會董、爪亞公司總理、愛同學校中華女學幼稚園華僑中學及各校董事云、

王聲世君

【王聲世君】王君聲世又名安章閩桃源之厚德鄉人、年二十三歲、南渡、在吉隆坡經營鑛業、凡數年、得大利、捆載歸、性愛國、願稱、知鴉片足以亡國滅種也、心深痛之、因與同志十數輩、組織一去毒社於其鄉、君則棲棲皇皇爲戒煙之運動、衆共舉之爲幹事長、成績篤著、久之、又恐鄉中遭兵匪不能安寧也、復創保安會於永春、又被舉爲會長、後該會改爲縣議會、又被舉爲議員、又商會之副會長、然是時之當局、爭權奪利、竟置人民於不顧、地方大亂、不得已、匆匆携眷南避、顧君雖遠離宗邦、而履南土、然其一片愛國之心、仍時存

焉、何以見之、見之於匯資回國、獨辦厚德學校、見之於鄉籍瓶平糶局、與衆募三千餘金、匯回國、今君在星洲開有安記棧布疋號兼營國貨、不雜外物、意在挽回利權也、其他商業、亦有多處、有合資公司者、有一己營業者、要皆騰騰發達、君昔爲同盟會會員、永春會館及鼎新學校亦嘗爲董事云、

【蘇媽英君】　蘇君媽英福建惠安蘇坑人、七歲父故、爲農作以奉母、未幾、母又令終、乃決意遠遊、即走新加坡爲建築業、包辦工程之居留政府、前後凡二十餘年、以富有建築學、名於新加坡砂勝越及芙蓉一帶、人咸稱爲良工程師、其尤可誌者、西一九零七年、成新加坡大鐵橋、一千九百二十二年、成新加坡海濱之戰事紀念碑、開幕英儲至、親與握手、以道謝之、至砂勝越戰事紀念碑、以及各官署洋樓、猶不止數十百處、皆出其目營心匠、窮極工作、每一至落成、則均輪奐一新焉、資性慷慨而好善、曾任新加坡南洋華僑中學及愛同學校董事、惠安公會會長云、

【李清墭君】　李君清墭字春波、福建同安城外西嶼保鄉人、年十八、南來新加坡、佐父治錦利商業、父以君才堪大任、擢爲司理職權、二十年來、該號已獲贏數十萬矣、民國九年、又與同志合股開張成利米郊及錦成九八七產號、性愛國、尤熱心社會、於家鄉災難、輒輸巨資、同安之救濟、捐助資三百、同安南洋公立學校、數年來、積捐至千金、至星洲愛同學校興亞學校道南學校以及各商團災賑等、亦多捐資焉、年四旬餘、爲商會會員云、

【葉玉桑君】　葉君玉桑字寄亭、福建同安南門外溪邊鄉人、於弱冠之年、南至新加坡、初任合春號簿書職、越年、陞總司理、凡七載、爲陳嘉庚所聞名、延置之日新號司理席、又八載、終以仿人門戶爲不自由、遂出自開大山大川二黃梨場、迨西歷一千九百十四年、復與陳嘉庚君合資、將其宿創之日新日春恒新新利川等號、併歸日新爲合股公司、乃一千九百十九年、陳君忽抽股脫離關係、君於是再邀同陳水蚌張兩端楊六使三君入股、就日新公司備資本、開振成豐樹膠號、購置三較機造膠、運送美國等處發賣、雲集萬商、尋趁雄厚、南洋巨商名賈、咸企羨之焉、君既富矣、益撝謙恬退、內而六親股友、外而社會團體、待接赤誠、禮遇豐渥、惟辛亥國體之改革、則認爲天經地義、與同志盟後、對於除滿倒袁民國回粵諸役、力爲運動贊助、第三次革命、躬爲勸捐員、除自捐數千金外、復募僑衆六七萬金、匯粵南民軍司令部、爲糈餉、時星洲同志、以敬是園爲革命機關、君適爲總理、君於民國七年、與三數同志、倡辦南洋中學校於星

洲至星洲書報社、同德書報社、君亦爲發起之最早者、星洲各校、如道南南洋愛同中華工商等類、皆以千百爲輸助者、各學校各團體捐之資、董其事者、至難紀載、君實旣至、名亦歸焉、我政府曾錫之以六等嘉禾章、海內外顯達名人、以詞章翰墨爲題贈者、其類尤蕃云、

【陳海松君】　陳君梅松字大森、福建金門島籍、爲人善持威儀、進退閑雅、鄉曲多譽之、西曆一千八百九十三年生於新加坡、少警拔有識、中英文並皆精通、畢業於密多利亞英校後、即瓶開新茂林板廠、旋又闢豐壤五百餘畝、從事樹膠之墾藝、十餘年來、已富埒陶白程羅矣、性廉潔、不喜飾、非釣名遂道于譽、顧豪爽慷慨、好爲慈善敎育事業、歷董枋木公會、廿絨坮學校、亦夥任總理、並題捐一千五百金、以爲經費、禾山學校亦慨助五百金、以爲共金、他如南洋女學校南華女學校及星洲各校各善團、亦多輸資、年三旬餘、所爲事業已如此、前程遠大、實不可限量矣、

【謝啟遂君】　謝君啟遂字德儀、廣東潮州普寧人、幼失怙、讀書五載便輟、初業父業、嗣習染學、七年、藝精至冠、後始南渡至新加坡、爲兄亞萬經理萬成隆號、友于甚篤、及兄染奇病將歸國、乃以全業讓君、已而再招其岳陳合興共作染房、又與林亞猴合開萬德成仍爲染業、振刷市六年、諸營業皆蓬勃、天性惇厚而勤謹、凡有益於國家社會多所贊成、於敎育慈善事業尤能竭力輸將、如端蒙母校分校、及育英學校潮汕水災、以及諸善團、均受惠巨金云、

張崇崧君

【張崇崧君】　張君崇崧字子嶽、閩南靖人、爲已故殷商善慶君長子、十四歲來新加坡佐父治商、弱冠後、一年涉東印度之泗水埠與其戚炎開煜開等、共創設遠記商號於泗、該號貿賣糖米爲大宗、每年出入、嘗千萬金、民八之年、復在新開元記號交易、大宗樹膠、航業尤多擴充、置輪船多艘、行駛各島、爲人好義如其父、星洲之南洋中學校之初籌辦也、捐金數百、衆舉爲該校董事、星之南洋女學校亦多所捐金、衆舉爲董事、一度爲副總理、中華女學校曾任財政、中華商務總會亦捐多金、亦任會董、又潮汕水災、亦捐千金、其他坡內外學校、及諸團體捐資頗多、然君沉默、善嘗自隱、亞洲保險公司之成立、乃君邀同志所發起、該公司、君現爲董團中主席、歲計所入、頗爲不貲、爲華僑挽回利權、亦足多也、

【林雨之君】　林君雨之名鴻澤、前清孝廉、廣東之台山縣大嶺鄉人、爲星洲殷商德燦公之孫、手創廣益銀行、維芳公之令子、德

燦公於光緒初年航海旅南洋、爲商、積貲至鉅萬、迨光緒中葉、維芳公以省親來新、比至、而新地各富商、羣以其器識過人、爭相羅致之、是爲維芳公發軔之始、繼玆以往、所有家業、皆由經營當店贏來、而新中之廣益銀行、維芳公亦由是得以手植其基、要德燦公、維芳公、胥爲南洋善士、僑胞幾於有口皆碑焉、而君尤能繼乃祖乃父之志業、光大其門閭、稍長、博古今書、通新舊學、以故棘闈一試、即發賢書、尋復以補用知縣肄業於法政學堂、以力求智識之增進、而爲他日圖報之地步、詎意宣統間、維芳公捐舘、臨終遺囑、務恪守先業、於是任進之念遂灰矣、君當登榜後、當代諸大傑、均稔識君才、曾迭爲薦拔、如吉林巡撫陳昭常則嘗奏調赴吉、出使美國大臣伍廷芳則嘗奏調赴美、而君以是時正在少年求學時代、均婉詞却之、且亦有見朝政之不綱、而清社之岌岌、故不肯貿然投身於宦海也、國變後、曾遊京一次、北廷以其平日熱心國事、特給以四等嘉禾章、及四等獎章、而農商部聘之爲顧問、然非君本意也、平日交遊最廣、與國內外政學界要人、交驩尤多、公益慈善、利物濟人等事、特具熱忱、務力捐貲、歷任新加坡華人總商會董事、廣惠肇方便留醫院總理、養正學校甯陽學校總理、兼財政等職、君經營質典業、權子母外、更增設芳源公司、專辦樹膠製造品、及代理香港百色行漆油等貨云、

【李劍秋君】 李君劍秋、廣東潮安上市宏安人、少修業六載、年十五、隨其父商於新加坡、父命佐理存振成樹膠號、既見君於懋遷之術、心焉手追、從善如流、知能高掌遠蹠、乃畀以大權、已而君怵惕惟厲、以圖發展、故三十年來、事業之恢張、豈偶然哉、君爲人好善、敎育尤力爲提倡、特之崇經學校、君實剏之、十餘年於玆矣、捐貲頗巨、至廣東第二師範學校及星之南洋工商補習學校、幼稚園、嬰兒保育會、南洋華僑中學校、以及各處災賑、毎能一捐數十百金、不稍吝惜、爲星之社會上所稱頌、

【王文選君】 王君文選、字昭明、福建同安珩山鄉人、讀書八載、能文、年十六、適父歿、所遺合成米店業、乏人料理、既數年、値鄉中疫氣流行、君乃離家南避、始到星洲、道南學校聘之爲司事、未幾、轉任謙益米郊樹膠廠等司理、以儉約積貲、與薛中華蘇媽英吳淸詰林箕當等、合資開大東樹膠較公司、初贏後虧、五年停業、繼與甘淸泗開設實力樹膠較公司、年餘、甘忽謝世、又停業、復與陳廷獻合股作志成、仍業膠較、未幾、讓業與陳、自開瑞芳號、許多年、坎坷淹滯、起躓無常、至是始伸其志、飛蓬千里矣、爲人秉心公亮、嘗爲商衆謀利益、知南洋出產惟樹膠最大宗、星洲尤爲商賈輻輳之區、樹膠交易、萬不可無統系機關、爰與陳延謙、陳淸銳等、共發起樹膠公會、此會成立以來、有益膠業家不少、君一身數役、商隙則致力於國事社會、星洲之同盟會、同德書報社、及道南工商愛同等學校、均捐資興事、

若夫排難解紛、恤貧濟困、尤能視力所能及者、爲之、亦星中一名譽人也、

【陳鴻鷹君】 陳君鴻鷹字賓燕、福建永春東關鄉人、十八歲往德化縣、傭於某商號、任簿書職、然鸞鳳枳棘、終非所願、棲遲數月、辭去之、而同兄興南渡日里、始在某煙園服役、俄遊民里、俄納武漢、俄又遊棉蘭、吉隆坡、檳榔嶼、到處歷任商號、非書記即買賣手、餬口而已、非良遇也、最後星洲瑞豐盛船局東林推選君、稔知君才、聘爲司理、凡三年、而君終以籬下寄人爲悒悒、旣而辭職、與族姪某開東關公司、營業純大宗土產雜貨、兼營九八、尤爲外埠所信托、每日出入巨萬、君襟素柔直、愛國如家、對於設敎育才之事、極爲專心致志、星洲南華女校及愛同學校、君均爲發起者之一、愛同之謀建設校舍也、君尤力爲奔走運動、以成之、該二校及鼎新振東等校、同德閱書報社、皆爲董事、施濟之事、力所能及、無親疏一也云、

【張金榮君】 張君金榮字晉國、福建南安東房鄉人、幼失怙恃、依其祖父母以成立、隨其叔父客新加坡、先是、其叔固開有新萬隆商號、君到、即在該號練習商事、旣三四年、始遊檳城、未幾、歸國、又三四年、重南來峇株巴轄、任某碩莪廠工作、年餘、棄去之、自備徽本、入山巴、尋萃人、收買籐條、土蕃所處地皆危險、君不避虎狼瘴癘、以逐什一、自非富有冒險性者、曷敢履此、時君年方十八耳、君在轄頗多建樹、顧爲時運所抑軋、終不能吐氣揚眉、旣而返星、初亦甚侘傺困屈、最後與友共開洊春公司、漸獲利、友適有所他圖、咸讓君業、自爾益不受羈軛、而可自由發展矣、性剛强爽直、一生不說輭話、然亦人格及動作能履實、有以副之、年將及四旬、居嘗追悔、先時舉動、多乖未當、故所謀事業、嘗失敗云云、蓋覺悟語也、年來志在爲善、星洲書報社、劝稚園、嘉東育才學校、愛同學校、行餘勵志社、通俗白話劇閣、廈門靑年會學校、星洲工商補習學校、南安會館、南安進化學校、南安詩山思明學校、潮汕水災、祖國諸災賑、要無不捐資、以促其成焉、亦奇人也、

張金榮君

【王信輝君】 王君信輝字雲峰、福建永春蓬壺鄉人、讀書十載、能詩文、年二十六、南來至新加坡、圖爲商、旣至、乏資本、事不能舉、因爲書傭於某店、賓主甚相得、然抱負素高、志在獨立、乃將歷年之儉積金、自開設民生棧、及今凡十餘載、入利旣多、乃擴充他業、並及

種植、置橡樹園百畝於昔加密地方、文律亦有板柴業、號森林、家貲已極豐贍矣、性喜急人之急、救人之危、屢捐資助學校及中外災賑、嘗任星洲永春會館實業學校及各校董事、福和亦爲總理云、

【郭梅生君】郭君梅生、字梅南、世居福建惠安縣北門錫冠、偕友南渡、傭星洲萬隆索類店、初爲雜工、嗣爲經理、薪金紅利、年贏頗巨、凡一二十年、孜孜兀兀、爲該店立宏遠規模、其忠藎眞足多也、君既度自力足以建樹、乃辭去萬隆職、與友人某共開張益隆號貿易、仍以油索類爲大宗、銷流至廣、會計嘗盈、殖產巨萬、君胸懷寬大、待人接物、藹藹宜人、惠人僑星者、素渙散、無互助心、君憂之、與邑人許濟侯蘇嫣英何衍品黃永祺謝縈西許吉成等、倡設惠安聯合會、並附設學校、於其中四出勸募、得二萬餘金爲基本、該會遂成立、惠僑近來之能知敦睦聯商者、君之力實多、外此福建會館工商補習學校及各學校、皆有捐資、而濟困扶危、亦隨量行之云、

【黃廷福君】黃君廷福、福建同安縣石尾鄉人、生於荷屬廖內、讀書六載、從父至新加坡、轉學於英華學校、未幾、以父年老力衰、黃成茂商業、正乏佐治、于是棄學而治商矣、時年甫十六耳、越八年、遭父喪、以父無遺、竭誠稍更立志商戰、於九八貨一途、尤擴而充之、十數年來、滋息億萬計矣、民國六年、復與東興號諸同志合股、增設和成興米郊、至新成茂之樹膠較、乃陳煦士陳春源黃深漏等所創、君亦認巨股、半生碌碌、至是始告厥成功、爲人守正持重、愛人喜施、星洲各學校之得君資助者、有愛同道南華僑中學等、猶有可紀者、嬰兒保育會、潮汕水災、各處災祲、及社會公益、概無不量力捐助、年甫四旬、其行誼也如此、可謂好行其德者矣、

【宋焯乾君】宋君焯乾、字朝金、廣東澄海冠山鄉人、年十六、南渡星洲、在乃父與同志所辦之福順隆號、爲掌櫃職、逾十餘稔、因志圖別業、故將原有股份讓與股友、而自開乾盛及乾豐二商號、營業以水糖爲大宗、多配寄祖國上海香港及各國發售、交易四通、利市三倍、君注重教育、助資頗多、南洋工商補習學校、端蒙學校、均歷認月捐、或特別捐、汕頭覺石學校及端蒙分校之開辦、均助以巨資、至各學校各善事之得其助者、不可勝紀云、

【林北溪君】林君北溪、字雨成、福建海澄縣人、幼貧、無力讀書、傭於白水營金珍商店、積多年之力、卒自開啟實珍號、年二十三、慕南洋爲天府、乃南來新加坡、在乃兄再發店助理其商業、年餘回國、未幾復來、爲傌也兄弟洋行工務、歷任八載、無忝厥職、頗爲東主所稱許、獲利亦至巨、至民國十年、創林發成商業於星洲之廈門街、益得志、今稱富家翁矣、君富而仁、社會公益、多所助資、故星洲社團、

凡有集資之舉、必列君爲名譽會長、晚近樂今羣、南星俱樂部、鶴鳴俱樂部、皆任總理、同德書報社爲社員、與社友同心同德、善相規過、相諫、言行皆可爲式、人皆悅服云、

【蔣德九君】蔣君德九字麗謀、福建同安澳頭鄉人、年十五、隨叔南渡新加坡、爲德豐號記室、旋遊蔴門答臘巴東轄之光務埠、蔡榮葉君聘之爲記室、越年、重返星洲、就職於益春協德兩商號、凡三年回國、與王女士結婚、旋復來星、此來與其父兆啓復興號、君自理其事、又三載、以事往遊三巴壠、期年歸、與林義順陳楚南等合資墾闢樹膠園於三巴渡、該園面積至八千餘吉之巨大、一部種黃梨、自設廠製造、運銷歐美洲、至民國八年、以事讓股於友、自開蔣德成號、時檳榔嶼三巴壠等處商店、多來交易、復創德美黃梨廠於柔佛新山甫、欲發展、適土價降價、遂被影響、無奈於民國十年各業相繼收盤、今僅從事於樹膠之種植、頗天縱多能、商術彌精、益以名行修勵、古道立身、雖半生起蹶不常、老來終享厚福、年來盈息之驟、富有萬鐘、君爲辛亥前同盟會會員、我國革命數次、輸資不少、孫汪等革命巨子、均與友善、褒章頌詞見贈、爲類甚蕃、捐資於教育及慈善事業尤夥、星洲愛同學校助千金、南洋華僑中學助五百金、中華女學校通德學校馬巷敢智學校及各處災賑捐助甚多、尤著者、澳頭培兆學校以經濟缺乏、故停辦多時、君繼辦之、前後凡輸四五千金、亦甚巨矣、綜計君平生、愛國興學、慷慨輸金、華僑中可欽者也、

陳四美君

【陳四美君】陳君四美字清標、福建思明縣禾山鄉人、廷梧翁之第四哲嗣也、西歷一千八百八十七年正月二十五號生於新加坡、十六歲、畢業於禮佛學校、旋任豐裕輪船記席、十九歲、爲豐遠輪船總巡、二十一歲升爲船主、二十六歲始至新加坡經商、啟號永美、獲息甚巨、越年又創永美樹乳火較、按星洲之爲火較最先者、一、業其次君也、今則仿此而經營者衆矣、君於此較而外、又啟和美號、專營建築料椰乾等、營業亦盛、又買樹乳園百餘衣吉、於星洲至是稱殷富矣、生性急公好義、星洲各校各善團、以及各處災賑等、均捐以巨資焉、歷任怡和軒財政員、又爲倚南亭總司理、至中華總商會及偉其里會中華俱樂部等、均爲會員、現年四旬餘、正鼎盛有爲時也、

【張成崑君】張君炎字成崑、福建晉江十都之潘經塘邊鄉人、六歲就讀、共七載、乃轉學建築、八年而精其術、時年二十二、因走

南洋新加坡專包工程於居留政府、凡二十九載、爲英政府所深信、凡政府有何項工程、均許承辦、其尤可記者、如星海山街大洋樓、乃西歷一千九百二十一年成立者、星梧槽地方之陳篤生大醫院乃西歷一千九百二十二年成立者、星皇家山脚地方之二馬加蘭大土庫及巴西班章地方之章任泉大洋樓等、乃西歷一千九百二十五年成立者、皆君所建築者也、君固仁者也、最熱心於社會及公益、星振東學校受惠二百金、晋江會舘受惠一千金、紅毛橋佛宮之修葺、亦受惠五百金、衆以君好善爲可敬、星洲各團體嘗舉君爲名譽會長或總理云、

【莊錦發君】　莊君錦發字侑珩、世居於福建福清之江陰鄉、幼就學於鄉、後以家貧輟學、未冠、南來新加坡、初爲傭工、繼任救火局工員、未幾、改任新怡隆洋貨號外務職、期月、該號改爲新瑞隆製箱廠、因升爲總司理、君因擅長商術、爲該箱廠頗多擘劃、松林火鋸公司聞君賢、亦聘爲助理員、至西歷一千九百一十八年、該公司改爲新松林火鋸公司、君乃與林義順周祺豆殷尋村黄兆珪林順美陳深水鄭毓賢等合資經營之、又入股於聯合公司、亦火鋸業也、今則以素封聞矣、君既富有、喜濟困助貧、於社會爲尤力、星洲培青學校之建築校舍也、曾捐巨金、膺任該校名譽總理、福清會舘曾爲董事、中華總商會爲會員、甚督致敎友云、

【鄭泰裕君】　鄭君泰裕字世乖、福建永春縣之蒐連坑人、年十三、棄讀經商、凡二年、稍得息、終以不能大展驥足爲憂、因循海南來抵新加坡、爲鄭君所拔識、任以新萬源號總司理、在事精勤、東主深倚重之、凡十二載、以親老歸國省視、逾年復至星洲、與同志鄭烈君合資、開設泉泰隆商號、

【陳文烈君】　陳君文烈福建同安縣禾山人、西歷一千八百七十八年、生於馬來半島之新加坡、卒業於星洲禮拜大學之第六號位、名列第二、棄書後、即業商、凡數年、改任緞士密洋行大書記、四年餘、時段西岻洋行司理聞君賢且能、求君就其大記席、君固辭不獲、任之幾已十年、終以自創商業爲前途復發根本辭之、而自辦陳烈成號、營大宗籐業、乃運往各國發售、約八載、溢利無算、後以各商寄貨、均喜用陳文烈三字以冠之、君以爲然、故於民國十二年、將陳烈成號改爲陳文烈有限公司、蓋從各商意也、年來其營業之進步、已鵬飛千里矣、除此號外、又曾附股於法國之 Societe Lorraine do Roting files Se Have.、及星洲林和昌有限公司、該公司衆任其爲董事、此外如亞細亞有限製酒公司、亦爲股東之一、性仁厚好爲、社會慈善事業、各處各學校各善團、之得君助者頗多云、

【顏宗敏君】 顏君宗敏福建思名人、西歷一千八百八十年、生於南洋英領之新加坡幼肄業於禮佛英文學校年十九、躋第八號位、畢業後被聘爲新加坡兵營記室、凡八載、以勤謹稱後轉任某樹膠公司書記兩年、以寄人籬下爲可恥乃與同志合資共創慶與公司專營樹膠土產業自爲股東兼經理今已歷九載、其營業之發達大有鵬搏萬里之勢性高潔、一生無嗜好復沉毅寡言、言必有倫有脊有秩有序、人以是乃益重其品格、其對於社會慈善公益事業、則有求必應莫不慷慨輸將、南洋華僑中學校南洋工商補習學校道南學校均捐巨資、他如嬰兒保育會星洲幼稚園及日本水災各處災賑學校善團等均各捐數百金以爲助如君者誠可風矣、

【蕭志來君】 蕭君志來福建晉江水門吾保鄉人、幼貧讀書三年、便棄而學賈年十七遭父喪家計益窘、遂轉學爲圬鍰業然度生活而已、無蓄積也、年二十八、乃隻身南適新加坡仍從事於建築之工作、信用一著、名望漸孚、遂得與當地政府及坡中大商家、包辦建築公署房屋等、二十餘年來、從君手造之洋樓、不下幾百處、以次獲盈、數達巨萬、自置屋業亦達十餘間、更於民國十一年、與陳清祥等十八同志合資開聯合板鋸廠二處會計尤多贏、爲人謙和宜人、慷慨任氣、於國家則同欲濟事、於鄉黨則友助扶持、星洲之有晉江會館、乃君與莊喬木李天來及二十餘鄉僑所創始、經衆舉君爲總理後人心益傾向、館務益發達、建築館舍之議案通過、慨然捐其金四千、尤弘振國學、陶冶童蒙、輸貲於振東學校南洋工商補習學校中國女學校嬰兒保育會及各學校等、或千或百、略不少吝焉、僑南士君子、以是欽之、

蕭志來君

【邱國珍君】 邱君國珍字思修閩海澄縣新安鄉人、父德道爲日里著名僑商、君於西歷一千八百七十三年八月五日、生於檳城年十四、受父命、如日里之籠葛埠任亞片公司掌櫃、越八年、始辭職而任乃父所創之德記德興等十餘號之總管凡十餘載、因父逝世、乃收盤焉、嗣其堂弟邱清德知其品學兼優、乃聘爲江棧號外務職、計十餘載、不忝其職、乃擢升至萬德盛鹽公司總司事、前後七載、溢息甚巨、迨該公司期滿收盤、乃與清德君合資、共揪聯珍公司於新加坡營九八及鹽業、皇皇發展、眞有可驚、今和豐華商二銀行、均入巨股矣、心存恤人、嘗捐有餘、以補不足、曾兩任同濟醫院總理、歷任愛同學校協理員、對于醫院學校、及一切災賑諸善舉、贊助頗多、

曾見愛同學校與渦德君合捐千金、此外如崇德學校道南學校南洋工商補習學校等、均認特別捐、或月捐、以維持之、亦南洋善士也、

【吳繼輦君】　吳君繼輦字珊瑚、福建思明縣金門島人、年十四、因叔出洋、乃隨之行、既至新加坡、在英文學校研習英文、後習商於捷興商號、該號爲君之姑丈所設、君於商務、均翼翼小心、日雖千緒萬端、罔有遺漏、故爲君之姑丈之倚重、遂任之以總司理、十餘年間、獲利無算、君以結婚回里、事畢、乃復南來、此次與其姑丈大汪君合資、開設怡茂號、營米魚雜貨樹膠胡椒等業、君爲股東兼司理、凡十九載、獲息百餘萬、民國九年、又與同志邱思永鄭姑悅等合資、創益成號於叻之中街、營九八樹乳魚米業、又與開怡利號、認巨股於華僑銀行、荷屬檳港、俱有怡茂分號、及置屋宇胡椒園、今則事業以成、令聞以昭矣、君既富有、知寬惠以德、乃仁者之所有事、故凡以慈善事業告者、無不立應、華僑中學校初辦、曾捐五百金、愛同學校捐一千金、道南學校捐五百金、此外如南洋工商補習學校及其他各校、及諸善團、受助尤多、各處災賑、祖國光復、輸資亦巨、蓋君爲同盟會之健者也、

【姚仰文君】　姚君仰文、廣東澄海縣人、幼家貧、不能讀、惟從事牧畜、至年九歲、隨堂叔南渡星洲、爲傭於慶順成號、凡六載、因母病回國、家居、乃以未讀爲憾、即肄業於海陽縣之養源學校、約一二年、復師鄭義卿學業大進、復渡南洋、仍任事於慶順成舊號、爲店前賣貨員、逾二年、父固創有永南成布號、店人爲助、乃命君司理之、八年間、溢息至十三萬金、誠足令人驚嘆、復另開永南生布號、今已九載、盈利亦巨、近又附巨股於汕頭光益裕銀行四海通銀行及萬益成收信匯兌號、并置屋宇不動產、業成素封矣、其對於社會慈善事業、所爲亦多、前星洲之新商會、乃君與同志等所創設、此外漳州災賑、端蒙學校成立、均助巨資、爲善尤不求人知、至君對於國事也、尤多可紀、要言之、除犧牲精力外、前後復輸數千金、亦可謂愛國愛種者也、

【李道澤君】　李君道澤字浩然、福建永春達埔鄉人、中年南渡新加坡、居星洲纔一載、即與林隆江李祖[illegible]等君、共創南春公司、時在甲寅四月、營業以設廠置較機、製造樹膠、及代隣埠商店買賣土產庶貨等、交易有常、出入至巨、迨戊午年正月中、有抽股者、遂再招李俊承加入、已而謀得事成、所業蒸蒸日上、天性温良、不以富貴驕人、復愛國興學、籍鄉達新學校、以困於經費致停辦、君與其公子鐵民出謀發慮、繼中興之、年捐二百金、至於星中各校捐資興事者、如嘉東育才學校如愛同學校等、在在踴躍佽助不已云、

【郭明秋君】　郭君明秋世居福建同安縣之廖東鄉、於西歷之一千八百八十二年、生於南洋英領之新加坡、童牙之年、即進禮

佛大學校專修英國文字、得畢業第五號位、畢業後、父任以星洲祥源商號總司理職、君固善賈、故二十餘年來、盈贏無算、西歷一千九百十九年、遭父喪、接管萬祥美商號、及一切產業、數年無改父道、業後大進、君之爲人、剛健中正而和樂、尤急公好義、對於各國水災地震、多散才發粟以賑之、而於各處之學校善團、尤助之不遺餘力焉、爲人所敬云、

【莊倍仲君】莊君倍仲、福建福清縣之沙塘人、幼貧務農、年將冠、以鄉友邀、乃遵海而南、既抵新加坡、即在英人商店、研究造餅工藝、凡十載、勤謹所事、爲英人所敬重、因將該餅業號讓渡於君、該號非他、乃星洲著名之域多利亞也、君業此於今二十六年矣、君爲天主教信徒、對於教規、遵守頗篤、君捐資於新加坡培青學校五百金、該校舉爲名譽總理、福青會館亦舉會董、各社團相繼舉爲名譽總理者尤多、蓋實之所至、名自隨之也、

李道澤君

【董光純君】董君光純、福建金門人、弱冠後、來新加坡、操建築業、顏其號曰金永和、三十載於茲矣、民國八年、又與同志黃文順合資開設永茂及金茂興二號、均經營土產九八業、至永茂樹膠公司、華僑華商二銀行、均列名股東、樹膠園及一切不動產、亦多建置、致富之驟、頗爲神速、對於國事社會、耿耿熱血、曾入同盟會、與諸同志、僇力於革命事業、清祚既廢、袁氏竊國、誓掃蕩仇恥、與同志合智并力、助雲南起義軍餉千金、各處義軍、亦多輔助、因知立國之要、在於興教樹化、故於教育事業、捐資提倡、不遺餘力、至施貸周急、推食解衣之事、君以爲細事、不注意、故略之、君爲中華總商會會員、金門會館董事、怡和軒會友、倚南亭總理、雲南唐督以其功、亦贈徽章云、

【王海水君】王君海水、字台雲、閩南安二十八都象運金柄鄉人、幼在鄉就讀、以家貧棄學、年十九、受父兄命、南來新加坡、父固星洲名賈、開設瑞德號、因依之習商、既精於懋遷術、父遂付以專權、業愈振振、復與同志啟益安米號、越數年、同志皆讓業、君乃自經營之、因又與李文泉、王明泉、李超龍、王嘉祿、陳聘三、陳祥珍等、合啟瑞和餅乾公司、自亦開墾樹膠園三百餘畝於新山及新加坡等處、遂以素封聞、生性好善、又能力行、星洲南安會館會董、南明學校董事、嘉東育才學校董事、各處善舉校捐、輸將亦多、爲同盟會會員、對於

國事、多所奔走、亦愛國份子也、

【薛金練君】　薛君金練字浩然、閩南安之涵山人、三歲喪父、至可憐也、母蔡氏育之、及長、就學後、與堂兄南渡新加坡任事於長茂當號、越三年、該當業以期滿收歇、而君則轉任某估衣舖總司理、前後九載、能商之名以成、時積蓄頗富、乃啟金生金瑄號於叻之大馬路、九年之間、會計皆嬴、爲人急公好義、於社會尤爲熱心、南安會館爲董事、南明學校爲校董、至舉君爲名譽會長者尤衆、會館募基金、曾捐二百金、南明學校募經費、亦捐巨資、此外各學校之以經費困難求助於君者、無不量力捐助、爲同德書報社社員、素爲人欽敬、

【林戊午君】　林君戊午福建思明、爲鼎玉翁之亢宗子、兄弟凡六、君居第四、幼聰明好學、寒窗攻苦者、凡八載、畢讀四子六經、年十七、即南渡新加坡、開設文南號、經營商業、貿易極巨、乘今近二十年矣、數年前、又分號於荷屬、獲資尤巨、君品性清靜貞正、樂善好施、未嘗以富貴驕人、謙謙之君子也、於排難恤孤之舉、尤多爲、星洲之同濟醫院、爲平民而設、君獨捐多資、歷任該院總理、星洲幼稚園、亦爲發起之一、並捐千金、若愛同若興亞若南洋華僑中學道南工商諸學校、則各捐資以爲董事、至於救災恤隣、以及輸資於社會公益者、頗難枚舉、亦南洋華僑中之慈善家也、春秋將及四十、年富力强、大有爲時也、

【林立宗君】　林君本字立宗、號道生、福建永春大卿鄉人、爲新加坡殷商林隆江君肖子、雅性豪爽、文辭可觀、年十六、隨父商於新加坡、以善賈被聘爲同成興號司事、凡七年、乃改任南春樹膠公司司理、十餘年來、竭日之力、日事奮鬬、爲公司開利源、增聲價、更與同志李俊承周獻瑞蔡寶泉李道澤等、合資組織南春樹膠製造廠股東團、亦共推君司理其事、又集股經營樹膠巨園於柔佛之嗎咯、開設春成商業於柔佛之埔來港、衆以君少年樂善、因舉之爲永春會館董事、嘉東濬源學校董事、爲同德書報社社員、星洲諸團體、及國内外慈善教育災賑等、亦嘗捐資而參事、年將四旬、前途遠大、發達方興未艾也、

【楊萬慶君】　楊君萬慶字國賢、福建漳州龍溪石馬東山鄉人、年十三、隨兄南渡至星洲、日則就學於英校、夜則攻讀漢文、四年間、中西文字、造詣均深、且能屬文、年十七、棄書而就航業、航行於中國沿海各大商埠、時蓋任萬興輪船主也、凡八載、乃啟綿和有限公司於新加坡、爲主席、凡三十年、營業頗爲發達、外此若東方鑛務有限公司也主席之、利興機廠也主席之、門那漢士煤鑛務有限公司也主席之、既而身名俱泰、爲衆欽遲、萬載和俱樂部曾爲總理、商業貨市公所尊爲主席、南洋錫莪公局亦爲主席、華僑保險有限公司

爲董事、至於各公司、各社團之推君爲名譽總理、及董事職員者、尤衆難勝紀也、是皆君之爲人慷慨好義、有以致之也、

【莊春華君】 莊君春華、粵之瓊東人、字秀峰、年三十二、學子貢之貨殖、效韓康之懸壺、設德壽齋藥房於煙墩市、越六年、乃携幼弟鼎新、遵海而南、於叻坡設泉香號、以爲其礎、遣弟入育英學校、並攢充富祉埠民生藥房吉里汶埠新協盛號、以推廣商業、僑居既久、憤外人壓迫、慨祖國淪亡、知非有軍事學識、必不能自强、民國五年、請政府咨送其弟鼎新君於雲南陸軍講武堂軍官學校、畢業後爲國効勞、屢樹戰功、辛亥之役、君爲同盟會會員、革命軍起、漢族勢張、君奔走四方、舌敝唇焦、力勸僑胞捐助軍餉、得以無匱、光復後、籌國民捐、君任勸捐員、四出勸捐、不遺餘力、孫總理委君爲革命黨瓊僑聯絡員、繼委爲中華革命黨瓊分部總務科正主任、凡所經畫、無不盡心竭力、以底於成、此君之能益於國也、至對於社會敎育等種種公益、要皆盡力鼓吹、量力捐助、若叻坡之同文書報社、檳城之益智書報社、海口之瓊島旬報、皆爲所發起、華僑日報自認五百金、復經手介紹、得銀五六千金、是報得以成立、公益所賴、衆望愈孚、所以益智書報社衆舉君爲評議長副會長、檳城總商會星洲華僑總商會均爲會員、瓊州會館益華學校公推君爲董事校董、所辦諸事、無不實力經營、有條不紊、此君之能益於公衆團體也、現開設信美號於檳城、專辦火車標高山標西郎恭粉銷路極廣、並經營航海生意、貨物流通、爲南洋有數之商業也云、

林文宗君

【夢觀上人】 夢觀上人號如是、生長於閩之莆邑、年二十二、遂决然皈依三寶、依莆之近天寺爲僧、翌年轉廣化寺得具足戒緇衲、遂周遊浙東、謁南海普陀並四大名山、訪搜師傅、研究經典、梵行精修、東南諸名寺爭延主席、歷任閩垣法海寺延郡慈林寺主持、時年已三十矣、南渡後任星洲天福宮檳城天公壇觀音寺廣福宮諸懺悔事務、立規章、舉百廢、海外禪風、爲之一振、素好遊山水、名勝之區、多其履跡、由是兼精眼科、並奇難雜症、嘗法醫不受費、愈不受謝、佛門以慈悲爲本、方便爲門、若上人者、良不愧爲佛門弟子矣、

【沈飛龍君】 沈君飛龍、字德良、壯歲旅南洋英屬之新加坡、以洒削造金之藝精、到新後、遂創製造金銀器物爲生、啓號金建昌、入利頗豐、爲人嫻干辭令、張永福君曾介紹之任振武戒煙社演說員、每一開講、聽者千百人、無不動容鼓掌、眞有希臘金冠演說之價

値、甲午以還、知滿人腐敗無用、非根本解決、無以圖存、時恰孫黄汗宋諸人倡革命、遂在星洲暗結同志、到處鼓吹革命、適康梁之徒、方倡保皇機關於星洲革命之運動、頗生阻力、而君百折不回、猛勇直進、終能壓倒康黨、當清光緒椉卒保黨人在叻開追悼會、君邀同志大開讌飲、幾與保黨大衝突、辛亥光復、除竭力鼓吹僑界輸財助餉外、自亦捐鉅金爲助云、

【陳武烈君】陳君武烈籍閩海澄生於星洲、父純道星中名商、祖金鐘官逛英在南洋華僑中、最爲隆望、君性温婉、無圭角氣、童蒙就外傅、先攻漢文、嗣讀英文、兩嫺熟之、好栽培人才、星洲機關如崇文崇正崇本道南諸學校、皆嘗爲學董、並捐巨貲、君慷慨揮霍、好交遊士類偉人、辛亥前一二年孫逸仙汪精衞等南來過新、嘗寓其家、待之尤厚、君實至名歸、英政府贈三洲府海峽殖民地太平局紳、暹國王以其祖父有功、亦欲畀君以位、君力辭弗受、嚴光梅福之風節、不圖於今見之、

【張來喜君】張君來喜字景廉閩之澄海南片埠鄉人、二十餘歲渡海、旅星洲營商業、年二十二、入同盟會、憤清政之日非、慨神州之及溺、奮不顧身、與同志林義順君携革命先鋒三千餘冊、入潮州運動朋儕、起義於黄岡、佔其城邑、黄岡當閩粵要衝、城既危殆、閩粵滿吏、幷以兵攻黨人、血戰旬餘、以衆寡懸殊、死傷甚夥、功雖未就、而大義已可千古而不磨、至今姑嫂橋邊、蓮花山麓、緬懷遺迹者、莫不扼腕欷歔、而不知身與其事如君者、猶徘徊北望、歎民族主義、雖達素志、而民權淪沒、光大正未知何時也、黄岡之役、既不得志、君乃逃亡香港同志余記成爲香督扣留、君與張永福馮自由林義順等設法謀救、得以國事犯判釋、遂返星洲重理舊業、廣州欽廉武漢討袁諸役、身雖羈旅南荒、而指困助餉、國民等捐、無不竭盡其力、今君年近知命、爲美森黄梨製造公司之東人、以其商餘時、任南洋女校同德書報社星洲幼稚園諸董事、樂善廣交、誠篤不苟云、

【陳東嶺君】陳君東嶺字秀松祖籍閩思明縣、君自幼居於星洲年既二十九、揣摩既精、商術亦富、乃投資以營瓷器、享大利、然自奉儉約、蔬食敝衣、安之若素、至於仁民惠物之事、動捐巨帑、不稍靳惜、觀於祖國災祲、辛亥光復等輸將、及華僑諸善舉、不爲君所發起、便爲君所贊成、益可知矣、已而遐邇同譽、衆遂推爲崇正學校總理、及崇本女校總理、中華女學校協理、南洋華僑中學校協理、若福建會舘協理、及順天宮正總理二席、在他人居之、固多隕越而生嫌疑、君乃矜而不爭、羣而不黨、凡事俱歸納於正軌、夫誰不敬服耶、

【張仁南君】張君仁南粵之澄海人、距韓江口不遠、邑人之乘長風破萬里浪、以建業異方者、實繁有徒、君亦其一也、髫齡隨父

貞治翁習商業、及長、遍歷星洲暹京等處、丁未年進同盟會、黃花岡鎮南關兩役、君任後方接濟、勞瘁不辭、武昌舉義、衆擬籌資、君夫人鄭氏將其裝飾物付長生庫、以紓國難、南京政府成立、君偕暹京代表攜鉅欵蒞金陵、與孫中山先生商略大計、旅上海發起華僑聯合會、俾僑界與祖國聲氣得以相通、其卓識宏謀、大爲中山與同志所推許、辛亥海外僑人、對於國事初不介意、君提倡組織同德書報社、並爲第一屆司理員、陳設既周、僑風爲之一變、二十年來、任事從公、一秉其剛直純正、當仁不讓之誠、始終如一焉、

【蔡木豆君】蔡君木豆、福建海澄下倉社人、幼隨父客新加坡、學商於合茂店凡三四年、竟爲某洋行所聘、又供工頭職、十餘年而始出自創大中信局、南洋所稱信局者、係受理華僑信托書信銀、代寄祖國者、信用廣而往來速、顧客多利無窮焉、該信局開辦三年、信用大著、日見發達、君天性愛人利物、於教育尤素所關心、籍鄉下倉人口萬數、久不設學校、子弟閒廢、勢如瞽者、君慮而謀諸蔡君新義等、遂組織崇仁學校焉、該校現在生徒已達三四百人、君首終輸資數千元、衆以經濟關係、因舉君總理財政、尤有可紀者、數年前、內地水災、同時告七省、君除自捐數百金外、復四出奔走、各處勸捐、將款交薛中華君代匯災區、其振興教育、嘉惠難民、有如此者、君爲辛亥革命之同盟分子、國體變更之際、嘗助資焉、

蔡木豆君

【林鏡秋君】林君鏡秋、思明縣茂后鄉人也、旅居新加坡、其初到新加坡也、開張皮鞋舖、以其裁製精純華美、號稱南洋第一家、夙抱平民政治主義、故辛亥前數年、聞孫中山胡漢民汪精衛黃克強諸人南來運動革命、則躍然讚許、嘗投稿星洲中興國民等報、其論調純注重三民主義、辛亥全國光復、奔走呼號、運動華僑助餉甚力、民國元年、南洋各坡同志在廈門開會追悼七十二烈士、衆推君爲主祭員、當孫中山先生到星開中國同盟會、衆亦推君爲議長、追悼黃蔡二偉人、君亦爲贊襄之要者、辛亥八月、福州光復、皆君前數月密與數同志到地計畫之功、故光復後、閩督極稱其能、派爲廈門暨南局籌餉員、閩省財政民政二廳長、均聘爲顧問云、

【留鴻石君】留君鴻石、閩之同安人、年二十三、隻身南渡新加坡、寄跡友人處、亡何、萬興號東奇其品德容貌、聘爲萬興經理、未數年、而股東方面、以資本問題、竟歇業焉、時幸稍有薄積、乃與林推還君合資開張瑞盛號、規模頗大、買賣亦宏、又八九年、市面經濟大

恐慌、橫遭牽累、無奈收盤、年四十二、得友助、再啟匯通號、專以接兌土產及代隣埠購辦貨物、十餘年來、事業之隆盛、眞有一日千里之勢也、君素愛國、甲午以還、會內地孫中山黃克强宋教仁等南來大唱革命、遂與同志歡迎之、未幾同盟會成立、閩僑方面入會者、初僅四人、君其一也、君既入會、每在張永福君晚晴園討論辦法、僉謂入手宜借力於文字之鼓吹、適革命先鋒新廣東浙江潮鵑聲民報等書、先後郵來、君遂與同志互相捐資、以次翻印散播四處、復刱總匯報於星洲、為黨人機關、乃該報主筆理事等志道不同、遂使黨宣佈退股、另組中興日報、聘汪精衛胡漢民田桐居正陶成章諸革命家主筆、其間言論既正、全僑感動、但值河口革軍新敗、黨人遁逃來叻者、均聚集中興報、中興報財政固乏、增此巨費、殊不能堪、君於是與同志醵資以供其餐米房賃、匪值此也、辛亥元旦廣州新軍反正、三月二十九日黃克强等攻廣州督署、八月武漢起兵、全國光復、諸役、君雖不與事、捐金至閩光復、倡保安捐於新中、凡籌二萬元、亦君奔走力也、大功告成、一若不知曾與其事者然、雖經大總統督軍等旌獎狀章、不以為榮也、君素樂培植後進、居閒嘗曰、欲國家富且強也、必國民多數具有道德技能、然欲致是、捨教育末由其道也、已而星洲道南愛同二學校、除捐巨金外、年費又各捐百八十元、他如崇福崇文南洋女學校等、亦各有捐題、此但指教育言、至祖國諸災、南洋諸慈善團體之輸將、以賙貧恤困、扶顛持危、亦無不各盡其力、與衆共成、總上以觀、其愛國家急公義如此、華僑中所見罕矣、

【潘兆鵬君】潘君兆鵬、廣東潮安縣磐龍鄉人、年十二、即有伏櫪遊遠志、隨鄉人南來新加坡、初至、傭於某商號、商東以其勤慎、漸畀以權、薪亦漸豐、然所入悉以奉親、年二十八、商事已極精熟、因遂自開張德昌隆布號、二十年來、整家立業、助國濟人、悉取資於該號之贏餘焉、會孫中山胡漢民汪精衛諸偉人等、相繼來自內地、大唱革命、君遂與叻中同志、一一迎謀之、未幾同盟會成立、君奔走之極力、尤可敬者、首終維持中興日報、僇力而又損財、且受反對黨訕謗、不稍懈怠焉、先是黨議入手辦法、以文字為鼓吹、冀喚僑衆之覺悟、時方欲謀一報館、以擔此巨任、恰內地同志郵寄革命先鋒浙江潮鵑聲新廣東民報等書報來新、遂極謀設中興日報以便摘要譯載、謀任筆政者、有汪精衛胡漢民田桐陶成章等、董其事者、乃君與張永福陳楚楠等數人、然以君為最得力、已而河口之役、黨人失敗、皆相率逃新、駐中興報內、而中興報開設之初、財政綦急、益負此艱巨、幾不支、賴君日日奔走於同志之門、捐己捐人力為維持、始達到民國成立之目的也云、

【丘品三君】丘君品三福建晉江人、二十九歲、南來檳榔嶼任萬宜美萬聯美二商店書記、清末携眷回梓、旋隻身再出、此來任石叻馬如輪船司理、亦一度任司馬師周秦等輪船之司理、該二船係川行嘉娘仙子港石勝越等處者、於君頗多營利、民國五年、在星洲募股開張振協豐土產郊約二年、諸股友忽生意見、乃自開張振秦酒業獲利尤鉅、為人慷慨和煦、樂成人美、有困窮者、賙濟之、相爭者、排解之、不得職業者、薦拔之、於叻故得和事老稱、英文粗識、中文善尺牘、辛亥改革之役、奔走募資、以助民軍忙甚、亦有功於國之一也、現更任星洲愛同學校協理、星洲福州福華雜貨公局正總理、商會會員云、

【石學能君】石君學能字智遠閩思明禾山坡美社人、廷挺翁之長子也、翁為星洲米商會一任萬福興號司理、以是生君於新也、幼入崇工學校肄業凡七年、畢業、即與同志車蚵螺沈俊記合啟成昌鋸木公司股東團以君才華超卓、共推為總司理、因君善賈、故歷年營業大進不已、今且為星洲亙號、矣性愛國、前曾入同盟會於星洲、深以滿清政治、非即根本改造、而實行革命不可、故吾國數次革命、君雖未能回國從軍、然輸餉不遺餘力焉、尤熱心社會公益、星洲之南洋工商補習學校除認年捐外、又與車君合捐五百金、神道學校亦與友合捐二百元、至於英國醫院癲人院所助尤巨、君為同德書報社社員、以文俱樂部司理云、

石學能君

【林祈祝君】林君祈祝福建長泰人、父長順為新加坡丹絨巴葛工團總巡、母洪氏因生君於是焉、畢業於英華書院、出任某洋行簿書五年、從事建築工程、包辦事業、垂二十餘年、以直諒著名於時、自開林祈祝牙行公司交易樹膠錫米等股票、又有附股於華僑保險有限公司、居留政府、以君望重、因於西歷一千九百二十三年、推之為議政局員、星洲華僑亦舉之為中南學校名譽總理、工商華中愛同道南諸學校董事、林氏宗祠總理、祖國文化事業、極熱心提倡及奔走云、

【黃添福君】黃君添福字楓福先世居福建同安埔仔鄉、父商於星洲設肆萬隆生君於新時在西歷一千八百八十九年舊歷九月初十日、至十一歲、在萬隆號習學商業、君固明目達聰、見微知著者、故居店不十年、遂任司理、時其弟某亦曉事而能幹、君以連氣同枝、權利宜無問題、爰以全權讓弟、自出設號瑞隆貿易中外各樣烟枝、兼諸企業、家貲漸以豐贍、賦性伉直、合羣愛國、特具熱忱、與族

人發起星洲江夏堂捐銀千二百金、歷任該堂職董、對於各學校、亦多捐資、福華雜貨公局推爲正總理云、

【蘇守廳君】　蘇君守廳福建同安蘇厝𤈜兗坑人、年十五、輟學南渡新加坡、爲父佐業、凡四五年、循循盡職、嗣自開萬和土產雜貨號於彭亨之關丹、頗得厚利、因進而購置椰園、及諸不動產業、遂以富聞、賦性惇厚、交友溫顏遜辭、尤能品格自持、誠實待人、是以高士名流、咸歸之、復急公好義、關丹多閩僑、而無會館、鄉情摔誼、以是隔閡、君憂之、因集同志而倡辦之、是謂福建會館、成立以來、歷任庶務會董、若商辦學校中華總商會華僑學校、亦均列名爲發起歷任董事員、至捐敎育、賑災黎、助醫院、惠貧窮、在在竭力以圖、踴躍以趨、亦南洋慈善者之一也、

【林深澤君】　林君深澤字永遠、福建南安柯內人也、父縣城、遊新加坡、以西歷一千九百七十九年冬、生君於是焉、畢業禮佛大學、歷 Hilly & Co. 簿書掌櫃收賬等職、後受父命、出任成豐公司簿書、未幾陞總司理、凡十餘年、卒得集資開鼎盛興商號、凡四年、折股出、而自設新德春營九八糧食、並包辦兵營、先頗溢利、嗣以歐戰事起、各貨飛漲、影響所及、蝕資至三四萬、故不獲已、又歇業焉、已而理萬興有限公司事、繼則開張豐春商號、三年來、其業既振、乃相繼開辦分棧於吉隆坡峇都巴轄古碑英德其里等處、以擴充其魚米雜貨土產、歷被舉爲鳳山寺受托員、九龍堂總理、南安會館會董、龍德會受托員、於南明道南愛同工商諸校、及社會慈善事業、尤多解囊資助之云、

【黃奕根君】　黃君奕根福建南安埔頭社人、幼貧、年十七、奮然南來新加坡、未幾、開福龍號、年結皆盈、遂漸與辦多業、惜皆折閱、最後共黃貞石黃則建等、開建源興酒業號於小坡二馬路、乃得志焉、曾由建源公司捐資於黃氏江夏堂五百金、又捐南安會館巨金、曾入同盟會、係鄉聘廷君所介紹、並任江夏堂正司理云、

【卓亞文君】　卓君亞文又名文榮、祖籍福建南安二十八都芸頭鄉、父業商、爲鄉中强豪所欺、乃徙居南洋新加坡、因生君於是焉、君少學於英文學校、未幾、父鶴化、乃棄書就工職於英商之剌都剌喈板廠、凡十二年、卒以當事某英人謝世、因改就萬山徵稅員、又九年、被聘爲某權稅公司收賬員、又六年、入亞片公司爲掌櫃、已而以儉蓄資、開張文榮商號於新山埠、經營食物屋料石山等巨業、並包辦政府及民間建築工程、四十餘年來、以誠懇著信用、巨資爲先鋒、所謀皆臧、其所建產、除房屋百餘間外、樹膠園又千餘畝、今柔佛

中富饒無出其右者、顧君謙克、未嘗示人以豪富色、擧一埠、不論何界、均交納之、復寬量慈德、樂善好施、於貧窮多周恤、至公益慈善事業、尤力提倡擧辦、該埠寬柔學校之建校、捐特別捐、前後凡輸數萬金、又與同志共倡華僑公所、並捐巨金、新加坡之禮佛大學校捐一萬金、南安會舘一千金、汕頭水災一千金、此外居鑾華培二校捐、以及各處醫院慈善教育捐也、或千或百、多不可勝紀、英政府以其資望素孚、畀以議政局議員職、一千九百二十年、當地政府、特奏英皇、賜以賚星焉、歷任新山寬柔學校總理、新加坡南安會舘等董事云、

【顏長貴君】　顏君長貴、閩海澄縣人、字衍祥、爲星洲名商永成君之季子也、生長於星洲、攻英文、頗淹博、性豪爽、有義氣、交游多誠厚、天性純孝、父沒無改其道、三十年前、父在新以獨立建一英文學校、薰陶華僑子弟、君維護之不已、但該校華文一科、自來不設、因語其朋輩曰、吾父每年不惜萬金而創此學、余當繼其未覺之志、並增中文科、擴其校室、雖每年多費數千元不惜也、聞者韙之、君愛國親尊、對於內地外洋、凡華人慈善公益、靡不躍然興起、而捐巨貲、最近安溪澳江橋之修造、捐金二千元、同安醫院亦捐金三千、通德學校經濟能維持首終、亦出君之力爲多、衆因舉君爲名譽總理、其慷慨豪邁多類此也、

顏長貴君

【梁作舟君】　梁君作舟、閩之南安人、字衍丰、旅居新加坡凡二十餘年、嗣遷宋卡、始君之居新也、好爲公益事業、該坡所成立之商會、振武戒烟社、書報社等、多與其事、徙宋卡後、尤努力宋之正德學校公益書報社及青年會等、俱參與發起、頗能書能詩、陳修園醫學三十六種、研究尤有心得、曾自製藥酒發售、至若國事之關心、則當孫中山居叻時、曾得蕭某介紹、面陳大計者屢、孫嘗稱之爲能、此亦足多矣、

【華英君】　君華其姓、英其名、字明昉、粵省文昌縣人也、父國文、號星橋、以名貢生設教下舍、凡鄉閭之聰明子弟、受其陶鑄而成大器者、不可勝數、鄉先達咸其文章道德、起越恒流、爲之表揚懿美、而編入府誌、母唐氏以賢淑聞、君早歲入學校、既淵源有自、復明敏過人、雖投筆而趨工場者二十餘年、猶能矢口成章、非空疏者比、性任俠、卓犖不羣、富愛國心、弱冠隻身南渡、思擇一木爲棲止、適族姪某知其能、爲薦引營業於商輪上、尋擢任工長、自是執業有所得、乃馳聘其種族思想、而有志於革新、復奮揚其社會道德、有以濟弱扶危、當其抱革新之思想、從事於同盟會者二十年、備嘗艱苦、不爲反對黨所摧折、民族既伸、則民權民生之主義、更不肯鬆放、乃竭其能

力、供職於國民黨支部瓊州益華學校三民學校創辦青年會中民書報社培智書報社同文書報社凡此種種、君皆力任其艱、罄其所有不稍靳、於此可見君之慷慨捐金、有古任俠之遺風焉、君現年三十七、精力正壯、前程遠大固未可量也、

【盧新科君】盧君新科字登雲一字庇楊廣東澄海冠山鄉人、十六歲棄書爲賈、弱冠南來星洲任生利商號事、凡四十餘年、在事自非勤勞耐煩、熱誠懇摯、烏克若是之久長、晚近從任陳元利號、該號業米茶布類雜味、又嘗裝配大宗貨物、售於暹羅等處、爲中華總商會端蒙學校等董事、保良局洪章山爲議員巡視員、宅心醇正、人稱長者云、

【林嫣寶君】林君嫣寶字楚仁福建海澄乃星洲瑞豐盛輪船局主人、爲已故林君推遷哲嗣、推選君因富而多產、臨終遺囑、以君爲承管人、既而遺大投艱、日理百十事、心算口占、爲人機警、意思深長、數年前膠價大跌、地價隨之、而君對於膠價及地價云、日前雖如此低落、然不久必升其值、後果二者皆漸漲價、不止數倍也、天質尤弘厚、有藹藹吉士稱、星洲林氏九龍堂舉之爲總理、其他各學校、各法團列名登推職員者、頗難勝紀、有胞弟曰嫣地、風概豪爽、爲辛亥革命駐叻同盟會中堅人物、現佐君治業云、

【王文生君】王君秉發字文生廣東揭揚塘邊鄉人、君六歲、父母携之南渡新加坡十歲修業於基督教所設學校、至十四歲、隨父返國、十六歲、又奉母重來新、自是創有萬合國貨店於東陵路、至民國二年、又以事返國、時國內多故、新中商業乏人整理、於是整裝復來、民國七年、一度往上海組織國貨肆、事已返新、至八年、遂另分支店於檳城之庇能肆、十二年、又分支店於十庫街、十三年、益大擴充、鄰埠設支店頗多、貿易皆以國貨爲大宗、爲人性行高潔、辛亥改革國體之役、友人陳楚楠介紹入同盟會、當袁氏竊國時、粵中龍濟光等方跋扈跳梁、君與同志組設秘密機關、謀鋤去之、時君爲財政員、孫中山及曹誠王正廷汪胡諸革命巨子、咸屬目焉、

【曾衛民君】曾君衛民字道安粵東莞士宦鄉人、畢業於神道學校曾遊歷日本東京、嗣來新加坡宣傳教旨、既至布先招工開鑛採錫、不利、移往金寶坡爲影相業、未幾、革命軍興、時已入同盟會、遂執兵從戎、俄失敗、復南來太平仍操影相業凡二年、轉實兆遠募股設木材店二、均販賣木材、號曰錦公司建中公司天性不厭學、翱翔書圃者數十年、學古有獲、而羣團體莫不尊敬之、爲益智書報社社長、華僑公立學校爲總理、國民黨支部爲總務科員、其他各法團俱任要職、誠僑界一名流也、

【胡文豹君】胡君文豹原籍福建之永定西歷一千八百八十四年、生於英領緬甸之仰光埠幼習緬文、嗣攻中文、輟學後、共兄

文虎經營永安堂藥材業、自製有虎標萬金油、八卦丹、頭痛粉、清快水等各藥、均有特效、銷路殊盛、遂侈侈隆富、卓然埒名矣、而公益慈善、莫不捐助、仰光中華學校當其建築校舍也、輸四千金、中華學校年捐且不貲、其他國內外災變之事、或同乃兄聯名募捐、或自出名募捐、孳孳爲善、大有博施濟衆之宏願矣、爲人曠達、心志平舒、愛人利物、和藹可親、現已移居新加坡云、

胡文豹君

【張叔耐君】張君叔耐、字思九、江蘇松江人、富學思、民國七年、星洲國民日報聘之爲總編輯、同時加入國民黨、抱定三民主義、十載弗衰、對於國內軍閥政客、爲文諫諷、糾謬繩愆、不稍寬假、對於海外僑人、導事喻德、啟迪挨匡、無微弗至、善行善作大字、尤韶媚可愛、工音樂、編輯餘暇、嘗自唱自彈、慷慨淋漓、沈雄悲壯云、

【林發成君】林君發成、家福建安溪蓬萊崇善里、因父商於星洲、以生君焉、十三歲、父歿、承管遺業、故後開遂春雜貨店於星之六條半石森律、一二十年來、以次建置膠田房屋及不動產頗多、曾提倡明新學校、躬任財政、數月捐資出力、不自知其勞苦、至安溪會館培英學校、亥同學校等、亦各有捐資、安溪會館一度任評議員、爲人慷慨好義、濟困扶危之事、尤足多也、

【蕭保齡君】蕭君保齡、閩人、以西歷一千八百八十三年、產於星洲、父財發、久任該埠洋貨公司司庫之職、後改途業米、蕭君畢業中學、欲留學歐美、而苦家貧、時英皇有獎學費之舉、凡南洋英屬每年中學畢業生、會試冠軍、由政府資送英國留學、君乃於一千九百零二年赴試、成績冠儕、惜於預備時期、費分其光陰精神、以担家務、致試卷未能冠軍、雖負壯志、而家計日艱、遂毅然輟學、以與老父分憂、初爲化學家助手、繼執教鞭、嗣任律師書記、股份經紀人、保險代理、公司收盤人等事、終則襄助組織聯東保險有限公司、華商銀行、及和豐銀行、現任和豐銀行總司理之職、蓋星洲華商知有限公司之利益者甚少、該三公司之成立、於華僑界闢一新紀元、而南洋華人銀行之首擴充其營業於祖國及荷屬歐美者、厥惟和豐銀行、蕭君之力也、君好學多能、暇輒研究文學、銀行學、教育、及社會問題、運動冠儕輩、精足球網球游泳音律及白話劇、今年愈不惑、尚稱網球能手、凡慈善教育、以及種種有益社會事業、君皆贊助、不遺餘力、曾被選爲華僑體育會義務庶務員、華僑英文女校義務財政員、星洲及南洋童子

軍聯合會義務庶務兼財政員、華僑游泳會及英國籍華僑聯合會副會長等職、君豁達大度、藹然可親、生長蠻荒、少求國學之機會、深以為憾、乃力勉子弟及諸僑生、補習國學文字、以為効力祖國之預備、竊謂吾國銀行家在國內者、首推上海之陳光甫先生、在南洋者其惟星洲諸保齡先生也、二君俱在壯年、其所以貢獻於吾國銀行業及商業者、方興未艾、前途遠大、諸拭目以觀厥成、

【曾春水君】曾君春水福建思明禾山人、生長於南洋新加坡、畢業於道南學校、初從商、即為裕源樹膠較所聘、任較內總管、三年改任福建膠店買手要職、未幾該號停業、乃任巴生陳嘉庚公司總經理、在事謹慎持重、各界欽佩、故中華學校中華女校均推為總理、閩南公所為董事、樹膠公會執財政、其他法定團體、亦嘗担任職員焉、

【韓福隆君】韓君福隆福建福清東張鄉人、少貧、無力讀書、年十四、隨族人渡南洋之新山埠、佐父治商、未幾、充麻坡暗牌差、凡三年、父故、徙星洲為某機關英文書記、凡三年、又移任工部局、又三年、有蓄且得友助、遂與友某開福源元商號於笨珍埠自為總理事、營業樹膠雜貨、值發軔之始、雖未大展、然謀已如泉湧、勢已如轉規矣、曾為培青學校福清會館司理員、至福清華僑小學校亦多助資、並為勸捐數百金、充經費、培青學校福清會館尤力為興滯補弊、故能臻於完善焉、君未嘗入英文學校、以涉獵記問之勤勉至為英文書記、真奇才也、

蕭保倫君

【陳日墻君】陳君日墻字鞆雕福建永春豐山兜人、年十六、始棄書而逐什一、弱冠後、以南洋為天府、因走新加坡、啟號泉豐、營業以樹膠布匹為大宗、以君之商才、二十年奮鬥、自成孚屬一巨肆、更進而經營樹膠園、數百衣青益添花錦上、左右逢源矣、天性伉直儉樸、待友和藹、有隱德、慈善公益、一輸數千金、不求人知也、嘗發起永春會館、歷任主席、為逸廬俱樂部首領、福建會館主席、國民兩等學校總理、商餘別墅主席、中華商會會員、年六十、健康如壯年云、

【汪貞君】汪君貞福建同安英村人、少家寒、亦未能為學、年十一、隨父南渡新加坡、既至、經商種藝、均克勞克苦、能盡心力、又富營幹才、精種藝學、除任合成號司理外、又出其所學、為黃梨及樹膠之種植、園之面積、數達二百餘畝、僅十數年間、蓁蓁茂茂、成生息巨

闔矣、民國十二年、又與黃龍遠合開龍德紳紅士產號、君既富殖產、然未嘗虛驕恃氣也、尤澡身浴德、修厲名行、復愛國、以身與國休戚相關、早入同盟會、資助革軍餉、並捐助中南學校光南學校及海內外諸慈善公益事業、至敬孫惠窮之舉、尤優爲之云、

【甄祐君】 甄君祐廣東肇府開平籍、甄奕粲翁次子也、少絀於資財、無以爲學、因耕焉、逮弱冠、始南來英領新加坡、初到、從事木工諸役、月僅得資二元耳、可謂至微而至苦也、未幾、漸孚衆望、得人信仰、遂肆力包辦工程於居留政府、以誠實見重於時、其契約工程、送往迎來、門庭若市、漸有蓄積、遂以開張祐記木廠、及多設紳紅于牙籠律及東昌雜貨號於美芝律、並置諸不動產業等、今則已灼灼名震、燊燊財富矣、性謹愼、爲事精細、尤儉樸、悃愊無華、顧又好善、於慈善公益、尤力提倡、有求必應、新加坡肇府會館養正學校南華女學校廣福學校廣惠肇留醫院、廖內廣肇會館、閩粵水災等、或千或百、均輸巨資焉、亦星洲之慈善家也、

【曹芝君】 亞洲之南伸一土股、右印度而左支那、其迤南極端、懸一小島、如守太平印度之關門、而控握其咽喉者、此何地乎、關海軍根據地、可與澳洲海軍相策應、無異將太平印度兩洋縱斷之、而築一長城于海上、收印度洋爲英國之湯池者、此何地乎、鐵路遠上、直接暹羅之京城、夾貫馬來半島之中央、而據水陸之衝要者、此何地乎、此非泱泱大風、表裏山河、規模宏遠、崇樓傑閣、如荼如火、錦燦花珣、舟車輻湊、商賈雲集、發達繁盛、蒸蒸日上、如今日之新加坡者乎、吁、其盛矣、吾嘗盱衡宇宙、俯仰今古、不禁憬然起敬、悠然神往、而崇拜當日篳路藍縷、以啟山林之來佛矣、然來佛之偉績、世界人所共知、而鼓其勇敢之氣、首先登岸、使讓地英國、爲星洲之起點者、尙有中國之一人、則多未之前聞也、其人爲誰、是固父老欷歔、華人太息、嘆其壽命不長、（星洲歸英後二年、君即死、卒年三十歲、）街談巷議、津津樂道之曹君是也、君姓曹名芝、廣東台山縣人、（舊名新寧） 富冒險進取性、家綦貧、年十二、孑身前往澳門、業小販、年既長、得友人之介紹、傭工於英國郵船、其時以輪船來往南洋羣島者、只此二郵船而已、君在船服務有年、勤愼誠篤、得船主之信用、故由小坡第一登岸豎探險旗、說服柔佛國王、使歡迎英國在星洲經營之事、主持者別有其人、而周旋其間、皆君之力也、當此之時、今日華麗之星洲、不過椰樹參天、檳榔映日、蓁莽叢生之窮島荒區、生活其中者、惟巨大之象、猛烈之獅、熱帶之好鳥、惡毒之鱷魚、與夫茅屋數家、人獸未分之土人耳、自來佛以如炬之目光、看察此地、關係於世界地理上之重要、今僅百年、而埠內電車之交通、電話之利便、馬車之衆多、以至人力車達二萬輛以上、自由車達千輛以上、埠務之發達如此、宜乎來佛氏之銅像巍巍矣、而助其成功之曹芝獨泯沒不

傳、中國無殖民政策、吾民即無殖民之事功、悲夫、今于舉行星洲百年紀念之後、著其大略如此、後之覽者、其勿嘆中國之無人、惟楚有材、晉實用之、此則不能不爲曹君惜也、

【吳士恭君】君姓吳、名士恭、字址卿、閩詔安縣人、父易周、板木名商、母林氏、有淑懿稱、君幼岐嶷、弱冠卓異、里閈多有譽之曰、吳家蒲稍騶駼、前途萬里、人莫追及之、壯歲南來新加坡、初任某木廠書傭、未幾、即升司事、旋招股建築泉松美鋸木廠、歲計利益既豐、家因富饒、君性剛而寡欲、質直而好義、一生最惡嫖賭煙酒及一切不道德之行爲、廠中所僱用諸工、倘有染是、必直斥其非、或旁徵曲引、以敢其悔悟心、嘗曰、嫖賭煙酒、爲終身精神上大地獄、四者嗜其一、不惟終身無積蓄可言、人格幸福、且剝奪盡矣、君術擅魯班、藝亞楊潛、嘗親引墨繩、以建築屋宇、匠心獨運、無美不臻、又好讀書、商事餘閒、手披百家、口吟六藝、報紙雜閱西歐譯本、尤嗜閱如食色、辛亥前數年、即入同盟會內地同志、凡有所謀舉、君必捐資以應其費、而以辛亥光復全國、及民國二年雲南唐蔡起兵誅袁二事、爲最忙碌、君對於社會之勞績、若星洲書報社、若同德書報社、若商會、星洲火鋸商務會社有限公司、南洋女學校、及賑災會等、或爲其發起、或爲所贊成、或代募款、或擔任職員總總林林、胥能任勞任怨、有始有終、君現年四十三、春秋富盛、前途發達、方興未艾也、

吳士恭君

【楊開松君】楊君開松、字啟茂、廣東海陽人、生於新加坡、少學於英校、畢業後、即被聘爲牙待金洋行書記長、三年辭職回國、與鄭女士結婚、逾二年、重至星任RD西藥房簿書、又二年、因恐歲月蹉跎、爰辭去之、如高踏丁宜（即德興港埠）開張德記汽車號、凡四年、獲巨萬焉、一度被聘爲德星輪船船主、六月返國、未幾、又南渡、開創開發商號於柔佛之豐盛港、並及膠樹之種植、錫礦之經營、六年以來、以能勤勞節給而致陶朱富矣、爲人禮賢下士、名流多歸、又和平好義、樂爲人排解紛爭、時稱巨川舟楫、後進楷模、一言九鼎、無不服從、尤嘗竭忠贊美於學校及諸善事、爲培智學校籌辦之人、民國十三年、爲該校總理、與同志陳貽矩等發起潮汕水災籌賑會、得籌巨款、匯到災區、曾爲中華義山董事、樂羣俱樂部總理云、

【彭雨三君】彭君雨三一名成林、福建詔安東山鄉人、年十六、始從商、初在大義和號爲練習生、凡四年、揣摩既精、出而自開永

和隆號於東山市凡十四年、因無大利收盤、遂南來新加坡、其始爲水客、隨船帶貨、到處求售、凡五六年、傾所積、建立萬成安號、業九八土產大宗、蚵粉等貨、更分三支店、順安、廣安、順源、於荷屬之英德其里埠、與陳瑞和合資開和安公司於峇株巴轄之合春港、發售雜貨、兼經植樹膠田、二十年孜孜矻矻、不避艱難、故能成此大商業、其中南學校、振東學校、均爲發起者之一、每年各認捐巨金焉、

【盧成興君】 盧君成興、廣東潮安縣西都鄉人、西曆一千八百八十一年、生於新加坡、年十八、畢業於禮佛英校之第七號、少時、尤攻漢文、故漢文亦甚優良、父開正成疋頭、郊任君爲經理、精染藝、能巧染各種花布、常雜諸工際中、與工人共操作、是以工人皆用命焉、二十餘年來、該號驟躋於一等商業矣、爲人伉直、悃幅無華、待人接物、以至誠爲主、籍西都怡溪學校及星洲端蒙學校、端蒙分校、華僑女學校、善濟醫社、潮汕水災、中華商務總會等、均有助資、聞名籍甚矣、

【吳捷全君】 吳君捷全、廣東潮州揭陽溪頭吳鄉人、年十八、始南渡至新加坡、任事於興隆和號、凡十一年、勤謹不忝職、年二十九、邀同志沈俊復陳欽勝陳敢銳等、合資共開發盛和記商號、營樹膠及黃梨檳榔椰肉糖米雜貨業、二十餘年於茲矣、資性謹慎、愛國如家、對於辛亥國體之改革、鼓吹運動、不遺餘力、輸助軍需不貲、於社會事業、尤多提倡、星之端蒙學校則資助之、其分校也、則發起之、並認捐五百金、以爲基金、他如南洋女學校及各校經費、潮汕風災等、亦多輸巨資焉、

【許耀宗君】 許君耀宗、字德輝、福建同安錦江人、年二十、南渡至新加坡、任職於永義成號凡數年、升總經理、又三年、適該號收盤、乃轉任盈豐總司事、克忠克謹、數年如一日、曾與人合資開設瑞發商號、未幾、棄去、另與同志開協昌公司、經營凡十有三年、贏息頗巨、卒因股友相繼謝世、君復年老、經理爲難、因停業焉、爲人勤儉克己、而好施於社會公益事業、尤爲盡心盡力、南洋華僑中學捐千金、愛同學校與友合捐千金、道南學校四百、同安錦江光華學校捐基金五千、至興亞學校、南洋工商補習學校以及國內外之學校醫院、災賑等、尤趨捐以巨數焉、亦華僑中之慈善家也、

【何懷清君】 何君懷清、字履潔、福建思明禾山何厝社人、年十六、棄書航於台灣頂下港、爲船主、頗著勞績、越三年、南渡吉連丹丁加奴一帶、仍操航業、有巧思、嘗自操舵引、製船備極堅固、嗣就新加坡隆發號聘爲經理、年餘、薄有蓄、因與友顏高興合資、開張晉成號、營魚鹽海錯、未幾、顏別業、割歸君、改號源晉成、於今四十餘年矣、溢達百萬、既饒富、遂以次置田園、帆船等產業、又爲其兄置園數萬

值於家鄉、尤畏天悲人、星洲有同濟醫院、君實發起者之一、又嘗任總理與財政、倡募資建業產、爲久遠計、曾與友某合捐五千金焉、廈門樂施社亦君所發起、尤嘗爲總理、爲籌數萬金建業產、爲經常費、至於各善團、各賑災、以至於施貸周濟、爲事至多、不勝枚舉矣、

【林推遷君】　君字寶善、閩海澄縣人、誠厚其性、愷惻爲心、任俠如朱家、好義似晏子、宜乎僑民尊爲勝流、然自少家貧、詩書不能深造、祇具一種冒險性、爲庸流所不可及者、以故壯年隻身浮海、直抵南洋英屬之新加坡及龍汶港、從事於商場之奮鬥、果也有志竟成、無謀弗遂、十年之間、業成名立矣、計君現所有業、則新加坡瑞豐盛總行、登嘉樓附近龍汶港寶盛烏錫鑛、（按該鑛開採地域、至三千畝之面積、工人二三千、爲南洋罕有之大鑛場、）香港瑞記鑛局、惠州林推遷鑛務公司、檳榔嶼恒茂豐記公司、暹國黃裏干冬等埠各置萬成興行、更置三輪船、曰豐和、瑞華、茂盛、行駛登嘉樓等處、此外尚有不動產、如椰園樹膠園屋宇地段、和豐銀行巨股、各處有限公司股分等、不勝枚舉、君處境既豐、益崇尚黎氏有飯大家吃主義、數年來對於內地旱潦諸災、南洋教育、及慈善諸事業、捐款甚多、大著者、則星洲道南學校捐巨款、中華女學校亦捐巨欵、登嘉樓維新學校校舍、獨立建築之、現彼都人士、稱道不衰、星洲愛國學校提倡建築校舍、出資巨萬、爲基本金、其他賑廢滯、恤鰥寡、解人之紛、成人之美、猶其餘事耳、現年五十有四、體質精神、猶矍鑠健全、如三十加之威

林推遷君

容德器、和光同塵、人孰不望而生敬愛哉、居留政府以其賢豪、授之爲三州府參事局參事員、本國大總統錫以三等嘉禾勳章、年人、星洲中華總商會尊爲會長、和豐銀行推爲董事、如斯榮耀、在他人求之不得、在先生則淡泊視之、未嘗以爲榮也、

【陳篤生君】　昔華封人以三多祝帝堯、壽其一焉、誠以壽爲人類第一件事也、歐美諸文明國、近世科學昌明、醫科尤列爲專門、二十五年前、據生理學家之報告、英德義法澳諸國人壽平均捹算、或得二十一二、或得二十三四、或得二十六七、要皆不到三十以上者、乃二十五年來、醫學日精、衛生有道、各國人壽皆能捹算三十以上矣、我國人民對於衛生、素不講求、益以早婚、故人壽平均僅得二十六七而已、噫、大可畏也、査星洲陳篤生君、大慈善家也、體天道之生德、具我佛之慈悲、以獨力建築篤生大醫院於星洲、廣袤數十畝、醫處病處藥室多至百有餘間、垂業百年、活人無算、更恐經濟之無從出、難以持久、病且革時、復遺囑子孫、由遺業息款撥充之、似此輕

財仗義、較之起造浮屠廟宇者、天淵是判矣、君爲閩省海澄村頭鄉人、壯年南渡、以商爲業、在星甚多建樹、壽至古稀、無疾而卒、人以爲慈善之報云、

【周卓林君】君身材短小精幹、胆量尤豪、通中西文、勇於任事、原籍閩南晉江、而生長于思明、素有革命思想、前清厦紳開追悼會少卿會於前圓宮、君竟持克强河口檄文、揚州嘉定二書、當衆演說、至於痛哭流涕、厦防分府聞而欲捕、乃走南越、翌歲秘密回厦肄業英華學院、既畢業、院長洪顯理薦往緬甸任美以美會教員、遂入同盟會、課餘四出演說、僑胞多爲感動、辛亥武昌起義、與同志徐贊周君謀入滇響應、衆舉君與吳鎮福曹戔携巨款去、時滇撫李經羲戒備極嚴、曹吳到瓦城畏葸不敢進、君曰革命豈怕死、我其獨行矣、越晨、吳追至、乃易緬裝、冒險直入、借宿巡防營中、共清兵談笑道歡、及至千崖、約土司刁安仁、抵騰越、結張文光、九月上澣、騰越光復、推文光爲都督、君爲外交、安仁不服、張刁爭雄、君竭心力勸刁退讓、始得相安、未幾、蔡鍔起義、恢復全滇、君乃返厦、組織北伐隊、清帝退位、和議告成、上京爲緬甸華僑代表、選舉國會議員、遂留京師進大學、宋案發生、滬口事起、上海華僑聯合會電促南下、抵申次日、即携款往金陵接濟黃克强、秋七月南京獨立取消、回滬復帶款赴吳淞、助居正、戰事方酣、道途梗塞、幸大陸報英訪員捷克孫携君由南翔步行入吳淞、至則居正已退守嘉定、爰假難民偷闖返滬、全款八千完璧交會、癸丑之歲、袁氏竊國、君復南來、爲林義順司庫、適李烈鈞等齊聚星洲謀倒帝制、往來文件、君實密爲傳達之、當地政府派警搜索、將捕君去、義順極言君爲國事、不關星洲治安、及見英將官、陳明事實、方告無罪、民黨健者、君其一也、

洪神扶君

【黃福庵君】黃君福庵字藻華、廣東台山人、幼在家隨伯父讀書、年十五而喪父、二十四渡南洋調查商業、遂在石叻大馬路開設支店、名曰永福安、專營參茸藥材、此爲香港藥業中南來設店之第一聲也、君素以信誠爲主、待同業如兄弟家人、人莫不欽服、時志在圖遠、曾遊英荷各屬數十埠、值歐戰終結、匯水高漲、金銀價格超過尋常、君由香港買來金錢、獲溢鉅萬、已而遷居海山街、專作生熟葯材、嗣又創大同影相舘、並設支店於牛車水、名曰福安棧、亦業葯材、君愛國心尤切、駐叻總領事羅昌曾邀宴於西人萊佛飯店、見該

店高懸萬國旗、各國領事在焉、獨不見中國國旗、君以爲英大國恥、求羅領事質問之、幸得添懸、其顧於國體有如此、君嘗爲寧陽學堂、中華俱樂部會員、曾提倡半夜義學云、

【李略俊君】李君略俊字偉生、廣東澄海人、年二十六、南來新加坡、然其營業發展之驟、眞有不期而然者、初僅創俊興一號、嗣又開張五福永福成等號、俊興在小坡美芝律專營實業、垂二十餘年於茲、五福則買賣大宗樹膠甘密椰肉及代外埠商店九八貨、亦垂十六年、永福成酒店裁三年耳、近又置橡膠園於荷屬之麻淡地方、凡數百畝、諸營業蒸蒸日上矣、會星洲端蒙初創、於是隨衆捐資、供出經常各費、數年如一日、本年復與張永福君張來喜君等倡端蒙分校於小坡、慨然捐金六百爲開辦費、前潮汕水災捐金四百、築堤平路、亦捐千金云、

【洪神扶君】君姓洪名神扶、字孝抒、號佑康、福建南安岑兜鄉人、幼年南渡星洲、任書傭於和和公司、旋改任和祥號凡五稔、店東與文權優其才器、擢爲經理、又數年、以所儉積之資、邀同和豐公司王振煌及和和公司等合股開張兩和公司、股東因共推君總司其事、歷十餘年、頗多溢息、乃民國十一年王振煌忽謝世、兩和公司因而歇業、始君之樹兩和也、於民國七年、另有與人合作糖米九八貨商號、（南商凡人能代人買貨撥貨、抽扣百元之二元、爲九八商）曰孚作會、有香港中華聖教會之創建、慨然捐金數百、又約數友合捐二千元爲發起石叻中學開辦費、中學以成、此外各小學如幼和園如道南如南洋如南明學校亦各捐資、又任董事、愛同學校且捐千五百金、南安會館亦捐五百金、縣鄉洪氏宗祠捐千餘金、至賑災恤貧力之所及者、無不樂爲之助云、

【林石城君】林君石城字集波、廣東潮安縣博士林鄉人、十六歲、旋南洋英屬之新加坡、希圖爲商、初至任泰記號會計、凡二年、與同志衆合資設永樂記號於小坡美芝律、業檳榔子及代隣埠買賣九八貨、民國七年分支店於柔佛之昔加密埠、號曰永利記、交易大宗樹膠及雜貨、十一年、又與同志合股開張集興號、仍營檳榔子業、旣而經紀營營、順理覺裕、纔十餘年、以素封聞焉、君係同盟會會員、同德書報社社員、辛亥前後、屢次革命、頗多助餉、星洲端蒙學校、助而成立之、復與張永福張來喜李五福等二十餘人倡辦端蒙分校於小坡美芝律、除自捐巨欵外、復與衆奔馳籌湊其經濟、本年曾被舉爲汕頭林氏家族自治會名譽副會長云云、

【王文水君】王君文水、福建漳浦橫口人、以西歷一千八百七十九年、生於新加坡、年十八、畢業英華學校之第八號位、已而出

任新加坡高等審判廳書記、悉心奉職五年、被聘爲陳及瑞朝律師館總司理、西歷一千九百二十年、陳及瑞朝二律師分析、乃就陳及意峇律師館總司理、有幹才、一千九百二十一年、職任之外、又另與友組織王文水羅厘公司、一千九百二十二年、又集股辦王文水樹乳薰廠、自總理之、又合資闢植七百餘吉黃梨樹膠園於星洲、以實業家聞於時矣、性好善樂羣、歷任王氏宗祠協理、CT俱樂部義務職員、華人會社副總理、尤熱心教育事業、前與同志汪妙策等發起愛同學校、成立後、被任爲英文教授、並被舉爲中南學校總理、此外星洲各學校、各善團、舉之爲職員、受君之惠者尤多、不勝枚舉矣、

【楊廉溪君】 楊君仁泉、又名聯源、字廉溪、號有源、福建永春北門外白馬山麓人、弱冠至新加坡任經紀於允昌者九月、旋之吉隆坡任崇發職二年、入彭亨卜間埠任協源掌櫃者、又四年、卒至芙蓉之武來眼埠、自開福源雜貨布匹號、並樹膠園之種植、凡數百衣吉、諸不動產業亦互、民國十四年、令子振漢與陳幽相等、合辦瑞興源樹膠公司於吉隆坡、營業甚盛、二十餘年來、榮榮然得懷金樂矣、前光緒間、嘗一度回籍、建業數萬金、以示弗忘故國、爲人樸厚而孝親、富國家思想、尤好合羣、公義所在、常勇爲之、前清末葉、曾與同志謝文賓林君鄉卿顏鄉卿林楊升科顏章受等、發起中華學校於武建校兆金、凡捐三千餘金、歷任總理、不辭其勞、星領事胡維賢贈以「培植羣英」、又與同志發起福建公所、慨捐千五百金爲倡、歷任旅事長、楊氏公所捐二千金、任名譽總理、永春會館捐五百金、歷任會董、武策羣青報社歷任總理財政、此外如籍市立學校、廈門桃源學校、以及祖國平糶等、亦均投巨資焉、

【許扶堯君】 許君扶堯、字道賢、爲辛亥同盟會會員、福建金門珠浦人、讀書十載、能文、南來馬來半島之新加坡、任簿記席於許順美號、三年、被聘爲砂勝越屬古晉埠順源安掌櫃、凡五載、進支覈算、未嘗隕越、嗣以該號折股、乃回新加坡經理源順豐號、已十餘載於茲、爲該號贏息數十萬金、近年嘗與同志合資開張順昌盛九八郊、尤發迹、雅性高潔、好施嘗輸資以助愛同工商諸校、及國內外諸善舉、民國十年、又與同志陳令典、李振殿、謝天福等、發起新加坡幼稚園、令聞令譽、昭著一時矣、

【李肇基君】 李君肇基、字冠山、福建同安林厝鄉人、十五歲時、遭家不造、父母雙亡、棄讀南來新加坡、任協利簿記席、六年、轉任萬興行又三年、商務之精嫻、已如布射遼丸矣、時協興號東陳心鑑知其才、聘爲總經理、十年間、公私各有盈蓄、已而與友湊股、開恆利號、業大宗海錯土產、及受理隣埠信託、兌置各貨物、乘業二十年、平生功業、胥在辛亥革命、當孫中山先生遊新也、君及諸同志、相會於

東陵自是組同盟會主盟人屬之君、武漢福建光復後、孫督道仁來電告乏餉、君與陳先進及五六同志、四出勸募、得萬金匯應、星洲書報社多同志份子、中關餉費停辦、君與鄉聘廷等、謀中興之、至同德書報社、振武戒煙善社、中華女學校、華僑總商會、牙籠中華學校、廈門李氏宗祠、同安巷南學校等、皆捐巨貲、並爲董事、若振災恤隣、衣人食人、勸人善、戒人惡等、其餘緒耳、

【李悟民君】李君悟民字華光、福建閩清縣二都鄉人、父忠壽爲安南名商、故君卒讀後、即隨其同赴東京、在父意、不過欲其漫遊海外、以增進其視察力、而擴其眼界耳、顧君亦以是有得焉、未幾、復隨叔忠清遊新加坡、至則立志從商、任事於福興商號六載、而以能商聞於市矣、年十八、自設華通土産號於星洲、同志劉橫川等均附股焉、凡十年、卒不幸、因歐戰影響而歇業、轉任於福順美號、曾一度往詩巷等處、不遇、重來星任振豐商號總司理、該號經君經營、發達不已、天性愛國、其在詩巷也、鼓吹辛亥革命、不遺餘力、辛稱同盟會健將、尤急公好義、若發起新加坡南洋工商補習學校及福州會館教本學校等、其功尤偉、至捐助於南洋華僑中學校道南學校及星洲各學校、各善事等、尤爲竭力、乃聞望籍甚一時、故僑衆舉之爲樹膠公會議董、星洲商務總會會員、福州會館董事、春秋將及四旬、年力正壯、樹立功業、正有爲時也、

李悟民君

【鄭古木君】鄭君古木字集卿、閩思明縣湖里社人、初遊新加坡、攻英文於禮佛大學、五年、至第七號位、時匯豐銀行仰君名、聘任記席、逾三載、棄去之、而望加麗甲必丹黃君培遂聘司理其店金福和、並妻之以女、時年僅二十三耳、今十一載矣、該號營業中外、遷引、贏利甚巨、君有力焉、性仁慈、尤發我國工人多不識字、曾與黃肖巖、莊丕唐、莊篤鼎等二十餘同志、在叻發起南洋工商補習學校、使工商人、於公餘之暇、得入校讀書、至於道南、愛同等校、以及社會公益等、亦多所捐助云、亦僑界中一急公好義者也、

【黃連柳君】黃君連柳福建南安孔子學邊鄉人、父萬妙業農者、母氏曾生君昆玉凡二、君其長也、以家赤貧、故未二歲、而即從父爲農矣、年二十六、南來新加坡、初爲傭於協振發號、凡六稔、卒得以儉積之貲、與乃兄清泉合創和成公司於叻之乜支律營繩類、業頗巨大、今垂三十餘歲矣、家既多資、頗思鄉土、乃於民國七年回鄉、時將治廣廈也、君性仁慈、勇於爲善、其致力於社會事業亦衆、如星

洲南安會舘捐三百金、爲開辦費、並爲會董、如中華總商會捐金二百、他如南明學校南洋工商補習學校嬰兒保育會及其他一切慈善事業、亦將慷慨輸將、至於辛亥國體改革、助餉多金、現已杖鄉、精爽不衰、仍力圖建樹、眞所謂松栢之姿、經霜猶茂也、

【陳實隆君】陳君實隆字瑞岡、閩海三都嶺上人、幼讀書於鄉校、既長、至南洋英領砂撈越屬之加帛埠治理乃祖父所啟之協成商號、時年僅十八、而商才天授、所謀皆就、旋遊新加坡見其處爲南洋商務之總滙也、因擬協振成九八號於元順街、未幾、招友葉有添君合資共營、又一年、業大擴充、復招呂亞回君合股、更大發達、時君爲股東兼經理、民國十四年、因葉呂兩君、志圖別業、乃將全業讓君、已而君於商業之外、又兼樹膠之種植、地在詩莪、甚爲發達、生性謙謹而誠實、愛國而好義、賑恤之事、嘗能量力以爲、社會上莫不欽敬君之爲人也、

【李金賜君】李君金賜字雲如、廣東潮安縣青藍鄉人、商業家李成存之第三哲嗣也、西歷一千八百八十七年、生於南洋馬來半島之新加坡、曾一度隨父母回華遊歷、領略祖國文明、旋復南來吉隆坡就學、繼則升學於新加坡禮佛大學校、卒得優等畢業、英機關慕君賢、聘爲坐辦、時年僅十六耳、越七年、則一躍而有廣茂商號之開張、立(LKS)火柴製造廠於新加坡及巴雙港口凡二處、又設水泥製造廠與陶磁製造廠於新加坡、今其出品、已銷行南洋羣島間、頗著聲譽、如君者、誠吾華僑實業界中之一高才士也、天性慈和、樂爲公益、爲星洲中華總商會會員、前曾發起中華公會、歷任總理、至各學校各社團之舉、君爲董事職員者、不計數焉、

【余延廷君】余君延廷字海珊、廣東澄海鰐浦都月浦鄉人、君將弱冠之年、隨父南來英領之新加坡、初至、在父之振源號中練習商術、旋即被任爲總經理、民國元年、與同志合資開張新興海嶼郊於叻之溝仔墘、又於民國十二年、與友合營通成商號、并附巨股於華僑銀行、今成豪富矣、幼攻讀有年、長於文牘、精於術學、生性凝重、尤喜爲善、星洲之總商會、乃君與諸同志所發起、並捐千餘金、瀾汕水災時、亦捐巨款、此外如星洲海嶼郊公所、則歷年被推爲財政、至於社會公益、尤多可舉、同盟會亦爲會員、春秋五旬、子二、女五、家庭之間、頗有其樂也、融融之狀、令人艷羨、

【陳水抽君】陳君水抽字子麥、福建厦門山場人也、讀書十歲、勤學能文、以父早逝、乃於十九歲來新加坡、治理信發號、蓋君父之遺業也、凡四年回國結婚、旋復渡南洋、爲振發成米較、及擴充各商業、初入息頗豐富、卒然折閱甚巨、乃放棄焉、既而往荷屬巨港、任

事於興源號、蓋爲林推遜君所識拔也、又二年、則與友合資、共倡星洲滙通商號、君被推爲總司理、十餘載、溢利頗巨、乃以西曆一千九百二十年、膠價大降、同業多虧折、而號亦不免焉、於是股東倡議欲增資、以爲救濟、君則戰戰兢兢、不敢輕進、以鑒於前轍之覆也、因讓股於友、而自立福南發號於吻之衣箱街、以九八及大宗之吧東暹羅烟等營業、五年以來、以君之大展擘劃、則已累貲巨萬矣、稟性愛國、於辛亥改革之役、竭力以助民軍餉、蓋君亦爲當日同盟會中十餘同志之一也、復仁民愛物、仗義疎財、國事社會、所助尤多云、

【殷雪村君】　殷君雪村生於福建思明之鼓浪嶼、九歲入福音堂義學肄業、十一歲、復在泉州教會義學校肄業、年十四、乃學醫於厦門同昌藥房約年餘、徙居台灣、仍學習於某藥房、既年餘、回福州倉前山入鶴齡英華書院肄業、凡五年卒業、來新加坡府堂充

楊以熾君

閩語之傳譯員、時君已弱冠矣、然君志在學、旨以濟人、大才小任、終非素志、時星中有林志義君、深以君爲致遠之士、助其學費、就學於美國支根大學、二年、轉入加拿大森蘭道大學校、又二年、畢業醫學專科、試考得列名第二、賞銀質獎章、時論榮之、蓋該大學自來考試、未有東亞得考取第二名者也、最後在英京倫敦大醫院、復考取英國國家畢業文憑、遂返新加坡傳醫、與林文慶合資開九思堂西藥房、後林君赴德國、應萬國醫會開會、乃將該藥房歸君獨自營業、君醫藝既精、名亦日著、稍富之後、乃復與友人創辦森林板鋸廠、及集股創聯東保險公司華僑保險公司華僑銀行等事業、以醫起家、致富巨萬、求之南洋、異數也、君於民國二年、入國民黨、對於國事、頗多贊助、光復後、曾與張永福陳楚楠陳楨祥諸君子、發起福建救濟捐、募款十萬金回省、星洲中華商務總會爲發起人之一、並爲協理、復與總領事孫士鼎等發起振武善社戒烟所、爲華僑戒烟、君任義務醫生、其他南洋華僑中學及各學校各慈善團體、多有捐資、又西歷一千九百二十年、時米價高昂、被舉爲星洲平糶局副主席、星之醫學校亦爲參事、政府亦舉爲癲人院調查員、一千九百十一年至一千九百十三年、連任爲工部局員、一千九百二十年、爲太平局紳、賢者多勞、爲華僑中不可多得者也、

【楊以熾君】　楊君以熾字日燦、世居於福建閩縣之南園村、幼穎悟、就傳五歲、便能屬文、逮冠字後、始奮志抵新加坡、已而經商七載、輒多屯躓、遂學醫於施濮章、時施爲星之有名醫者、見君年少奇才、乃盡傳衣鉢、五載而貫穿難素、因懸壺於施所啟之壽春堂跛

聾殘疾、相扶而來就診者、日常數十人、視病發方、要無不生枯而起朽焉、及民元之年、施以年老終、君乃自創新壽春堂於叻之必其林街、仍業醫葯、名益噪、自製有追風虎骨膏、花柳骨痛葯水、萬應蟾蜍拔毒膏、少林氏鐵打丸等、發售頗稱靈驗、為人重厚少文、注重教育慈善事業、星洲各學校各社團、多推君為名譽會長、又嘗任南洋工商養正幼稚園等校董事、福州會館更任財政、至於振災恤患之事、常捐有餘、而補不足、以是時譽日隆焉、

【黃奕寅君】 黃君奕寅福建南安千金廟鄉人、成童輟學、後放洋抵三寶壠任日興商號庶務、凡十餘年、東主黃奕住以其才可用、擢之來星洲任日興支店、承日興號總司事、又九年、乃辭去之、而與友合資開成美公司、業糖及九八貨、歲計所入、不啻倍蓰、天性峭直、不逆不億、尤勇於為義、曾捐千金於愛同學校、捐二百金於南洋工商補習學校、又捐多金於南安會館及南明學校、各學校、各慈善機關、並為董事、至於國民黨亦列為黨員、辛亥前後、對於國事、尤多助資、年四旬餘、謙謙未皇、厚人薄己、尤可以風矣、

【孫叔玉君】 孫君叔玉福建閩縣東巷人、父子善歷任新加坡報窮司局查數官、君年十二、即隨母南渡、至新加坡省親、在新又進英華學校肄習英國文學、勤學數載、卒得畢業於該校之第八號也、因出任事於美國書房、凡數閱月、繼被聘為正旗英國輪船公司買辦、十七年來、娓娓無倦、凡事忠藎、尤富幹才、人皆嘆服、數年前嘗與友吳佛吉陳福安合資刱辦吳佛吉印務公司、為人和平、喜合羣、廣交遊、中外名流、咸歸之、為崇東游泳俱樂部 SC. KC 俱樂部南洋互助會等會員、華僑公會董事、於社會公益、尤多資助云、

【葉清沙君】 葉君清沙字師藩福建同安嶺下舖前人、家貧頗饒、幼讀書三年、父命棄之、而佐治商、然耽古篤學、商餘之暇、輒就乃兄攻苦、既長能文、遂適廈門任遜記洋行簿書職、越二三年、丁內外艱、辭職奔喪、未幾、同邑春源葯材行聘之為司理、年三十一、出自開三春葯材行、始可藉手、會同城大西門忽遭回祿、延燒舖戶百餘、君業亦被殃及、時年三十六、乃毅然長征、南渡星洲、從事於商業簿記、佛約十數年、嗣為邱國瓦留鴻石陳延謙等所器重、引以為友、曾一度任南洋樹乳公司書記兼監督、惟在新國民日報司總帳最久、在事勤勉、同事莫不敬愛之、星洲南洋商報東主陳嘉庚、以其報務熟識、聘為總經理、已而愈重就熟、稱體裁衣、為人謙和孝友、絕嗜欲、克勤儉、公益事業、隨力而為云、

【洪光騰君】 洪君光騰家於福建南安英都鄉、幼家貧、稍讀書、即棄而之廈門、在許龍珠所設之商店供職、凡十六年、東家待之

雖厚、但以依人作嫁、無發展地、遂毅然買舟渡星洲、爲協發商店傭工、凡四五年、稍有積聚、芒芒然歸、未幾、再渡星洲、時協盛號東、知君沈厚守正、聘任司理兼財政、歷數年、又蓄五六百金、出自開德泰酒店、垂業數十年、嗣英政府取消其酒照、遂改爲賣烟二廊號國泰願二廊、業利至微、因君之敦樸善居積、自足以致富、今膠園已置數百畝、房屋三十餘間、君雖將及九十、而容貌猶壯、動止閒雅、與善士王嘉祿爲忘年友、情好歎密、得善則相勸、遇惡則相規、時以爲益友、星洲南明學校、君以千金爲開辦費而成之、籍鄉英都學校亦捐金三千、南安會館捐金一千、至於粟枯賑乏、濟困扶危、不勝紀載矣、

【周獻瑞君】　周君獻瑞字郁文福建南安莊頂鄉人、於冠年南來至新加坡初傭作於某佑衣店、嗣任書記、於協利九八行裕源號大東公司等、均嘗聘爲買賣、亦一度爲興源公司股東兼司理、最後與人合資開南春樹膠廠及購樹乳園於柔佛地方、且君抱負不凡、篤志典學、藏書之富、卷逾數千、尤愛國、當星洲同盟會成立、曾由革命中堅人林鏡秋君介紹入會、對於革命事業之宣傳曾共謝坤林何心川郭淵谷諸子、組織露天演說團、聽其言者、無不感動、平生崇拜汪精衛每讀汪文、至流血菜市街頭猶張目以望革命軍之入都門也之句、輒悽然長嘆、對於某國不平等之二十一條、嘗使其子炳炎派傳單於星衆、爲推銷國貨之運動、已而引起當地政府之注意、佁君告戒焉、

葉有添君

【葉有添君】　葉君有添字晦嚴福建同安劉五店人父商於星洲故君生於是、幼肄業於道南學校父捐館於籍鄉時、君纔勝衣耳、凶耗傳來、立買棹奔喪、擗踊泣血如成人、遠近稱孝、既而盡禮葬祭、乃旋入鄉立之光華學校肄業、既畢業、乃重渡星管理父遺之盈豐號商業、纔數年、業愈擴大、闤闠由是著能商名矣、資稟慈祥愷悌、嘗以不能博施濟衆爲憾、民國元年、捐助原籍光華學校經常費千二百金、並捐基金一萬元、捐助同安教育會二千金、此外如星洲幼稚園南洋女校工商補習學校同安救濟捐等、在在慷慨助資焉、

【張家兩君】　張君家兩字雨端福建同安板橋鄉人、父乃帝商於暹羅年十六時、適父鶴化、網谷吉利號乏人纔理、君遂棄書南來、固欲繼續振作、第以年齡尚幼、爰交乃兄瓜代、已復家居、年二十一、又南來、此來易居星洲、蓋以星洲商賈騈集地也、初到、陳嘉庚聘

爲謙益棧米郊司櫃、凡十四年、會計出入、銖黍不差、陳嘉許之、列爲膠業部股友、又五六年、拆出、而與陳水蚌葉玉桑楊六使等、合資開張日新公司及振成豐號、日新公司製造罐頭黃梨、發歐洲售賣、設廠二、一在柔佛之新山、一在星洲之牙籠、振成豐製造樹膠、在星置較廠三、一在監光加薄、一在海南山、一在牙籠、各廠規模綦大、工人千數、誠爲南洋商業之至大者、爲人熱心於國事社會、辛亥革命、在星加入同盟會、助資於民軍不少、尤傾心於敎育、民國四年、倡辦東安板橋滸井學校、而星洲道南愛同二學校、南洋女校、南洋工商補習學校、星洲幼稚園、華僑女校、南洋華僑中學校、泉州培元學校、同安楊宅某校、星洲中華商務總會等、均由公司題名捐巨資焉、君守正持重、修辭立誠、嘗爲人排解紛難、片言而盡釋其嫌怨、至爲富不驕、喜氣迎人、其餘緒也、

【楊六使君】 楊君六使福建龍溪人、年十一歲、隨親南來星洲、復入英國東方學校、攻英文、凡四年、後爲星洲瑞盛號英文書記、旋升經理、未幾、該號歇業、轉任謙益號總司事、計十七年、得利無算、以汗積金、入股該號、數年抽出母利、與葉玉桑張家兩陳水蚌等、共開日新公司、嗣由日新公司又分出支號、曰振成豐兩巨號、營業專以設廠置較、製造黃梨樹膠、爲大宗、公司規條、盡美盡善、諸股友、尤各秉心光亮、或司買賣、或司會計、或司巡檢、因才推任、皆都洽稱、尤同心同德、和氣一團、名爲股友、實如手足、君性撝謙、曠兮若谷、對於華僑所倡之中文學校、無不力予贊成、星洲各校、由日新公司題名、或由振成豐題名、捐欵獨多、復敎宗睦族、特愛同氣連枝、厦門楊氏自治會捐金一千五百元、至於拯災卹患、尤隨事樂輸、不稍吝焉、

【蔡儀卿君】 蔡君儀卿號小廬山人、福建同安人、幼業儒、能文、早失怙恃、伯兄某、固甚友愛、乃家庭間、嫂也不賢、遂離家往鷺江餬其口焉、年二十三、歸家、欲求學、終以環境不克所願、遂興南渡之思、既到星洲、始也動多屯邅、繼與友人合資設商號、曰福同源、荷屬之吧城復置有支店、仍以母店之號爲號、總事人爲股友陳君詩吟、詩吟君在吧有君子稱、二君友誼若管鮑、君性格、柔惠且直、辭氣慷慨、戚友隣人、偶有轇轕、而詣君前爭辯曲直者、嘗片言折之、有當貨財彌縫、方了事者、無吝嗇也、近年來、對於國事社會、恒以其閱歷著爲議論、以警覺國民、至若興學育才、慈善公益、凡可以造福國民者、雖勞瘁而勿辭、捐資無吝惜、君於國土難忘、家鄉均念云、

【陳先進君】 陳君先進字吾從、福建思明殿前社人、幼隨父南來緬甸屬之仰光埠、學爲商、父既歿、乃易居星洲、開設吉美號、業米類及雜貨、盈餘甚巨、現已墾地數百衣吉、並多置諸產業、於仰光更置吉美棧、爲星洲母店之遙應、二十年來、竭日之力、慘淡經營、卒

致大宮、君譜書明義、脅運不帝秦一編、素服膺之、甲午之後、知漢人終不可帝滿、嘗積憾悠蘇、會孫汪胡等南來、鼓吹革命、遂與星中同志張永福陳楚南許子麟何心田等、開會歡迎之、並乘時組織同盟會、尤倡辦中興報、爲宣傳機關、時値河口民軍敗績、黨人逃星者、百數十人、或寄食報館中、館中經濟適空匱、君勸人捐輸、撫循黜問、百計維持、計該報首終、君輸資凡數千、至革命事業、自首次以至於三四次、亦捐萬數、民國成立後、武人專制、報怨攻仇、糜爛民庶、在野名流、海外同志、胥盛唱教育、以爲非此無以遏亂源、故星洲十餘年來、成立之學校、如愛同如道南如南洋南華紡私區工商補習各校、以及華僑中學、君皆以數千金倡辦者、至星洲書報社同德書報社商務總會等、蓋關於社會教育者、亦均列發起者之一、其對於教育熱心如此、至於恤濟事、則同安救濟捐、北七省水災捐、紅十字會捐、潮汕水災捐、皆無役而不助、無助而不千金者、其對慈善事業、熱心又如此、君於商才特達、知凡商業、無銀行爲後盾、未有能發達者、爰倡華商華僑二銀行、並認巨股、故星之商務、年來蒸蒸日上、君實有力焉、

【陳水蚌君】陳君水蚌福建同安集美鄉人、父爲粒星洲巨賈、君成童後、輟讀南來星洲、在父股號復安裕習商事、旋爲書記、越後擢總經理、計五六年間、獲利不貲、然志在獨立、辭去之、而與友合資開恒美號、自爲經理、又五六年、讓業與友、復與葉玉桑張兩端楊六使等、合開日新公司、諸股友推君總理其事、營業以黃梨製造、發配歐洲售兌爲大宗、由該公司抽本另設振成豐號、專營樹膠較業、該號置膠較二廠、收雜膠、製成上貨者、更公置樹膠園二十餘衣吉在柔佛之新山、規模極大、歲計所盈、亦極豐厚、君體貌俊偉、天性伉直、星洲僑界、著有蜚聲、於教育及一切公益、尤多佽助、前祖國七省水災、捐金數百、潮汕水災、捐金六百、天津水災、又捐數百、其他閩省諸災、亦皆捐款、愛同學校道南學校南洋工商補習學校、皆捐巨資、南洋華僑中學校捐金五百、由日新公司題名捐千金、由振成豐公司題名、捐千金、南洋女學校南華女學校華僑女學校等、月捐或特別捐、無不量力助成、同安賑濟捐、與友合捐六百金、至於扶危濟急、屬於瑣屑者、不勝錄矣、

【蔣驥甫君】蔣君驥甫字維中福建同安澳頭社人、家貧、讀書四年、而輟業之、旋爲商店之傭、一家十餘口、日用不給、不得已、籌數十金爲資本、自設小雜貨店、不數年、除家用之費、尚得蓄四五百金、家自是小康、然君不以是爲自足也、將店交弟掌理、隻身南來星洲、任某商行要職、任中規行矩步、勞勤不已、賓主以是稱相得、乃辛亥前數年、南洋所在、組織同盟會、專以集資助內地革命軍、以恢復

國士者、時會中人多倡剪辮易服、君和之、東家爲頑固派、頗誚讓君、適君婚期已屆、爰乘機整裝回國結婚、亡何、建源棧聘之往上海爲理事職、俄而該棧以事收盤、君乃復星從事於樹膠貿易、不數年得利無算、處境既豐、不改常度、縮食斂衣、以恤濟師門戚友屬、至祖國外洋、有以賑災等事告者、亦皆量力捐貲、以成其美、性仁質直、交友以義、鄉曲頗負時譽云、

【陳清銳君】　陳君清銳字愷澤、廣東潮安東鳳鄉人、西歷一千八百七十七年、生於新加坡甫周歲、父母携之歸國、鄉讀十載、年十七、復南渡星洲、經理和豐盛記商事、後父疾終於鄉、遂全權掌管全業、君聰明強幹、超卓商才、和豐盛記壟業六十餘年、置產業百萬、於星洲分支店數號於外埠、光譽令聞、喧赫市肆者、半爲君所經營、襟素仁慈、聞善必喜、出資修葺東鳳陳氏祖祠者七八千元、出資設東鳳學校者五千元、出資修築河道又六千元、東鳳水災又千元、其他捐於星洲義勇隊二千元、捐於潮汕水災又二千元、南洋華僑中學亦捐二千元、至若端蒙學校簡永成義學及各學校各善舉、要無不隨事捐題、嘗曰恤濟事、必由親及疏、由近而遠、孟子親親仁民而愛物、即此意也云、

【林逆三君】　林君暹三、廣東澄海梓林鄉人、壯年棄書從商、司理香江常泰莊、廉正律己、信義待人、甚獲時譽、亡何、適暹京、如成興銀行倒閉、其東陳韓臣被拖累九十餘萬、尤恐與君發生關係、急電君離香、蓋欲保全之也、君鎮靜如常、神色不改、一面部署手續、一面催收賬目、未幾結束有條不紊、萬擋辭歸、人皆服其智勇、時暹京李坤盛聞風宗仰、聘爲香江廣源盛銀行總經理數年間、爲該行生利、至有百餘萬之多、民九之年、君升任星洲坤盛號、居星日淺、名譽已噪、交友親而不比、聲應氣求、有貧而告貸者、家遇匱乏、必乞鄰而與、君年中入息、頗皆豐厚、顧心慈而手滑、卹濟之事、既多揮霍、家僅中人產耳、然益以成君德、增君譽也、

【陳漢慶君】　陳君漢慶、福建思明縣縣後鄉人、父日還久居星洲、創有同成磁器號、八歲隨父來星、在星攻中文、二年後入禮佛英文學校攻英文、又五年輟學、後在同成號司出入銀錢、以勤儉爲父所信任、旋升司理、同發成號亦爲君所經營、均極振作、專業大宗磁業、及中國日本歐洲諸出品、利既多盈、遂從事實業種植、年來除多置屋宇業外、更買乳樹園於星洲馬六甲寧宜凡四百左右衣吉、另與嬌氏合資設開成棧於馬六甲、該處種植業進支埠、歸該號常理、君爲謀起辛亥革命者之一、嘗孫中山先生初次來星也、會之於晚晴園、遂入會同盟、自是內地每次軍興、君必捐資助餉、滿清既倒、民國成立、無絲毫矜伐意、一若忘其當年有與事者也、眞是令人敬

仰、君盱衡我國之孱弱、外侮之頻、仍知非親同種結團體無可補救、爰掛名於拜六社、並入同德書報社、入星洲書報社、至星中各學校及祖國諸賑濟事、亦無不一一捐資焉、

【張振初君】張君振初、閩海澄三都人、十五歲南來星洲、未幾、即赴荷屬一帶經商、凡數載、卒得回鄉結婚、嗣復至星洲、設福振隆九八商業於玻璃後街、三十年來、盈息頗巨、今以富聞矣、稟性勤儉、善積蓄、於社會公益亦量力捐助之、若華僑中學校捐千金、爲開辦費、幼稚園則捐五百金、至於國民捐、亦捐數百金、爲中華教育會會董、國民黨員、華僑中學、道南學校、幼稚園董事、南廈學友會名譽總理、今年六旬餘、年高德劭、仁壽無疆哉、

【郭可濟君】郭君可濟、福建福清縣人、父鶴齡、星洲名商、設有郭福成商號、營業頗巨、年十四、奉父命南渡星洲、佐理父業、未幾、又攻習英文、不幸弱冠失怙、於是乃接理父之遺業、數載經營、大加擴充、增開仰成、瑞泰豐成諸商號、仰成在吉寧街、專營樹乳園及諸不動產業甚多、性坦率、胸無崖岸、與人交、和平而誠實、故人咸尊敬之、尤急公好義、其對於社會慈善事業也、則供奔走捐巨資、新加坡福清會館及培青學校等、均歷任總理財政、至各校各社團之衆爲校董職員者、爲尤多、先培青學校之建築校舍也、首捐二千五百金、以爲衆倡、衆感君德、爲懸君相於禮堂中、以誌弗忘、誠僑界中一慈善士也、

【車蚵螺君】車君蚵螺、福建省晉江縣人、爲樹瓊翁之長嗣也、幼就鄉學、及年十六、棄書經商、號曰永益蓋庶貨店也、凡十周年、以南洋爲天府、乃將商業交其弟經理、而南來荷屬之三巴龍及緬甸之仰光等埠遊歷、均未遇、卒以新加坡爲商業要區、因於民八、偕友石學能合資開張成昌公司、專營板木兼火鋸廠等、爲星洲有數商業、六年之間、獲巨贏、不數計、其爲性貞介鯁直、厚重少文、非義之利、一塵不染、社會則施貸周給、不問親疏、近且與同鄉共振晉江會館、爲同鄉謀幸福、圖團結、聯鄉情、並捐千金爲基金、可謂急公好義者矣、現年四旬餘、春秋鼎盛時也、

第五章　參觀

【第一次參觀陳嘉庚公司樹膠製造廠】余抵上海後、即聞陳嘉庚公司樹膠製造廠之名、既至新加坡乃經商務印書

館經理邱君培梅介紹前往參觀、是日邱君先以電話通知該廠、臨時並派該館交際員鄧君、並荷屬某學校校長偕往、既至該廠、由總巡陳輝煌財政主任王清源機器總管陳鏡清三君出而招待、因余遠道南來、極表歡迎、慇懃招待、導至廠中各部參觀、並說明其機器之功用、及製造之手續、該廠規模宏大、機械複雜、若加以詳細之調查、非盡數日之力不可、余等參觀一周、不過四五小時之功、因時間所限、僅能得其梗概、茲略述之、以誌鴻爪、至於詳細調查、則當俟諸異日也、該廠本為樹膠洗滌廠、至民國八年、始改為樹膠製造廠、資百四十萬元、總理為陳厥祥君、廠地面積約佔二萬餘方尺、若合前面尚在建築之新廠地計之約四萬餘方尺、內容甚複大約係分為總務部、製鞋部、製帽部、製球部、雨衣部、水管部、人力車

著者與嘉庚公司職員在陳濟民先生住宅之合影

陳輝煌　王清源　著者　周道濟　陳鏡清

輪部、自動車輪部、汽車輪部、布機部、玩具部、試驗部等各部、置主任一人、管理全部事務、全廠工人共約二千五百餘人、內有男工二千餘人、女工四百餘人、兒童一百餘人、以閩人爲多、粵人次之、他省人甚少、男工初入者、司磨鞋底、及手術稍熟後、乃使司理器械、及剪乳做模型等工作、女工大都司縫紉、及其他輕便之工作、兒童則專做玩具、及製鞋釘鞋帶等細小之工作、各部管理尙稱得法、工資支配法係計件給資、每日約四千四百餘元、工作時間各部有各部支配法、大都以上午七時至十一時、下午十二時至五時爲多、每日成品約可出樹膠鞋八千餘雙、其他各種樹膠品三千餘件、原料以樹膠爲大宗、次爲葯料、及布料、樹膠採自本坡、藥料多購之外洋、布則大都購自歐洲、出品則各式樹膠鞋、計數十種、雨衣樹膠帽、自動車輪、人力車輪、汽車內乳、水管、網球、乳球、各式圈仔、玩具等、而汽車輪尙在試驗中、聞十分已有九分可成、余深望其早告成功、則挽回利權正未可量也、廠內發動機、及各種器具、大都購之歐洲、計有輾乳片總機大小各一、縫紉總機一、布樣乳機一、蒸鞋總機一、蒸車輪內外乳機各一、磨鞋底機一、紙匣機一、試驗機一、製生乳機一、又有一部份專司修理、並置新機在樓下、倘器械破壞、均能隨時製造、或添置修整、各種出品、皆以生樹膠及藥品投入輾乳總機、過輾便成擗狀、乃敷擦於布面、由輾布機經過、而與乳布和合爲一、凡鞋帽雨衣等、均以此布製成之、其他如鞋底及車輪玩具等、亦由此等乳擗與他項藥品化合、經各模型、印成種種式樣、再經過汽爐熱汽蒸過幾小時、以凝固之、凡各項出品、必經此二項手續後、乃剪成種種式樣、以與他項粗製黏成、最後乃將黏好之物、裝於大汽機爐蒸之、經四小時之久、而精製樹膠品以成、各項樹膠鞋製成後、必須貯藏六個月、方可耐用、不然乳與布常常脫離、此蓋從經驗得來也、聞從前該廠雇用外國技師、多無實在學識經驗、僅知每月領取薪金數百元、而已終一無所成、於此足見外國技師、亦多有不足恃者、

【商會】　南洋各埠、皆設有華僑商會、而新加坡商會、規模最宏、勢力最大、實可爲南洋僑商之總機關、故名之曰華僑總商會、余初以爲華僑總商會、握南洋僑商勢力之重心、而爲之代表、縱不能如英國之東印度公司、足以開拓權勢、建不世之功、亦必能保持商權、與西歐東日、競爭於商戰之場、及至會中參觀、見其內容之窳雜、精神之頹敗、始知吾國人建設能力缺乏、而華僑之所以不振、其原因皆在於此、會中樓舍庭院、皆宏敞、樓下爲客廳、樓上爲議事廳、布置尙屬合宜、惟其形式及一切器物、均取舊式、毫無改良進步之觀、其組織則用會長兼評議制、會長一人、副會長一人、財主員一人、查賬員二人、評議員若干人、均由會員選舉、每年改選一次、另有坐辦一

人、係由會長聘任、因會長非有重要事件不能到會、故聘會辦一人、常川駐會處理一切事務、無異會長之代表也、余至該會參觀時、即由坐辦某君招待、其人似官僚而非官僚、似書吏而非書吏、其學識雖不可知、而觀其氣象、則可斷其為頭腦陳腐之守舊派也、晤談之下、頗帶長官接見僚屬之意、似誤認僑商皆其屬下也者、不知商會為商人所產生、商人乃商會之主人翁、本末倒置如此、其舉措之乖謬可知、而其內幕辦事人程度如此、欲冀其與歐人馳逐於商場之上、使我僑商蒙其利益、又烏可得哉、聞現在該會坐辦已改聘邱君菽園任之、邱君學識思想、冠絕羣倫、具愛國熱誠、尤富於世界商業知識、果得展其懷抱、運用商會勢力、必能為南洋僑商開一新紀元也、邱君勉之、企予望之、

陳嘉庚公司製造廠

【全埠學校運動會】　余居新加坡、值全埠華僑學校舉行聯合運動大會、先假華僑中學校為籌備處、由各校推舉代表公同籌備一切、詎籌備會開會時、規模較大之學校代表、對規模較小之學校代表、每存階級之見、甚至以命令式之辭意加之、小學代表不服、雙方大起衝突、因而聲明退出運動會者頗多、其後籌備妥協、擇定丹戎巴葛海邊公共球場為運動會場、各校方預備選手間、詎又發生選手非純由學生選出、而出資僱用人力車夫及多力之工人、攙雜其間、冀得勝利之風說、於是輿論大譁、報紙皆著論攻擊、更有遍登告白、以指摘者、籌備會為保持名譽、避免發生此種弊端計、乃規各校學生、非在校一年以上者、不得為選手、風潮始稍稍平息、逮至正式開會之期、各校學生、與會者、多乘汽車而往、車前校旗飄揚、鼓樂齊作、頗具奮鬥之精神、會場內容廣大、中央為評判台、其外為運動場、四圍皆架席為棚、則參觀之所也、各校到齊後、鼓樂大作、舉行開會式、樂止、齊向國旗致敬、然後依次運動、運動之法、不外競走、跳高、拉繩、擲鐵餅、及各種拳術、凡優勝者、皆有獎品、惟發獎之際、時發現不似

學生類似工人之衆、而領獎者、於是滿場譁然、譏笑之聲不絕、開會三日中、類此笑柄不一而足、論者皆謂各校聯合運動、本以公共之精神、求觀摩之效益、不幸發現此種事實、不獨爲全會名譽之累、且各校間因之發生惡感、將來欲作第二次聯合運動、恐戛戛乎難矣、豈非以少數人之卑鄙思想、阻全體發達之機會哉、

【陳嘉庚公司職員俱樂部開幕】陳嘉庚公司爲新加坡最大之公司、公司職員、不下千餘人、其分行之設於南洋各埠者、又不下數十處、分行職員至總公司報告情形、接洽業務者、往來絡繹不絕於途、每至輒淹留數日、或旬餘日、而後去、陳君嘉庚以總公司職員既衆、而分行職員之滯留者又甚多、若無休憩遊讌之適當處所、以涵養其性趣、收束其身心、恐不免習賭博耽酒色、日趨於墮落之途、而不可止、不獨廢時失業、即於身體上、經濟上、亦受莫大之損失、爰乃捐出鉅欵、於某地賃租宏大樓房、設立職員俱樂部一所、所有總分公司職員、皆得爲部員、內分美術、音樂、戲劇、體育、等部、購備圖書雜誌報紙甚多、以供瀏覽、設置打球場、彈子房、以備運動、又有圍棋象棋等項、以資習練心思、發達智慧、內容之完美、可爲新加坡各俱樂部之冠、開幕之日、部員及來賓到者極多、余亦前往參觀、首由部員公推陳君濟民爲臨時主席、報告成立之經過、次爲來賓演說、於是相繼演說者、十餘人、余亦略有演說、大意謂嘉庚先生、對於公司職員、既委以職務、使之熟練作事之能力、發揮奮鬥之精神、而又恐其休息之暇、無所消遣、虛擲寶貴之光陰、且不免習染無益之嗜好、乃設此俱樂部、使一般青年職員、皆得增益智識、活潑身體、互相切磋琢磨、養成有大作爲之人物、嘉庚先生一片愛惜人才、成全人才之熱誠、詢可謂無微不

商會之全體合影

至矣、至其內容組織之完善優美、遠非其他各俱樂部所能及、故雖謂之爲模範俱樂部亦無不可云云、其次爲部員演說、最後則選舉總理、部員皆有選舉及被選權、結果陳君濟民得票最多、當選爲總理、陳君濟民即陳君嘉庚之哲嗣、年少有爲、才識並優、曾在北京大學商科畢業、於商業上之知識經驗、皆具特長、對歐洲直接貿易、極得歐人之信仰、其前途之發展、殊未可限量也、當余演說後、陳君濟民語余曰、此間諸人演說、皆用福建語、惟先生用京話演說、使同人得聞最正確之國音國語、實爲難得之機會、故今日俱樂部開幕、得先生以北京人參加、不勝榮幸之至等語、陳君之虛懷謙德、於此可見、選舉畢、共撮一影、以爲紀念、然後畢會、

陳嘉庚公司職員俱樂部

陳嘉庚公司職員俱樂部慶祝國慶紀念

【寰球餅乾廠】新加坡先有餅乾廠三家、一和和一昌發一實德力其後實德力因事歇業、復有寰球廠繼之而起、未幾寰球廠竟將全盤生意讓與陳嘉庚公司承辦、余居新埠時、陳君輝煌邀往廠中參觀、時當下午四五時、同乘汽車至河水山直抵該廠門外、陳君導余入廠中、經其執事招待、工人頗夥、往來奔走、工作甚忙、其製餅乾之法、先將麪粉精糖及酵母等、共入調粉器、以機器攪之、使極勻和、然後傾出、更以機器切成薄片、再從一似絞樹膠片之雙輪壓機經過、使其厚薄平均、另由一列有回模之壓榨機、自上抑之、遂成具有形狀之餅片、片片墜於鐵板上、乃徐徐將鐵板送入爐中、其爐長數丈、比鐵板出自彼端時、餅雖已熟、惟未十分乾燥、尙須另置他爐細烘之、而餅乾始告成功矣、其製糖球之法、尤簡捷、即將糖質置大銅甕中、用機器運動其甕、旋轉甚速、少時旋轉停止、而糖質已化爲多數形體如一之球矣、廠中各種機器皆以電力發動之、故工作極速、每日所製餅糖球、皆不下數千磅、該廠之餅乾、凡陳嘉庚公司分行、均皆代售、以致銷路非常暢旺、大有求過於供之勢、臨行之時、該廠經理檢新出爐之餅乾數枚、余嚐之、清脆香鬆、味頗甘美、

【觀謝文進收藏之古泉幣】南洋華僑中、求其資本雄厚、思想新穎、能與外人角逐於商戰之場者、所在多有、求其搜羅古

謝文進先生

物、保存國粹、能以歷史文化發揚世界之上者、實不數數覯、有之、則新加坡華僑謝君文進其人也、謝君生於南洋、性嗜古物、尤喜收藏古泉幣、八歲返祖國時、國內尚通行制錢、偶遇異樣制錢、即取而藏之、積久得數百枚、時出把玩、視同神秘、必欲究其幕面何字、屬何朝代、以為快、其嗜好古物、自幼已然、殆佛家所謂具有夙因者也、既歸南洋、嗜之益甚、所蓄益多、每致函友朋、四處搜求、雖購以重貲、亦所不吝、且不論中外古今、兼收並蓄、以言祖國、則上自唐虞三代、下迄民初、刀布錢幣之殊形、銅鐵金銀之異質、以言外國、遠則埃及波斯希臘羅馬紀元以前之錢、近則五洲各國近世以來之幣、凡可以供考訂、備研究者、蓋無不有之、迄至今日、所蓄已不下萬數千枚、其中頗多珠異之品、不獨外國錢幣、為昔人著錄所無、即中國古幣、亦多為前賢所未見、誠洋洋乎泉幣之大觀也、且昔人每於一得之長、一物之異、往往深自閉匿、不肯示人、以致孤陋寡聞、終無進益、適與外人博覽周諮之習性相反、謝君則不然、慷慨磊落、一反前人之所為、冀於將來得暇、徵集同好、舉其所蓄之泉幣、公開展覽、互相研究、庶以收集思廣益之效、成交換智識之功、不特使嗜古者、得廣見聞、且以引起國人珍重古物之觀念、嗚呼、其識量顧不謂遠大乎哉、余既至南洋、聞謝君之風、深慕其為人、乃往訪之、求觀其各種泉幣、以擴眼界、謝君慨然出所蓄、舉以示余、且一一詳述其歷史沿革、而辨析其真偽、古色古香、紛披照眼、不啻置身於數千年前、目擊唐虞三代文物之隆、與夫埃及希臘開化進步之盛也、於是知謝君誠今世豪傑之士、視夫偶得一二稍異之物、即沾沾自喜、秘不示人者、適不侔矣、歐人多嗜郵票、有號稱郵票大王者、今謝君收藏泉幣之富、並世無兩、即謂之泉幣大王、誰曰不宜、謝君雅擅文學、在新加坡創辦新國民日報一種、並附刊泉幣專號、將所蓄古今泉幣之最有價值者、摹印其形式、而說明其制作因革、並引古代名家著錄、以參訂之、藉以發揚國粹、考證國故、引起國人愛國之觀念、泉幣專號出版之初、謝君自撰開場白一文、弁諸簡端、略云、拿著一大把古錢、便是拿了歷史上的一本大帳簿、便是拿了一本書法沿革考、便是拿了一本美術、可以推知歷代的貧富強弱、可以研究文字的變遷、可以考見歷代文明是否進步、美術是否發達、這是國粹中、最有價值的東西、是史學上最可靠的證據、是經濟學上最重要的源流、不但是嗜古者的一種玩好而已、我們中國人、一向只把他當作一件玩物、所以任他散失、流入外洋、甚至銷燬、不知寶貴、不知保存、國粹消失、何等可歎、然而國人不知寶貴、不知保存、是乃由於無人提倡之故、這一版特刊、就算是研究古泉幣的嚆矢吧、謝君提倡國粹之志、即此可見一斑、

【黃梨廠】　黃梨又名鳳梨、即菠羅蜜、為南洋生產最著之果品、製為罐頭、銷售歐美各國、新加坡一埠、業此者、不下數十家、余曾參觀王水斗黃梨廠、值其停止工作、以未能觀其裝製之法、頗以為憾、嗣經友人介紹、萬振豐黃梨廠是日乘汽車自諡橋頭北行、約十餘分、即至該廠、經廠中經理慇懃招待、握手暢談、即導至廠中參觀、並詳述其營業之狀況、廠基約三十餘英畝、中建極大鐵板罩棚、規模宏大、機器完備、工人約三四百名、其裝置之速、令人可驚、計每十分鐘可製百餘罐、裝製之法、先將黃梨之皮削去、再切為片塊、洗淨後置罐內、再加以糖、封蓋後、乃置於小池中蒸煑、池高約二尺許、長約五六尺、闊約三四尺、該廠計有此種池十數個、池底通以機器管、蓋其黃梨乃用機器蒸煑者也、蒸煑後、稍加裝潢、即可發售、該廠出品最多時、計每日可六七千罐、少時亦可三四千罐、罐頭之種類、約有十餘種、最小者為一磅、最普通者為一磅半、最大者為八磅、此種八磅裝之罐頭、蒸煑時不加糖、以便運至倫敦或紐約後、製造黃梨餅、或黃梨酒等、該公司所仰給之黃梨、皆來自萬丁峇都及芙蓉等埠、計每日約需萬餘枚、而黃梨之出產、亦可分為三時期、最多之時期、為十二、一、二、三月、七、八、九、十、十一月次之、四、五、六月為最少時期、聞該廠出品之銷路、英美兩國佔十之八、蓋英美人士極歡迎該廠出品也、余等參觀畢、起而興辭、該經理贈以黃梨數十罐、載諸汽車中、既歸啟而食之、盡數罐、其味果甘美適口、無怪歐美人士嗜食之也、

水中發來之大木

【機器鋸木廠】　機器鋸木廠、新加坡本埠有數家、丹良隔亦有二三家、鋸出之建築木材、銷行於南洋各埠、即香港上海亦多用之、然所需之原料大木、實非本地所產、而以荷屬各島為最大來源、凡營採木之業者、須招集木工赴荷屬經營、就深山茂林、擇其本幹高大者伐之、運至新埠、於是各機器鋸木廠、爭相收買、以出價較多者得之、但購妥後、概備現金交易、而鋸成建築木材售出時、則分數

期收款、故營鋸木業者、概以現款買入貨品、而以期賬售出之、其資本非雄厚不可、大約須在十萬元左右、始足經營之用、業此者、果具銳利眼光、靈敏手腕、能操縱鋸木廠、以保期賬之無失、則得利之豐、可操左券、迥非各種投機事業、帶有買空賣空性質者、所得比擬者也、鋸木廠既購定原料、大木即編爲木排、沿河流運至廠外、故鋸木廠皆須設於大河之濱、否則大木無法轉運也、大木既至廠外、乃由工人推之上岸、以皮帶縛其下端、用起重機提起、置諸鋸木機之前、鋸木機下爲長數丈之鐵床、中懸巨大之鋼輪、輪周密排鋒銳之齒、工人置大木於鐵床之上、度其應鋸之厚薄尺寸、與鋼輪相應、然後發動機輪、則其木爲機器推進、適經鋼輪之下、鋼輪旋如飛、大木經之劃然中開、而鋸末亦隨之四散、及大木全體通過鋼輪、則已鋸爲兩片矣、再將其推回、仍照前法鋸之、至廣狹厚薄合度、而後建築之木材成矣、此種建築木材、除銷售於英荷兩屬外、尚有發往毛里士、其貨最優、謂之毛里士莊、次等貨則銷之香港、謂之香港莊、又次則銷之上海、謂之上海莊、而暹羅莊專銷最劣之貨、斯爲下矣、貨品之優劣既殊、其價格之高下亦異、上下莊相較、價格恆差至二三倍之多、即本埠所銷者、雖亦謂之上莊、而較之毛里士猶不逮也、

黃梨又名菠蘿蜜

【王水斗黃梨廠】

王君水斗、閩人也、年甫十餘齡、即至新加坡執勞動業以自活、其人體壯多力、樸實耐勞、傭主多愛悅之、遂被任爲英商端示甚黃梨（即菠羅蜜）廠司事、凡六年、復改任日新黃梨廠總司事、君於裝製黃梨罐頭之法、既極精熟、而資本亦漸有所蓄、乃自創新記成號黃梨廠、所出貨品、運銷歐州各國、概爲大宗交易、得利甚豐、十餘年間、遂累資巨萬、一躍而爲華僑中重要人物矣、若雖不讀書、而對於教育事業、極爲熱心、南洋華僑中學校創辦之初、君捐款數千元、其後得被推爲總理、又出資倡立中南學校、除開辦費外、並月捐經常費三百元、此外華僑各學校、無不捐以鉅款、亦嘗任總理董事各要職、以不學之人、而能注重教育如此、詢可謂豪傑之士矣、余至新加坡後、聞君之風、極欽慕其人、爰因中南學校校長賓士謀君往訪之、並欲參觀新記成號黃梨廠內容之設備、及其工作之法、適因黃梨跌價、工作暫停、不克如願、乃與王君略談、其室中設有佛龕供器、頗有內地舊式家庭之風、其子並出該廠所製之黃梨饗客、食之甜香滿口、誠美品也、君操閩語、余不甚了解、故未能暢談、即

去、開君近來因黃梨跌價、生意遠不如前、諸子又不克繼其業、對於一切公益、頗有灰心之意、將各學校所任職務、一律辭謝、且停止其捐欵、爲德不終、人多惜之、

【觀賽脚踏摩托車】兩輪摩托車、即裝置摩托之脚踏車也、其速度甚大、而乘者又不用強大之力、凡道路修整之地、乘之旅行長途、往返之時間既省、所需之汽油又不多、實最經濟、最便捷之交通利器也、故新加坡各大公司、商店、及資本家、莫不蓄有摩托車一二輛、以便對外有所接洽時、乘之往返、無貽悞事機之虞也、計全埠所有摩托脚踏車不下千數百輛、凡善乘此車者、類皆眼光敏銳、手脚靈活、不獨能竭其行駛之速度、且遇高低曲折之地、皆能履險如夷、毫無困阻之意、而摩托脚踏車製造之良否、亦於此大有關係、故新埠出售摩托車公司、計有數家、每年必發起摩托脚踏車長途競走會一二次、藉以較其出品之優劣、以期營業之發達也、其競賽路線、以新加坡爲起點、柔佛爲終點、預備金杯金表、各種貴重器物爲獎品、先期編登廣告、徵求與賽人員、及舉行之日、與賽者皆身着彩服、背上標以號數、陸續由起點出發、每一人出發時、即記其時刻、及達終點時、亦各個記其時刻、俟全數到達後、然後比較其閱時之大小、以定行駛之遲速、而優劣之次序定矣、余居新埠時、適值舉行摩托車賽會、因偕友人往觀之、是日男女老幼競往參觀、全市若狂、起點之處、擁擠不堪、幾無立足之地、乃循途而行至一高阜之下、坐待之、已而見有摩托車遠遠馳來、越高阜而下、風馳電掃、瞬息而杳、其自高阜下馳時、形如蜻蜓點水、極爲可觀、於是羣車陸續馳來、勢如魚貫、相繼越高阜而去、不移時百餘輛與賽之車、已全數過去、是時遊人漸散、余等亦相借而返、

賽車時之情形

【浮羅敏碾石廠】浮羅敏爲新加坡附屬小島之一、其上產石、故設有碾石廠數處、一日友人邀往遊覽、余喜從之、上午九時起行、先乘人力車至小坡美芝律、改乘風車、過芽籠律出漳宜路、所經皆崎嶇山徑、兩旁多椰

林、林林中時露茅屋數椽、或爲小本營業、或種菜爲業之家、比至漳宜海濱、乃僱扁舟乘之、操舟者爲馬來人、桅上張布帆、乘風而行、其疾如矢、舉目四望、海闊天空、清風習習、促起水面微波、徐徐動盪、觀望有頃、胸襟爲之一暢、少時小舟泊岸、相與舍舟登陸、則已至浮羅敏奕、行數里至一碾石廠、名曰森崇石廠、入門投刺、說明參觀之意、廠中當事允之、派人導入機器房中、見石較碾石機、聯以引擎、旋轉如飛、令人目爲之眩、旁有小車輪二、聯以極長之皮帶、引擎既動、兩輪及皮帶皆隨之而動、機頭之碾石機、狀作齒形、其外爲一木棚、地上敷輕便鐵軌、以輕便鐵斗運石、工人舉大石置鐵斗中、運至棚內、傾於地上、司機工人、更取大石置碾石機上、碾之則大石立即粉碎、小者寸許、大不過一寸五六而已、碾後傾於鐵箕中、復有工人、取而運至積石之處、而碾石之工畢矣、島上產石甚富、種類頗多、而白石之用途最廣、故廠中所碾多屬白石也、參觀畢、乃致謝而出、其餘各廠、大致與森崇石廠皆同、故不復入觀、時已踰午、乃覓小館午餐後、返至海濱憩息、至四時許、仍乘小舟而歸、

椰子

【啓發學校展覽椰殼製品】　啓發學校設於商會之旁、有學生十餘班、共約四五百人、亦新加坡華僑學校之卓卓者也、一日余往參觀、經校長張君楚生招待、導至校內參觀一周、見其規模甚大、設備亦頗完美、校舍後爲操場、地面更極宏敞、最後至禮堂休憩、堂內兩旁陳列學生成績品中、多椰殼所製之器物、如食物盒、棊子盒、紙烟盒等類、皆精緻可觀、上刻學校名稱、製品學生姓名、並製作之時日、余觀之美、玩賞不已、因憶初至新埠遊覽日本街、曾見日人所設之標本室二家、中列椰殼製品多種、其後徧覽華人商店、絕不見有椰殼作物、以爲此特日人所擅、非華人之所能也、今於啓發學校復見之、乃詢張校長、此種工藝係何人教授、曰此手工教員某先生所授也、緣椰殼可作器皿、雖人所能知、而華僑之居此者、非注重商業、即以勞動爲生、求其心思精密、能利用天然物材、以製成器物者、實不多見、故此種工業、惟日人有作之者、華人皆不能爲之、本校手工教員、恐此利爲日人獨擅、乃悉心研究、試作各種器物、以其法授之學生、今已大著成效、所製器物精美細緻、遠出日人作品之上、將來此業發達、推銷國內外各地、不特本校之榮、亦吾僑工業界之幸也、余聞之不禁欽服、迨余

返國之日、張校長贈以椰殼作品數十件、余感其義、爰於歸程所經大埠、如香港厦門上海天津等處、參觀學校時、即以所攜椰殼製品贈之、俾陳列之、引起其贊同之心、爲將來推廣此種工業之一助耳、又按國內所用飯勺、水瓫、即椰殼所製、俗謂之檳榔勺誤矣、

【工商補習學校籐工場及其展覽會】　工商補習學校組織完美、教法適宜、在新加坡華僑學校中最負盛大之稱譽、附設籐工場一處、開辦未久、成績卓著、尤昭昭在人耳目、余曾調查其內容狀況、略述於左、

(一)出品概況、　該場開辦至今、爲時纔半載、其中除去年假春假與慶祝等假日而外、工作時間祇有五閱月而已、至於工作學生、開辦時僅二十八人、除中途因事輟退不計外、實爲十八名、統共製成品物大小二百六十六件、價值二百八十八元二角、若以時間計之、每日出品幾及兩件、若以人數計之、每人每期製品幾及一十五件、

(二)原料數量、　本期採入原料、計銀二百七十三元二角六占、用去原料一百三十一元七角五占、盤底折實尙存一百四十一元五角一占、其中半製品原料、計一十四元八角五占、平均每件製品用去原料約四角九占、

(三)發售狀況、　該場出品、第一次與世相見、係在十四年一月四五兩晚之工校募捐游藝大會場中、斯時電光萬盞、士女如雲之歡樂園中、玩波亭畔、有竹欄木屋一座、即該場第一次之發行所也、來賓於百藝競奏、顧此失彼、熱鬧場中、猶能分其寶貴光陰、聯袂蒞止觀覽、不絕嘆爲教育界別開生面、在場購買、尤形踴躍、計兩晚共售去八十二件、値銀一百零九元二角五分、荷屬吉里汶埠巫會、且訂購大宗椅桌、轉贈該埠華僑公立培本學校

籐工科全體合影

(四)成本計算、　依照該場章程、學生製成物品、除去成本以外、所得利益、盡爲學生所有、至於本期成本計算之法、祇爲原料工場費、與營業費而已、若夫技師之薪金、則不與焉、當創辦之時、對於該場會計之組織、本係以正技師之薪金由工校支出、而副技師之薪金、則由該場開支、迨決算時、覺該場負擔過重、因之副技師薪俸、亦歸工校供給、蓋本期爲初創時期、學生工作尙未純熟、出品不多、各費

負擔當亦較輕、副技師之薪金、或不致有虧及工校也、

(五)學生工資、　本期學生、領去工資計銀九十四元四角四分、其中工作最勤、與領得工資較之前六名、並由工校加獎操衣一套、或現金一元至三元、其他獎品、如像片、書籍、文具等、則分別等第、咸有所得、至少估計在一元以上、藉資鼓勵、而示提倡、計得獎操衣者、爲何春生張尙德楊祀德三名、得獎現金者、爲林亞九三元、林俊哲白酒池等各一元、

籐工場之內容狀況、既如上述、因是工校校長林則揚君、爲提倡職業教育、並推廣出品之銷路起見、於某年七月十八十九二十等日、特開籐工展覽會三日、會中事務、分管理、招待、二種、招待專司招待參觀來賓、管理專司管理展覽物品、展覽物品分十室、十二陳列處、第一室、即第一二三四陳列處、所陳列者、爲籐籠籐椅籐棹等、第二室、即第五陳列處、所陳列者、爲小棹椅等、第三室、即第六七陳列處、所陳列者、爲籐籠傢籐椅等、第四室、即第八九陳列處、所陳列者、爲長椅小物件等、第五室、即第十陳列處、所陳列者、爲籐工學生之成績、第六室、即第十一陳列處、所陳列者、爲籐心棹椅等、第七室、即第十二陳列處、所陳列者、爲未成品及工具等、招待、則分十二處、第一處在大門口、第二處在辦公室門口、第三處在第一陳列處、第四處在圓梯下、第五處在圓梯上、第六處在第五室門口、第七處在商品陳列所、第八處在第六室門口、第九處、在大梯上、第十處、在大梯下、第十一處、在第七室、第十二處、在後門口、管理員、招待員、每處二員、均由學生任之、開會時間、每日上午八時至十一時、下午至四時、晚間七時至十時、會中各種佈置、陳列極爲完美、凡往參觀者、莫不交口稱贊之也、開會三日、結果尙佳、茲並調查其狀況如下、(一)赴會之人數、除工校員生而外、各界來賓參觀者、各色人種皆有、據負責之計數員確實報告、爲三百六十四人、其中男賓三百一十四人、女賓五十人、(二)所賣出之物品、共計二百一十二件、其中全副棹椅一十二副、椅橋四張、字紙籠書夾二十六件、籐包籐籃五十餘件、其他即爲零星雜品、及單件椅棹、購買多者、首推莊鼎君、計長夾椅二件、椅棹二副、雜品十餘件、其餘若張松棟許貽瑤謝文進楊文盛林美南陳嘉春諸君、亦皆採購不少、(三)總計三日會期所收入之銀數、據會計員報告、所銷貨品合計價銀二百二十九元八角八占、此外尙有另定製之籐皮交椅五件、值銀十餘元、則未計入、(四)特出之製品、該場副技師林江河君、特君心裁、製成籐心臥床一具、中懸搖籃、籃中設有交椅一座、外蒙白羅蚊帳、四足配以車輪、能推動自如、一物可作數用、小孩置身其中、當別有世界、定價八元五角、當開會之期、爲周文冠君購去、又展覽會開幕、適在摩托羅尼

車、罷工期中、交通驟感困難、故赴會人數不多、加以第三晚大雨如注、觀客益形裹足、事後該會職員商議、于本星期六日及星期日、將各部所存之品、又在禮堂繼續展覽兩天、余此次未往調査、頗以爲憾、聞其結果、較大會尤勝云、

第六章　娛樂

【戲園】　新加坡戲園、除歡樂園新世界二處所有者外、其餘不過十餘處、規模最大者、首推禮佛士紀念戲院、所演概屬西洋戲、及西洋跳舞之類、戲價甚昂、最低者三元、多至五六元不等、非西洋官紳富商、或華僑資本家、不能入觀也、次爲大舞台、設於牛車水、規模亦頗宏敞、所演爲上海班、凡內地名角之赴南洋者、恆於該園演之、戲價在一元以上、又次爲豆腐街之廣東戲園、專演粵調大戲、觀者先購入門劵、價二三角、場中皆籐椅、又分數等、有羅漢椅、美人椅、風流椅、種種名色、價各不同、低者五六角、昂者乃至一元餘、又次爲余東旋街之潮州戲園、專演潮州戲、戲價約四五角之譜、又次爲小坡之馬來戲園、專演馬來戲、戲價少者五角、多者一元、至於電影園、則小坡有西洋電影院一處、所演皆外國影片、價値甚昂、又海邊有電影院一處、名曼羅電影院、內分二部、一部演中國片、一部演外國片、其價爲一元與五角二等、此外尙有小戲園數處、多設於偏僻之區、觀者以中下級社會爲多、上流社會至者甚鮮、

歡樂園船式咖啡館

【歡樂園】　歡樂園設於大坡、爲華洋合資所設之娛樂場也、其內容組織、與上海之新世界大世界北平之城南游藝園相同、園甚廣數百畝、有前後兩門、南向者爲正門、入門劵、售銀一角、門內有音樂一部、此外則茶飯館咖啡館演劇場、無不備具、尤以小賭博場爲最多、茶飯館計三家、一名玩波亭、一名南京酒家、皆華人所開也、其一番菜館亦爲華人所開、地甚狹而長、建築全仿輪船式、官倉房倉烟突帆檣及船面之欄杆、一一與船上者相同、顧客躡梯而登、亦與登船者無異、全部建築不用磚瓦、亦如造船之僅用木材與鐵質也、望之宛然一輪船、惟其下與四閒無水、爲一憾事耳、演劇場計五處、華人戲場二、一上海班、一潮州班、馬來戲場一、傀儡戲場一、其一則

電影場也、凡入戲場看戲者、皆須另購座票、否則不許入座、至於賭博場、則不下數十處、皆設於路旁、規模甚小、其賭博之法、各不相同、有置各種紙烟於木柱之上、賭者出錢一角、購皮球數枚、以擊之者、擊落某種烟、即以某種烟爲彩、有豎短木樁數本、賭者購籐圈數枚、擲而套之者、擲中則得時表戒指等物爲彩、有於壁上繪以各色圈點之形、賭者購長針數枚、擲而刺之者、刺中某色某形、即得其所懸之彩、有於木板上鑿多數圓孔、賭者購木球以投之者、投入孔中、即可得彩、所懸之彩、亦不外時表戒指紙烟化裝品兒童玩物之類、其他賭法、用意率與上述各種相同、不過所用之器物稍有差異耳、此項賭場、大抵非馬來人所設、即吉寧人所設也、遊客因其可資笑樂、且所懸之彩甚豐、競喜出資賭之、然勝者不過一二、而敗者常八九也、又有無綫電台一、收放全市各處音樂、任人聆之、不另取資、

【新世界】　新世界設於小坡、亦新加坡娛樂場之一、其內容組織、與歡樂園同、而規模之宏大遜之、入門券售價一角、內有戲場二處、一爲潮州班、一爲馬來班、又有一圓亭、演馬來小戲、與油溷之雜耍館相近、有露天電影場一處、於晚間演之、此外則有咖啡店數家、及售賣零星食物之小館多處而已、每晚往遊之人、較之歡樂園相差遠甚、其中以中流以下之人爲多、中流以上者、頗不多覯、

【中國人妓館】　新加坡內、華人婦女操神女生涯者頗多、大約可分四等、上等者名琵琶仔、多自賃樓房而居、善彈琵琶、或打琴、唱粵閩之調、賓客宴會之時、召使侑觴、清歌一曲、婉轉可聽、故各俱樂部中、恆不斷若輩之踪跡、其香巢中遊客寥寥、減燭留髡之事、頗不常有、有之則纏頭費非二三十元不辦也、其次不能獨稅一層、則數人共一香巢、此來自上海者爲最多、能操普通話、且能二黃小曲之類、其人非年齒已長、即姿容甚陋、所唱二黃、亦似是而非、不堪入耳、然

新加坡之名花

遊客震於二黃之名、頗喜聽之、並有所謂打天官者、於妓女唱後、由院中專人作之、鑼鼓喧鬧、擾人淸興、而每次賞洋非踰十元不可、此等妓女、留髡時較多於琵琶仔、每度需資十五六元、至於下等者、率居於豆腐街中、居室以一樓一底爲多、樓上爲宿室、下則見客之所也、見客時、皆列坐椅上、任遊客品評、遊客如悅某妓、即詢以有生意否、倘曰無生意、即相將登樓、共尋巫山之夢、至次晨始去、每度需費五六元、尙有一種妓女、居小坡中、其設備視居豆腐街者稍遜、而纏頭之費最廉、不過一二元有餘而已、以上各等妓館、除琵琶仔、其餘每至晚間、即燈燭輝煌、遊客往來不絕、情狀與內地之妓館無異、惟下等妓女、生張熟魏、夜夜留髡、閱人既多、莫不沾染花柳之惡毒、展轉傳於遊客之身、毒焰因而愈熾、政府雖嚴厲檢查、終不能撲滅之、蓋除惡之難如此、旅居新加坡者、愼勿謂政府已對妓女施行檢查、即以爲梅毒已去、而輕蹈其危機也、

黑種美人

【日本妓館】新加坡有日本妓館三十餘處、概設於日本街中、妓女皆屬粗材、年靑貌美者絕少、甚有三四十歲者、每至晚間、則薰香敷粉、列坐堂中、以借遊客選擇、電光之下、亦難辨其妍媸、遊客如選有合意者、即携之登樓、爲春風之一度矣、纏頭費不過一二元、惟其人年事既長、閱人已多、染惡疾者十之八九、尤以下淋爲最多、初至南洋之人、每以日本妓館手續甚簡、價値又輕、喜往遊之、未有不染下淋之疾者、輕則害及健康、重且爲終身之累、可畏甚矣、望我來僑同胞、幸勿試此陷阱也、

【土人妓館】新加坡土人爲馬來人與吉寧人二種、故妓館亦有二種、馬來妓館、設於新世界南、公共宰殺場附近、約有數十家、妓女居樓房中、緊閉其門、遊客不能入、皆自窗外窺之、如視爲可意、即自後門入室、每次纏頭數角、多至一元而已、吉寧妓館、設於小坡馬來戲院之東、共八九家、妓女皆袒其墨色之上體、散髮跣足、頭上以鮮茉莉花匝之、乍睹之、幾與魔女無異、室中惡臭甚濃、中人欲嘔、眞不啻地獄變相也、而土人趨之若騖、每至晚間、則此兩地間、遊人麕集、奔走若狂、直至深夜始稍稍散去、又有一種混血種妓女、貌稍美、多屬流娼、宴會時可招之侑酒、日本旅館頗與之通聲氣、旅客欲召之、彼即可代爲招致也、凡土人妓女、皆屬營業性質、其對遊客祇

在賣笑得錢、絕無戀愛感情之可言、且多身患惡疾、一爲所沾、往往被其傳染、我華僑之初至新埠者、尙其愼之、尙其愼之、

【曼羅戲園觀玉梨魂】 新加坡工商補習學校因經費不足、商之南洋影片公司、特在小坡曼羅電影院開演電影一日、以所售票價、補助該校經費、演時分前後兩場、前場六時至九時、後場九時至十二時、票價分四等、即五元、二元、一元、五角四種是也、是日九時許、余偕友人往觀之、院中地方寬敞、設置整齊、樓上尤清潔可喜、余等乃購頭等票、於樓上入座觀焉、是晚所演影片、爲中國著名影片之玉梨魂及孔林西湖二處風景、皆南洋影片公司所製、欲使南洋僑胞有所觀感、藉以激發其愛慕祖國之思想者也、比開幕時、電光一息、音樂競作、初演滑稽短片、皆有華文以代說話、繼則西湖孔林二處風景、共二十餘片、最後爲玉梨魂、共有十大本、劇中之脚色、並能形容盡致、恰合身分、至其穿插之自然、情致之纏綿悱惻、使人觀之、皆悲愴不能自已、實爲中國影片不可多得之作、即較之歐美名片、亦不多讓也、觀畢、乃偕友出場、乘汽車而歸、

【玩波亭之笑話】 玩波亭爲歡樂園內酒館之一、粵人所開也、亭外圍以土台兩層、竹籬界之、分畦栽植花果、如芭蕉之屬、畦間設置坐席、遊人憩息其間、或品茶、或消夜、綠陰照眼、淸風徐來、頗有淸爽之意、亭中爲樓四級、蓋爲圓形之樓房、望之似亭、而實則樓也、每級分爲多數房間、內容布置雅潔、可以吸鴉片、打麻雀、召歌妓、恣客之所欲爲、惟其價甚昂、每級遞增、即房間之賃價、最低亦需數元、最高者則踰十元外矣、而酒食之費、猶不在內、登其最上之樓、可以俯瞰全市、遠望海濱、帆檣往來、波濤起伏、皆歷歷在目、此玩波亭之名所由來也、故其亭雖居熱鬧場中、而結構布置、殊具悠遠高曠之致、余甚喜之、時於晚間偕友人往遊、以消其炎熱悶損之氣、一日值余獨往眺覽、久之忽欲小解、即招手喚茶役來、詢以小便在何處、伊答曰、請客少待、詎待至刻許、乃以炒麪一盤置桌上、怪而詰之、則誤聽少便二字、爲炒麪也、緣余不嫻粵語、彼又不解官話、致演成此種笑柄、歸述之友人、無不引爲趣談、且有人編爲滑稽小劇、演諸俱樂部中、藉見同爲華人、而言語不通、其弊甚大、此特其小焉者云、

玩波亭

【沿街所演之各種劇】華僑雖遠適異域、與外國人雜居、猶能沿其固有之風俗、宗教、守而勿失、故新加坡內華人所建之關帝廟大伯公（土地神之類）廟、皆甚多、殿前亦設有戲台、遇神誕日、或有許愿者、則演劇以饗神、上焉者、演上海大戲、次則粵班戲、閩班戲、潮州戲、又次則傀儡戲、廟最小者、則演小傀儡戲、傀儡長僅五六寸、然行頭甚講究、繡花綷絲、彩色鮮明、演者手法亦精妙無比、傀儡五官皆能動作、演武戲能持刀槍作種種過場、如五鼠鬧東京等重頭武戲、亦能演之、每次演戲、率以三日為期、常有數處同時並演者、演時觀者、男女麕集、晝間尚少、晚間尤衆、直至夜深戲止、始紛紛散去、計每次演戲所費多者千數百元、少或數百元、至少亦數十元、通計全年演戲之費、約不下數百萬元、亦可謂鉅矣、

古廟

【觀遊行雜技團】遊行雜技團為西人所組織、其藝員中有混血種多人、余居新加坡時、適遊行至此、設臨時劇場於電燈廠之旁、開幕日、余偕友人往觀之、入門券一角、場內分數部、一部為飛機場、中豎鐵柱、高數丈、柱旁置飛機三架、皆以鋼絲繫於鐵柱之上端、每機可坐四五人、觀客出資一角、即可乘之、俟各機坐滿後、以電力催動鐵柱、旋轉極速、飛機亦隨之而轉、漸轉漸高、幾與柱頂相齊、人坐其中、頭向內足向外、身與地平綫作平行勢、而無墜落之虞、蓋利用力學上遠心力故也、一部為轉輪場、豎大輪一、直徑約十餘丈、外周列木格二三十、略如菜圃所用水車狀、每格內可坐二人、每座一角、迨格中人滿、以電力運動、大輪旋轉甚速、格內之人、隨輪上下、時俯時仰、時縱時橫、時而杳入雲霄、時而足上頭下、倒垂幾及地面、觀者無不為之心悸、而格內有木欄約之、其中坐客、仍怡然自得也、一部為音樂場、內置各種音樂、或音節婉轉、成聲調激昂、皆足令人稱歎、一部為雜技場、外有木台、先有丑脚數人、作種種滑稽狀、又美女數人、攜大猩猩一、美女多身園巨蟒、或歌或舞、所以招徠觀客也、票價售二角、迨觀客滿額、則入而演技、先演戲法二三場、皆平平不足觀、次為猩猩跳舞、亦以音樂為節奏、猩猩居然應節而舞、作種種姿態、頗為可觀、次一美女坐電椅上、旁立一人、以指近其耳鼻眉目等處、則火星暴發、且有劈拍之聲、而其人覺不為電所殛、殊不可解、場中有木箱甚多、中畜特別動物、如箭猪狡兎鱷魚等類、

又一池中蓄巨蟒十餘、有粗如碗口者、女伶等時取爲舞弄之、巨蟒亦婉轉似解人意、亦足異也、又一處以布爲幕、上嵌圓鏡、徑二三寸、內設木台、有美女跳舞其上、丑脚鼓洋琴以和之、隔鏡以窺、則其人長僅寸許、可謂極嬌小玲瓏之致、蓋其鏡係一凹鏡、故能縮物影而視之甚小也、西人事事利用科學、於此可見、場內附設咖啡館數處、茶點亦頗便利也、

【觀馬來人演中國戲中國人演馬來戲】 余觀馬來戲、而推其種種優點、以爲馬來人對於演劇、殊具天賦之能力、故其所演之劇、置諸中外戲劇界中、實有獨樹一幟之資格、而不料馬來人且能演中國戲也、蓋馬來人因聽戲者、以華僑佔大多數、故爲迎合華人心理、時演中國戲一二齣、冀得華僑之歡迎、此種馬來人之中國戲、余曾聆其一齣、戲中情節、係一輕薄少年、戀一妓女、兩人情好甚篤、殊有比翼連枝之意、久之少年別有所戀、置向日情感而不顧、妓女忿甚乃自縊而死、死後化爲怨鬼、向少年索命、少年亦因是困頓以歿、演時男女皆著上海式時髦服裝、說白歌曲、多用廣東語、亦復流利可聽、馬來人演戲之能力、實有天賦資格、即此可見、而余以其能演中國戲、尤爲之欣賞不已、蓋馬來人視中國人其文化程度相去遠甚、而彼等竟扮中國之人、而演中國之劇、此其所以可喜也、若反之、而以優等文化之人、演劣等文化之劇、如僑生之串演馬來戲、則未免令人不解矣、是間僑生有仿內地票社之制、公同演劇、以資消遣者、票友多資本家子弟、且常在戲園中扮演、余亦曾聆之、所演皆馬來劇本、說白歌曲、亦純用馬來語、並能效馬來人之跳舞、乍觀之、居然馬來戲也、夫演劇爲游戲之一端、執業之暇、偶一爲之、以資消遣、原無不可、然既爲中國人、自應演中國戲、崑曲尚矣、次則二簧、皆各有優美之價值、足以供研究而資消遣、適非馬來戲所能及、今僑生既欲研究戲劇、不此之務、而彼之求、與馬來人演中國戲、適立於相反之地位、彼則取法乎上、我乃取法乎下、豈不大可異哉、

巨蟒

【馬戲】 余居新加坡時、有適行世界之美國馬戲班、至此演劇、抵港之日、班中藝員扮作生番狀、作成牧人狀、各牽馬登陸、整列行

市中、其後乃設劇場於丹戎巴葛海濱、場以布作圍幕、廣約數十畝、內設客座三等、居前列者爲三等、每座五角、稍後者爲二等、每座一元、最後者爲頭等、每座二元、及開幕日、余偕陳君鏡清往觀之、開幕時、音樂大作、樂止、首由全班藝員各持長矛分隊而出、繞場一周而入、第二場、一人騎馬上、手持短槍、繞場馳行、又一人放輕氣球於空中、高至數丈、乘馬者、且行且槍擊之、氣球應聲破裂、無一放者、第三場、一人乘馬出、頭上頂有鐵環、大如杯口、兩耳各戴一環、大亦如之、口中銜一皮球、繞場而馳、又一人乘馬持長槍、從後逐之、繞場數周、將前行之人頂上耳邊鐵環、及口中皮球、一一穿落而後下、第四場、先縱牛二三頭、繞場飛馳、作驚逸狀、有牧者二三人出而逐之、手持長繩、二端綰一圓套、自牛後擲之、輒套入牛頭上、用力拽之而入、第五場、一人牽黑馬一匹、出立場上、馬體高大、狀極駿偉、其人向衆聲稱、此馬性極不馴、乘之實難、如觀客有能乘之踰五分鐘者、贈以五百元、後又增千元、千五百元、直至二三千元、觀客中即有善乘馬者、或軍伍中人、出而試之、乃甫超乘而上、馬跳踉大作、未及一二分時、即被其攏脫而下、屢試屢敗、贈彩增至四五千元、終無一人能乘之者、最後由其主人乘之、仍跳踉不已、其人竭力控制之、竟踰五分鐘而後下、第六場、數人乘馬繞場賽跑、其行如風馳電掣、令人心悸、最妙者、中一肥短之人、乘健驢與羣馬競馳、時自驢背跌下、起而復乘、並作種種滑稽之狀、觀者無不失笑、最後於場中支布帳一、如蒙古天幕狀、牧牛人獵人共七八人、圍坐其中、飲酒食肉、雜以跳舞、作山林娛樂之狀、帳外繫牛馬數匹、忽有生番多人、衣紅衣、沿頂及背插鳥羽一列、竟至帳外縱火、並掠牛馬、帳中人聞之出、與番人互鬭、放手槍擊之、番人應聲倒地、鬬良久、番人不能勝、轟然潰逃而去、是時場上已死屍狼藉矣、於是宣布閉幕、該劇場所演劇目、每三日換一次、茲所述者、雖僅一次、所演之劇、然其餘亦不難類推也、

馬來戲之一幕

【馬來戲】馬來人現仍不脫蠻族固有之生活狀態、蠢蠢如豕鹿、直無文化可言、然善於演劇、使人聞之、往往意動神馳、戀戀而

不忍去、輒思時往觀之、以窮其妙、余居新加坡久、無可逍遣、聞馬來人戲劇之佳、偶往觀之、不過藉以破悶而已、以爲馬來戲縱佳未必如譽之者之甚也、詎一聆之後、果能動人耳目、增人興趣、視中國戲與西洋戲有過之無不及、於是時往觀之、知其所以優美動人之故、約有數端、先以形式言之、略似中國之舊戲、有說白有歌曲、迥非中國現在流行之白話劇、純用枯燥無味的講演式表示所欲達之言者、所能逮其十一、演時男子以男脚扮之、女人以女脚扮之、表情作態、絕無一毫不自然之處、服裝俱用本地最普通之西服、布景尤鮮艷逼眞、每齣多不過四五幕、以哀艷之愛情戲爲多、而忠烈義俠之戲則甚少、次以唱工言之、每一脚色出場、必先唱一小引、然後道白、與中國舊戲極相似、所唱腔調悠揚婉轉、最能動人、和以全套西樂、用啞爾玲三變作主引、更覺音韻縹渺、有繞梁三日之妙、其唱法雖從歐化脫胎、而青出於藍、視歐曲尤爲可聽、次以表情言之、每齣戲中必有一最重要之小丑、扮相與歐美馬戲班之丑脚無異、其作派之滑稽、最足令人發噱、至於男女正脚、則唱白作派時時能表情、處處能表情、蓋其動人之處、全在此點、次以場中布置言之、其最優之點、則在戲場上絕不見一閒雜之人、氣象肅靜、秩序整齊、雖布景時、亦不覩一人、音樂設於劇場之下、客座之前、而以欄杆隔之、故場上除演員外、無一局外之人攙雜其間、客座分二等、頭等居前數排、二等居後排、坐椅亦極整潔、若夫所演劇本、所以哀艷之作多、而壯烈之作少者、則以所編劇本、須受嚴厲之檢查、蓋新加坡政府、以馬來人處於被征服者之地位、恐其發生復仇之觀念、故對於表演英雄豪傑之劇、則禁不使演、惟任其表演男女愛情家庭瑣事、以消其壯快之志、長其柔惰之心、且馬來族中、亦實無可稱爲英雄豪傑偉大人物、足以編爲劇本、使人發生景仰之心者也、其不能不取幽鬱哀艷之劇本、以描寫家庭兒女之瑣事者、此亦其一大原因也、就以上數點觀之、馬來戲之所以優美、純在乎劇情哀艷、而唱作又足以表出之、其所以引人入勝者以此、所以優於他種戲劇者亦以此、雖然、馬來戲美則美矣、而其聲韻之幽咽、實爲亡國之音、其情節之瑣屑、尤乏壯快之觀、久聆之、將使人英雄氣短、兒女情長、無復進取之志矣、喜聆馬來戲者、尚其愼旃、

馬戲之一幕

【紀念碑晚景】紀念碑設於海濱、爲英人紀念新加坡忠烈之華表也、上刻忠烈姓名、及其略史、旁有木牌、上書各國文字、略云、紀念碑所以表現忠烈之功績、凡來此憑弔者、如對良朋益友、宜發生景仰之心、不可稍存褻瀆之意云云、其旁爲廣場、徧生綠草、外則植以棕櫚芭蕉、分畦別町、行列整齊、最爲美觀、每至晚間、各大資本家、皆乘汽車往其地納涼、俗謂之喫風、或坐於海濱石上、或徘徊於青草廣場之中、海風徐徐吹來、徧體生涼、精神爲之一爽、遠望海面、輪舟盪漾、燈火齊明、恍如萬點繁星、映射海上、附近飯店中音樂競作、隨風吹入耳鼓、極悠揚婉轉之致、幾令人有飄然欲仙之想、此種景況、在新加坡實爲最優美清幽之勝境、亦人生最快樂之韻事也、故余每晚必偕友人至其地納涼、往往坐至夜深、仍徘徊不忍去云、

紀念碑

第七章 遊記

【公園】新加坡全市、僅有公園一處、設於吉林區、總督住宅即附於其中、而僑生資本家、就其附近建置住宅者、亦不少、樓房之形式、出奇標異、各不相侔、亦足爲公園生色、園中青草遍地、綠樹參天、一望無際、古木多附生籐本植物、縈繞枝幹之間、頗具奇詭之致、花木種類甚繁、然皆南洋土產、熱帶以外植物、殊不多見、此外則有水池數處、土阜數區、皆人工作成、非眞山眞水也、入園之路、約三四道、遊人可乘汽車、直抵園中、蓋無入覽之費、故不設門禁、以阻遊人也、樹上野猴甚多、性極馴、似解人意、遊人每携果餌投之、即羣集人前、作乞食狀、弄之亦帖然不懼、松鼠尤多、往來樹杪、迅如飛鳥、亦他處所不恒見者、余居此時、每至夕陽西下、携二三友人往遊、中一石几、旁設石櫈、居綠陰深處、地旣幽僻、猴鼠尤多、余等輒坐其間、調猴子爲樂、無異與木石居、與猿鹿遊也、余觀園中、除草木繁茂外、並無壯麗之建築、精妙之美術、足以供人研究探討、啟人興味之處、以視吾國之北平中山公園、北海公園、相去曷可以道里計耶、

【萬壽山之沐浴】陳君能顯之姻戚某君、居於萬壽山、山有古寺、結構幽邃、風景宜人、余聞而羨之、然未能往遊也、値某君家有喜事、同人邀往賀之、余樂甚、乃偕諸人同乘電車至歡樂園之西、改乘汽車而北、迤邐行山中、約數十分鐘、始抵某君家、是時坐客已

滿、談笑甚歡、又有馬來戲以娛賓、宴能、某君邀余與陳君能顯等登山眺望、遂至古寺休憩、寺僧某嫻經典、望之頗有道氣、其香積之廚、作素菜頗有名、寺旁有山泉、水極清冽、其旁構屋爲浴室、以備女擅越冲凉之用、下流入溪谷、男客亦可就而冲凉、寺居深山中、人跡之所罕至、外環綠樹、中瀉清泉、其清幽之致、令人一洗其煩惱競爭之心、眞不異仙境也、以新加坡繁華熱鬧之區、乃有此妙境、亦可謂絕無僅有者矣、

【遊蓮山雙林寺】

余性喜遊眺、居新加坡久、厭其喧囂、又爲熱所迫、頗不耐之、歷詢儕友以清淨可遊之地、競擧蓮山雙林寺以對、余甚羨之、乃於某日往遊焉、其地居新加坡之西北、遙望小山一片、秀媚如嫣然欲笑、即蓮山也、登其上以望、則四圍綠雲蓊蔚、皆爲膠林、約千畝有餘、周圍數百武外、繞以清流、川上野花襍樹、掩映成籬、以與廣漠之平原間隔、登高遠眺、靑蒼萬疊、奔赴眼底、並無高峯大木障礙於前、不意喧囂煩惱中、乃有清曠幽邃之一境、山前阿坦中、突兀起大蘭若一區、即儕友所豔稱之雙林寺也、寺基廣百畝許、繚以朱垣、前有大水池一方、清可瀠繝、小亭露臺、隨意點綴於奇花古木之間、亦復曲折有致、地上均鋪文石、光滑鑑人、門前列石獅二、高丈餘、入門、中供彌勒佛、旁列四大天王、再進爲大殿、重簷飛閣、高入雲天、新埠苦熱如燒、而甫及殿門、便大有瓊樓玉宇高處不勝寒之概、殿中地皆以西洋白磁磚平排如席、古稱玉堂、當無以過之、殿上供丈六佛三尊、均白石琢成、晶瑩如玉、可摩撫也、云得之緬甸、每座費四千餘元、案前列玻璃匳一、貯二小蛇於中、長尺許、置鷄蛋十餘枚、任二小蛇吸而食之、殊無他異、殿後背坐一觀音像、亦白石所琢、大與三佛等、旁坐十八阿羅漢、大如人、香爐四具、大過五石瓠、德國文石所製、貴重品也、殿前花木成林、左右二水池、紅魚數十尾、游泳其中、意甚適、若不知尙有河海之大者、旁舍雲連、幽房曲徑、萬戶千門、駭心眩目、穿殿抵後院、高閣三層、綺麗之廳、清密之室、不可殫究、左右兩府、嵯峨

公園之水塘

對峙、紅欄碧檻、繚繞如虹、竹院蕉庭、都爲禪舍、山林清幽、令人羨之、東有長者堂、內供一男一女二偶像、高四尺許、翎頂袍褂、居然官派、其夫人亦鳳冠霞帔、詢之云爲福建劉金榜、即捐金二十餘萬元及寺基數百畝之檀越也、西面一門、曰功德堂、亦有男女二偶像、裝飾大小悉與東堂者等、云爲福建顏仕份、亦捐金如劉者也、及出觀所鐫碑記、載列多婦女名、類皆捐千元以上、數百元以下者無見焉、乃有清光緒三十二年事也、

雙林寺

【遊石叻門】石叻門乃新加坡東南角之一高岡、英文謂之 gap 山凹之義、殊不稱也、地距市六哩、可乘汽車自般那威士打路盤紆而登、亦新埠名勝之區也、余居新埠時、聞其勝、偕友人往遊之、乘汽車沿山徑盤旋而上、徑旁彌望皆膠林椰園、高幹凌雲、濃陰覆地、深林中時有馬來人居室、婦孺出入其間、殊有山林之樂、迨至山麓、捨車徒步而登、山徑愈曲折、而林巖愈見深秀、翠鳥鳴於林杪、芳草秀於路旁、其風景之美、雖山陰道上、不是過也、比至其巔、地勢彌覺高曠、空氣清新、涼風徐起、遠望海天蕩漾、雲水蒼茫、綠樹深林、一望千里、徘徊嘯詠其間、殊有飄飄欲仙之概、已而天色向暮、夕陽在山、海面上暮霞散綺、斜照晴波、天際風帆、海嶼烟樹、掩映於萬頃蒼波之中、猶令人玩之不盡、更於妍麗之中、而起壯美之感者、則見飛鴻之餘、又奔馳青冥而上也、余等賞觀良久、恐日暮山行危險、匆匆尋路而返、聞友人云、由山巔別有一途、可下至巴西班影、其地濱海、可以垂釣、泛舟山林、環抱林木、青葱風景之美、大有吾國西子湖之概、惜天已薄暮、不及便道一遊耳、

【武吉帝碼山觀日】武吉帝碼山在新加坡東北、其高數千尺、山麓爲武吉帝碼車站、或乘火車、或駕風車、皆可直達、登其巔、可以觀日出、爲新埠名勝之一、余居新埠時、偕友數人往遊焉、夜甫逾半、即趁火車而往、三時許、抵武吉帝碼、下車少憩、即循路登山、曲折行小徑中、兩旁林菁深闃、無人聲、林間宿鳥、聞人足音、皆驚起、磔磔而鳴、久之始達山巔、則已逾五時矣、余輩皆疲倦不堪、競就林

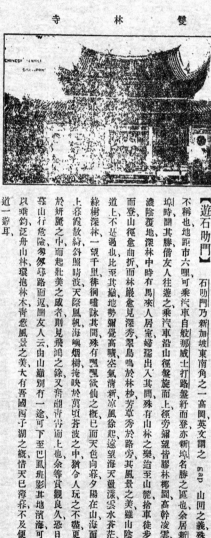

下休憩、遠望東方海面、一片深黑、祇有輪舟燈火、往來明滅而已、踰二刻許、遙見東方天際盡處、海水忽呈淡紅色、少焉紅色漸濃、而面積愈廣、約十餘分鐘後、海面半作深紅色、其上則濃霧籠罩之、茫茫萬里、渾不見其涯涘、又數分時、忽覺紅色復斂、大地仍作深黑色、余輩不解其故、方驚詫間、猛見紅光大起、照耀海面、使人目眩神駭、而一輪赤日已涌出於海面之上、其體積之偉大、儼同山嶽、光華遠射、大地皆明、余等遠隔濃霧、諦觀之、覺世間美景、當以此爲最偉大、最壯麗、且最變幻、眞可謂洋洋大觀、以視一巖一峯一泉一石、所謂名勝者、殆不可同年而語矣、既而日輪已高、朱霞漸斂、濃霧全消、始見海面上島嶼羅、形若朝拱、錦波繡浪、瑟鳥鱗禽、靑幽碧秀、繚繞無際、余等暢觀良久、不覺心悅神怡、想其景象之變幻偉麗、當不減泰山之觀日也、乃乘興更於山間盤桓觀覽、直至日已向辰、覺腹餒神疲、始滿意而返、途中猶相與津津樂道其勝也、

【後港觀舟】　新加坡有前後二港、前港爲最繁華之區、而後港則頗清靜、余性喜清靜、久居繁華之地、則厭生、故時往後港遊覽、藉避塵囂、往後港時、由竹角乘電車而行、路經神道學校及外國人公共墓地、途中多膠園椰林、及榴蓮樹、風景至佳、各資本家之別墅、多設於沿途左右、亦因其地清靜、可以養心也、至光洋學校、改乘羅力車、（汽車之一種）車資二角餘、其行甚速、轉瞬即至後港、其地有警察所一處、警員家屋數間、此外只有咖啡館及雜貨店數家、非如前港之商店櫛比矣、港內爲一河道、廣不過數丈、而河水頗深、可行小汽船、土人多操獨木舟、駛行其中、舟僅容三四人、鼓棹而行、其疾如矢、華僑亦有乘此舟遊戲其中者、隨波上下、乍沉乍浮、遠望之、無異鳧雁之嬉於水面也、眺覽有頃、不覺心氣恬靜、而精神頓見活潑之趣、以視前港之巨艦往來、其雄壯之勢、固遠不逮、然別有一種瀟洒自然之風味、令人起無限美感、則實非前港所能比其萬一也、

小舟

【環遊全島記】　余至新加坡之逾月、朋輩約作周環全島之遊、余喜甚、極力促成之、乃於某月某日晨起、由皇家碼頭出發、同遊者六七人、僱一電汽船乘之、纜解輪動、沿東方而進、是日天氣晴明、清風徐起、遲舷左右、望若丹戎岀若丹戎加東若勿落若丹那馬勝

爭沙若丹戎棕宜若浮羅于敏若浮羅記淡若丹戎鑄訖等處、風景天然、各具明秀之致、而加東及丹良禺一帶、彌望皆椰子林、蒼翠滿目、樓舍嵯峨、高出樹杪、清幽可愛、不覺胸襟爲之一爽、舟中携有食物及遊戲之具、同人或圍棊、或誦詩歌、或談時事、或持望遠鏡以望遠、恣意逍遣、其樂可知、及抵柔佛、時已下午一時餘矣、舍舟登陸、聯袂而遊、但見闤闠四達、商業亦甚繁盛、行至某街有一番菜館、號曰

海邊之風景

錦珍、乃入而午餐、餐訖、仍步行返舟中、三時舟復發、沿西北岸而行、望柔佛海濱有球場一區、綠草平鋪、與新加坡五欉樹下逦西之球場無異、又見一馬來人之佛殿、建築頗宏麗、惜因時間甚促、不能往遊、復行數小時、過巴西禮峇時、方四時三十分、忽濃雲起於海上、急雨繼至、有頃雨止雲散、狂風怒號、巨波如山、而至洶湧澎湃之勢、令人心悸、電舟振盪不已、至丹戎牙汝、風益猛、舟幾顚覆、同人有因之嘔吐者、再行至丹戎吉寧時、則日已西墜、四望蒼然暮靄、風勢少殺、遙望巴士班然、萬家燈火、點點如列星、而哥柅凫燈塔、忽隱忽現、其光返映海中、盪漾不已、海中夜景、別有一種幽深寂靜之致、奇趣紛然、使人玩之不蠹、再經浮羅勿蘭柅浮羅濮株勿撈江馬底、抵丹戎巴葛、見岸上工場電光照耀如晝、景物畢現、已而返至臯家碼頭、泊舟登岸、擧目望大鐘樓、則正指九時半也、

【海邊飽嘗風味】新加坡地方炎熱、中人欲昏、居民執工商業、長日碌碌無寧晷、迨下午職務既畢、率多神昏體憊、非至海邊休息納凉、領略風物、不足以活潑其精神、消釋其鬱積、而一班資本家、尤好自御汽車在海邊款款而行、備嘗海邊之風露、直至夜深、始相率歸去、即所謂喫風是也、一日余與陳鏡清王丙丁陳輝煌王清源諸君、聽林文慶博士演說、薄莫始散會、遂由陳鏡清君自御新購汽車、載余等至海邊喫風、甫至海邊、車機忽停滯不能動、蓋新購之車、機件往往發生障碍故也、陳君乃自行修理之、良久仍不能行、王丙丁諸君欲以他車返、而令人拽回陳君之車、陳君不可、謂適

聽林博士演說、謂中國人事事以差不多三字自了、從不爲徹始徹終之舉、故所作多半途而廢云云、余自今日起、力戒差不多之習、作事必期成功而後已、此車無論如何、非使其能行不可、余等無以難之、只可聽其修理、是時已十二時餘矣、海風甚大、觸體生涼、徘徊往來、欠伸不已、直至三時許、始修理完竣、仍由陳君御之而返、可謂有志者事竟成、然余等已飽嘗海邊風味、此亦喫風中一趣事也、

【孟蘭會】　華僑雖居海外、仍保存其固有之習俗、對於迎神賽會之事、迷信最深、加以富力充足、又足以供其揮霍、於是盡量鋪張、較諸國內且尤甚焉、每年七月十五日、必舉行孟蘭盆大會一次、其意以爲僑民客死域外、魂魄無所歸、非藉佛法大力、不能使之脫離鬼趣、而復歸人道、故於孟蘭盆會、不惜盛大佈施、冀達其超度亡人之誠意、一倡百合、而驚人之怪劇成矣、每屆舉行孟蘭盆會、自七月十五起、至三十日始止、舉行地點、在一街市中、凡華僑資本家、皆於街中陳列供品、多者至二三十桌、前列五供、後列肴饌果品、皆先期覓名廚精細烹飪、數十桌無一同者、又於街上建戲台演戲、多則三日、少則一二日、此倡彼和、前停後繼、所演之戲、各種悉備、恒十餘台同日並演、又有子弟戲團、往來街中奏樂度曲、如內地打十番者然、全街中鼓樂喧天、絃歌盈耳、遊人士女、霧集雲屯、加以爆竹之聲、連續不絕、直至夜深、樂止歌停、始紛紛散去、又囍頭巷西北臨陳篤生醫院某處有一佛寺、每日四台戲對演、沿途所列供品、所演戲劇亦與前述某街之盛況無異、尤奇者、廟外林木中、席地而吸鴉片煙者、不下數千人、皆攜有酒肴果品、且吸且食、孟蘭盆會中有此奇觀、不知如來視之、又當作何等觀念也、計此半月會期中、富豪者所費至數百元之多、即力有不逮、亦必多方措置、以達其齋供之程度、否則爲人譏訕、以爲某某供品、不如往年、某某供品、不如他人、非其財力不足、即其心志之不虔耳、蓋於迷信中、寓有炫富競勝之意、此其所以竭力鋪張、愈出愈奇、而演成此種怪劇也、

【游龜嶼】　龜嶼爲新加坡附屬小島之一、上有大伯公祠、遇禮拜日、華僑燒香者甚多、某禮拜日、友人邀往觀之、同乘汽船自紅燈渡頭解纜而行、約半時即抵龜嶼、舟人鳴氣笛爲號、船即停止、隨有小艇蟻附汽船之側、載客登岸、是日天氣甚熱、而男女老幼冒暑而來者、仍絡繹不絕、逮入大伯公祠、見焚香者、燒紙者、拜禱者、求籤者、爭先恐後、比肩接踵、殿前幾無地立足、焚香拜禱後、更由神前取黃綫一條、縛於腕上、始欣然而去、余觀之不禁歎吾國人迷信之深、雖居異域、猶保存其舊慣如此、亦異矣、

【遊丹良禺】　余居新加坡時、一日友人約往丹良禺一游、喜而從之、乘汽車至紅燈碼頭、僱小艇乘之、舟子爲馬來人、張以布帆、

乘風浪而行、其疾如矢、少頃、已至丹良禺泊舟登陸、行數里至造船廠、大河橫其前、上架木橋、有歐人三四、立橋上垂釣、余等亦相與俱登、憑欄俯視、河水澄清、游魚可數、微風徐起、碧波盪漾、心神爲之一快、極目海面、水天一色、小舟點點、出沒於巨浪之中、與海鷗無異、已而有學生數人、就河中游泳、或浮水面、或沉水底、往來上下、波湧浪翻、水花四射、其快活之狀、令人艷羨不已、觀畢返海濱、仍乘舟而歸、

【巴沙班影觀落日】

巴沙班影在新加坡之西、前臨海岸、後依小山、風景之佳、當爲全島之冠、一日友人邀往游之、余喜甚、共乘汽車、行約五哩餘而至、途中樓房櫛比、作種種形式、與板屋錯處於林木叢中、頗覺歷落有致、時方午後四時許、少頃、烏雲起於西南、又值海潮初上、挾風雨而至、余等乃登酒樓避之、飯罷推窗遠眺、時則雨霽日出、風勢仍未少衰、海潮已漲至樓下、波濤洶湧、直向沙灘上奔騰而來、觸岩石、抵屋柱、砰湃之聲不絕、而海面上頓幻出許多雪浪銀濤、倏隱倏現、點綴於蔚藍色之間、信覺好看、已而斜日西垂、天邊滿布朱霞、似歡迎欵欵下垂之落日也者、逮日輪入於地平線下、而橙紅之雲、亦因之作種種變態、或紫或藍、或灰或白、或如奇峯之突起、或如萬山之重疊、千變萬態、十色五光、極世間詭異之奇觀、雖聚中外古今千百名畫家、猶未必能髣髴其一二也、蓋自然界之美、無盡無窮、有如此者、是時海上數點小島、呈蒼翠之色、往來漁艇射出點點燈光、風吹海面、其聲玹玹然、與波濤之砰湃相應、移時天色昏黑、美景全收、欣然下樓、就逆旅而寢、夢中猶恍惚聞風濤之聲不絕也、

龜嶼

【丹良禺觀捕魚】

余居新加坡久、頗厭其喧囂、聞丹良禺去港稍遠、僻在海濱、風景殊勝、乃乘小艇過港往游焉、小艇可容六七人、人價一角、舟子鼓雙棹以駛之、港口輪船停泊、檣突如林、小艇行其旁、曲折左右、如行小巷中、約十餘分時、即至丹良禺、其地有街市一道、中設火鋸廠數家、學校一所、無大商店、只有雜貨舖咖啡館而已、居民善操舟、多以捕魚爲業、自街市北行即至海濱、彌望皆白沙、土人捕魚者、每組數十人、乘三四小艇、張網沉海中、網廣可十餘畝、約經十數分時、緩緩掣其網、數十人羣聚而舉之、網中魚鼈螺蚌之屬、無所不有、踴躍紛紜、羣思逃去、其幸而得脫者、甚鮮、魚之巨者、率十餘斤、一網所得、不

下數百斤、以視內地河中捕魚者、不啻小巫之見大巫矣、漁人皆黃髮碧眼、軀幹壯偉、狀貌頗異常人、蓋久居海上生活、慣習有以養成之也、眺覽久之、精神爲之一爽、日既昃、乃返棹而歸、小艇載客、政府只限以六人、詎舟人貪利、竟載至十餘人、甫至海中、大風陡作、巨浪高丈許、小艇隨波上下、乍沉乍浮、輕如一葉、勢殊危險、乘客皆面無人色、雖土人亦爲之恐怖不已、幸舟人持以鎭定、竭力鼓棹、始安然達彼岸、余既登陸、廻憶海中危殆之狀、猶有餘怖云、

漁人歸舟

【九皇會之盛況】余居新加坡、一日訪友於後港、見附近電車站之山巔、男女老幼、聯袂而登、絡繹不絕、視之、一神祠在焉、楣上木匾、及場中黃幟、皆書斗母宮九皇大帝等字、祠外焚冥紙、爐中火光熊熊、與爆竹聲爭烈、余詢友人曰、是間何熱閙乃爾、曰、此所謂慶祝九皇大會也、於是近而察之、祠前爲一草亭、中置木桶式長凳一、上蓋黃布、桶內盛水、而以凳作橋、可履而過之、其旁揭黃紙廣告曰、諸會友請購冥幣及冥紙燈一份、銅幣十枚、投諸桶中、可保平安、時有人行於假橋上、道士即用老驰朱印蓋其背、口中喃喃祝曰、福壽臨壽、其人聞之、頗現欣幸之色、比至晚間、復見有多數男子結隊蜂涌而來、或提燈、或化裝、或舞龍、或舞獅子、燈光耀天、樂聲震地、齊集於道場、祝各國慶祝國慶、尤有過之、忽見一焚香者、不知何事觸祠中司務人之怒、司務人即肆口詈之、狀甚兇惡、以莊嚴之神宇、現此怪相、殊不可解、至夜半、始舉行送九皇之禮、以木雕之彩亭、中置九皇大帝像、信男十餘人、共舁之、其前則導以執黃幟者多人、及音樂一部、旗幟隨風飄舞、鐃鼓大作、響徹雲霄、九皇亭後、更隨有無數善男信女送之、男則白布抹額、女則全身白衣、手中皆拈香一束、香煙繚繞、火光與星光互映、經行市廛、中爆竹之聲不絕於耳、至新記成黃梨廠廠內港邊、設一方桌、上置瓷砵、焚以檀香、道士就桌前誦經呪、誦畢、將瓷砵推入港中、順流而去、是時樂聲大作、善男信女、爭跪港濱拜送之、縱膝陷汙泥中、或全身沾濡、不顧也、際此科學昌明時代、華僑身居異國、日與外人雜處、而迷信神權、仍不脫舊有之習慣、且鋪張揚厲、較國內爲尤甚、殊可異也、聞此舉需費之鉅、不下萬元、與會者資力不足、輒貸質以應之、使以此有用金錢、

移作有益事業、豈不勝於佞神求福萬萬哉、

第八章 雜記

【訪陳嘉庚君】余此次赴南洋甫至上海即聞友人盛稱陳君嘉庚為南洋第一流人物、迨至新加坡首先參觀者即為陳嘉庚公司因是深願晤見其人、一覘其言論風采、顧以君所經營之事業至多、光陰異常寶貴、不願以無關重要之事、擾其思慮、一日至陳嘉庚公司有事、適值君在辦公室休憩、陳君鏡湖力勸之、乃詣辦公室、與君晤見焉、君為閩之同安人、年甫逾冠、隨父商於新加坡、啟號謙益、黽勉經營、日漸發達、二十餘年、遂臻今日之盛、現所經營以種植樹膠及製造樹膠物品為大宗、其餘米穀百貨、無不經營、設工廠數十處、分行七八十處、自上海以南、迄南洋各埠、分行設立殆徧、統計所有各種財產、當踰萬萬元以上、年方四十餘、每日工作最勤、事必躬親、晨起即至工廠、監督各部分製造、午後赴總公司、辦理對於歐美各國之商務、晚則至俱樂部與各資本家、商洽購置交易等事、所定各項營業、辦事規則、皆有條不紊、切實可行、生平最惡狹邪賭博、口未嘗道及一字、惟時時以作事為樂、其於事也、不惜勞費、不憚失敗、聘任各國工師、雖年支工資數鉅萬、不嫌其多、試驗連失敗數十次、不厭其煩、其引誘後進、教導工人、莫不竭其循循善誘之力、而不以為苦、蓋其作事之能力至强、非常人所能及也、現在直接賴君之力生活者、已不下數萬人、而間接受其庇蔭者、尤不下數十萬人、故謂君為萬家生佛之大慈善家可、謂之為萬人泰斗之大教育家亦無不可、余既與君相晤見、君面色頗黑、兩目炯炯、光芒四射、身著黃帆布衣袴、足著白皮鞋、與普通工人無別、望而知為明幹有為

陳嘉庚先生歡迎國府委員胡漢民孫科之攝影

之人也、君於普通語不甚熟習、僅能聽、而不能說、當由司帳某君代為傳譯、見余為北方人、握手時極為歡洽、余將近日國內情形、略述梗概、並語以國貨如何進步、人民如何覺悟、道路如何興修、末謂國內戰爭、正在破壞時期、實革命應有之階級、此時期不久、即可過去、斯時革命告成、而太平可睹矣、君聞余言、非常注意、遂對各種情形、詳加詢問、其關心國事如此、深足令人欽佩、余謂不佞希望先生所創製之樹膠輪橡皮底鞋、將來銷行各國、將陳嘉庚三字、徧印於環球土地之上、並預賀君為全球將來之樹膠大王、君皆遜謝不遑、談話間、觀其神氣、非常沉靜、語不虛發、尤足使人欽服、余恐有妨辦事時間、起辭二三次、皆經君挽留而止、迨既辭出、則已至十數分鐘之久矣、公司同人見之、皆驚異異常、盖君之名望既高、國內人士往訪者至多、君於接見之後、即問以先生此來有何見教、迨其人說明來意、君或可之、或否之、不過寥寥數語、即可解決、至多不過二三分鐘而已、但其事如視為可行、雖一諾數萬金不吝也、自是以後、余雖不能與君時常晤面、而間接所受之益甚多、余兄弟徧歷英荷兩屬、所至之處、皆經君所設分行詳為指導、所攜各種國貨、得以陸續暢銷者、皆君介紹之力所致、現在營業漸見擴充、飲水思源、不能不深感嘉庚先生之賜也、其後余將兄弟子姪、併送入公司執業、蒙其不棄、概予收錄、尤令余等感荷無已、君對於革命事業、最為熱心、孫中山革命時、君竭力贊助、捐資甚多、與蔡元培黃任之及革命各要人、皆為故交、所作之事、亦多

張永福先生

得君贊成之力云、余返國時、適遇上海某要人、談及君之德業、謂君曾出資數百萬、辦理集美學校及厦門大學、每年直接間接、所擔任之南洋教育費、不下數十萬、其他慈善事業、國內捐款、每年更不下百餘萬、不特為南洋第一流人物、即方之國內人士、亦當首屈一指、倘吾國政府舉辦大規模之工鑛農商各實業、需資數千萬或數萬萬、得君為之經理、其造福於國計民生者、當非淺鮮也、觀此足徵君之才識、已為國人所共知、其事業之蓬勃發達、殊未可限量、將來或成為環球之名人、亦非難事耳、惟君於中國北部各地、尚未嘗遊歷及之、不日南北統一、時局平靖、想必當至北方一遊也、(現在該公司已設分行於漢口濟南天津北平鄭州等處矣)

【訪張永福君】 張永福為新加坡華僑中聲望最著之一人、余抵新後、首往君所辦之平民工廠售品所訪之、其人年約五十餘、

性豪爽、肝膽照人、有古俠士風、望而知爲有作爲之實行家也、當民國初元、曾力贊革命事業、捐資甚多、與孫中山爲生死交、故華僑極推重之、相見後、張君謂余曰、君以北方人、迢迢萬里、航海南來、思以實業立足於國外、可謂有志之士、殊令人欽佩、然君於沿途中、亦有若何感觸之處乎、余曰、我國海岸線數萬里、不爲短矣、海外僑民數百萬、不爲少矣、然本國輸出之貨、皆恃外船爲之運轉、故余行萬里海程、曾不見一本國之船舶、不覩一本國之旗幟、是以陸海兼資之國、幾變爲純粹陸地之國、商業之不振、此實爲一最大原因、余此行感觸之處甚多、尤以此事爲最甚耳、張君曰、君所見實獲我心、余日內即將返國、返國之目的、即以經營此事爲工作之大端、著手計畫、擬先購輪船數艘、自汕頭直達新加坡往來航行、以運載出口之貨、及出洋之人、以免爲外人所制、俟此線有成績後、再推廣於他線、余行後、君如有需助力之處、工廠司理蔡奮初、及老友陳開國二君、皆能任之、君可逕委二君代辦、可不必客氣也、翌日君果返國、余與君祇此一晤、即蒙君推誠贊許、殊爲可感、其後進行商業一切事務、多蒙陳蔡兩君指導贊助、成績頗佳、皆張君介紹之力也、

山東濟南城被日本之炮傷

【濟案之感言】 余方編書時、値濟案發生、不覺忿氣塡膺、寢食爲之俱廢、乃就淹通政治外交之友人某君處、徵其對於此案之意見、某君於是原始要終、歷述此案之起因、及吾人應持之態度、與其補救之方法、詞意沉痛、思想遠大、實可爲我國民對於此案之正確方針、余聞之、佩服不置、爰錄其語、爲余對於此案之紀念、且以告諸南洋青年之有志國事者、

民國四年五月七日日本提出最後通牒的次日、英使朱爾典去見外交總長陸徵祥、請他負責任勸袁世凱承認日本要求、坐了兩點鐘、落了兩點淚、說道、最後通牒、祇有唯否兩字、此刻日本已有大决心、若不屈服、便有大禍、日本此時、把中國踏平、各國也無法相助、即使將來可以恢復、然而中國已是亡了一次、本來袁世凱想要拒絕、當時之段祺瑞（陸軍總長）尤其激昂、後來熟籌利害、祇得忍辱簽諾、然而其後因爲國際形勢之變化、二十一條、差不多自然的無形取消了若干條、至於舉世駭怵的第五項、更在華府會議上、由日

本代表、宣言拋棄、(以後再提)之保留權利、從這一點看來、一時的外交困難、決不可怕、所可怕者、自身不努力、國事無進步、叫愛我者、爲我意冷心灰、謀我者、竊幸時機再至、自從歐戰發生、我們國際上遇過多少好機會、惜乎國民太不長進、上焉者、虛矯浮囂說大話、不辦實事、有地位而無成績、下焉者、勇於私鬥、巧於攫錢、更說不上國家思想、致遷延因循、坐失機緣、這除我們自身反省懺悔、却怨誰來、一九一九年六月二十八日、威爾賽條約、德國差不多和亡國一般的悲慘、記得這天、德國全國國旗、概裹黑紗、以示哀悼、但是各學校依舊上課、有一位柏林工科大學教授、上堂講書、對學生說道、今天我本想不來、繼而一想、還是該來、我們德國的鋼、在世界推第一、我們德國人、便應該和鋼一樣、壓力到來、儘可緊縮、到最小限度、壓力一去、立刻便可伸張、到最大限度、這番話、很有道理、本來一個國民、須要有彈性、俗話說、大丈夫能屈能伸、正是如此解釋、不過現在是科學世界、國民要想滌除國恥、發揚國光、若不從學問修養上、痛下功夫、鍛鍊能力、結果還祇好屈辱復屈辱、雖受亡國滅種之禍、仍算是自作之孽、無人憐憫、無人扶助、所以我們今天與其怨人、不如責己、與其怒號、不如飲恨、與其說空話、不如求實學、化叫囂爲深鷙、屏客氣爲血誠、既下決心、誓發實力、以圖他年之伸張、便不妨先下決心、忍辱負重、以作今日之屈、苟能如此、屈爲不屈、伸且必至、試看德國今天、便是我們的模範、因此之故、奉告愛國青年、勿作無謂之犧牲、勿爲無益之悲憤、練成鐵的身軀、鍛就鋼的意志、養得水晶般的智識、不腐化、不惡化、我們不許中國亡、便誰也亡不了中國、盤根錯節、乃成利器、語云、道高一尺、魔高一丈、前途困難正多、願青年自勵自重、舉凡罷課宣傳、游行講演、種種活動、姑且作戈矛劍戟過去時代的武器觀、由此更進一步百步、去發見新武器、方不失爲新時代之新青年、

【山東慘案籌賑會】　民國十七年五月、日本挾其帝國之勢力、乘我內部相爭之際、興兵侵入濟南、佔據我鐵路、攻奪我城池、蹂躪我主權、慘殺我同胞、種種不顧公法、不合人道之蠻橫行爲、筆難盡述、全國各地聞之、莫不髮爲之指、眥爲之裂、競起結合團體、講求抵制之方、與夫救濟之策、南洋各埠華僑、對於祖國重大問題、其熱心向不減於國內、故於濟南慘案消息傳來之後、即紛紛組織團體、或宣傳慘狀、或籌募賑款、以爲濟南同胞之後援、其中尤以新加坡一埠、更爲熱烈、所成立之山東慘禍籌賑會、勢力最宏、進行最猛、不旬日、即籌得賑款數十百萬元、分次寄交南京中央財政委員會、代爲散放、新埠華僑之熱心祖國、即此可以概見、該會所有職員、概係全埠各團體大會所公舉、各團體並派代表一人、加入爲幹事員、蓋此會實不啻全埠各團體之結晶物也、茲將會中職員、及各團體

新加坡山東慘禍籌賑會婦女部全體攝影

林欽貞　鄧卓明　陳愛禮　方文鈞　曾德順　陳週瑤　張清和　鄭亞敦　吳允文　蔡仁愛　林殷碧餞　丘玉英　鄭式度　黃雪坤　田翠玉　曾夢瓊　姚楚英　姚軼倫　阮翹　金翠錢　彭夢民　黃立蘭

幹事員銜名、列誌於下、正會長陳嘉庚　副會長陳秋槎　財政主任李振殿　財政員吳勝鵬　謝天福　黃有淵　劉炳思　林金殿　庶務主任黃奕寅　庶務員湯祥藩　丘繼顯　李亮琪　査賬員林竹圃　周獻瑞　文牘主任何葆仁　李鐵民　英文文牘主任張維進　常事員李春榮　羅承德　區堯堂　陳源泉　陳開國　梁谷欣　曾紀辰　蔡子亭　伍季籌　林雨岩　李光前　曾幾生　蔡寶泉　劉登鼎　蔡輝生　洪高興　侯西反　黃岸生

各團體幹事員　南洋江夏堂黃碧郁　潮州批業陳子由　仰和商務局馬康侯　海嶼郊公所楊友臣　星洲鐘錶行朱奇軒　陽圓公館傅文烏　怡和軒葉玉堆　英和船務局郭福來　寧陽會館伍菊賓　茶陽會館張蕊商　聯和關林學籌　高州會館黃展誠　八和會館鍾兆南　柴炭商行公局謝龍門　壽記行船館馮家駿　安溪會館蕭百馨　還郊商務局洪開榜　應和會館湯竹君　布行商務局潘鏡明　印務益群社羅浚秋　星洲洋衣同業吳覺非　興和行李熙堯　廣幫肉行李秀林　廣肇幫客棧鍾澤泉　樂聞公館吳熾環　天南壇趙文烟　華僑牙科公會洗耀民　黽咯郊公所李周編　玉露公館黃竹三　潮州金果行林卓之　南順會館陳敎朋　東安會館劉畢文　京果商務行蔡錦芳　爪

亞郊商務公局蔡嘉種　南聲公館蔣人郁　藝商公館鄺卓謙　米商公局歐傅蚶　寅賓公館卓望管　羣商公館王北辰　樹膠公會蘇炳利　明星公館許其文　雜貨行歐陽艾南　彬彬公館楊岐山　沙籐行潘彥青　國風幻境韓遺業　酒商公局吳少樓　晉江會館莊丕甫　瓊州會館何君佐　潮陽會館林奕宜　紅皮商務公所陳孔捷　海游藝會梅國良　駁船公所蘇振興　醉花林公館林雨巖　精武體育會黎朝光　興安會館郭子惠　福州務德會林開鍒　西北門車房機器馮神　益勵學社謝春霖　同德書報社洪寶植　南洋華僑中學校友會蔡臨從　福州會館林乾增　姑蘇敬愼堂黃信滿　樂陶公館　怡苑公館丘繼耀　當商公會林文田　肇慶會館何思觀　香山會館黃志超　聯商公館韓釗準　三江會館張辟方　同福社陳錦堂　摩多巴士團楊瑞蹩　勵志廬譚焯堂　枋木船業公局陳貴賤　南安會館洪嘉晉　藥材商業公館張保初　洋貨同業陳榆楠　育才學校林永福　番禺會館徐智誠　居鑾華僑賑濟南籌備會章文雙　華陽閣公館洪舜瑜　曇花鏡影劇社張錦釗　籐商公會陳房浚　仁聲社何振華　星洲機器同業陳耀森　育才夜校符菊郎　岡州會館林紫昭　蘭亭公館簡緝臣　公瑜行吉偉卿　福州磁商研究所陳大輪　三水會館馮珍乔　文華行何蘭洲　厚福成衣行馮振生　三和會館黃池蓮　仁和公館張元達　廣榮潮洗衣鄧道珊　剪髮行關修元　羣德社林忠木　糖商公局鄧博興　普福會館李景彰　豐順會館張靜波　均益行李德初　永定會館林友蘋　亦樂公館楊允弟　惠安會館何衍品　亦環公館陳耀田　南廬學友會林邦彥　中華樹膠聯合會洪高興　詩知公館余雙全　僑南公館張璋奇　華僑公局黃添福　勵敉公館蕭楚文　惠州會館蕭達璋　紅皮西友行楊耀初　福和合記公司賴奎　逸林公館曾紀宸　同壽行陳泰　萬栽和公館　同樂革履行歐福如　碩莪商業公會館濤吉　金飾商業吳業琛　振羣學校黃才源　崇正校友會陳金源　西北門補爐裝船同業黃植桂　航業同人社吳牛記

【訪賈子安領事】　余至中國領事館訪賈領事值賈君未到館、館員通電其寓所、乃邀至寓中晤談、賈君名文燕字子安年五十餘、久爲外交官、歷任南洋各埠領事、故於各埠情形、極爲熟悉、性和平善談論、望而知爲外交界老手也、是時方患喘哮病、蓋居熱帶多年、爲酷熱所侵因而染之者也、相見後、賈君因余係北京人初到南洋力疾起迓、握手暢談、深表歡迎之意、余叩以對外辦事情形、及華僑狀況、賈君曰、外交之得失、視乎國勢之如何以爲斷、國勢盛者、其外交自易於勝利、國勢衰者、則反是、今吾國之亂亟矣、對內不暇、逷言對外、故爲外交官者、縱有眼光手腕、亦被國勢牽掣、英雄無用武之地矣、至於華僑中、雖不乏資本雄厚、事業發達之人、然其發達也、非有遠大之眼光、卓越之才智也、不過偶遇時機、不知不覺、因而發達耳、逮至時機一過、則往往不知不覺、又因而衰落矣、故貧者可陡然而富、富者亦可陡然而貧、皆隨機會爲進退、於其自身之能力如何、經濟如何、初無若何關係也、即如樹膠一業、當歐戰起後、供不應求、價值飛漲、於是華僑業樹膠者、皆陡然而富矣、及大戰停止、求不逮供、價值大落、向之因是起家者、又因之而失業矣、橡皮如此、其他莫不皆然、是知華僑之發達者、純屬偶然的、而非當然的、其所以發達之故、即叩之本人、彼亦無能爲具體之答覆也、現華僑中能直接對歐洲營業者、不過二三家、餘則經外商之手、展轉以達於歐洲而已、故於世界市場上、某貨盛衰如何、供求如何、皆茫然不知、一任外人之操縱、其直接貿易者、亦於此等處、曾不知詳細調査、爲發達營業之張本、而日惟舞榭歌台、疲精神於無用之地而已、華僑之情形、大率若此、其前途亦頗岌岌乎可危矣、言訖、太息不已、並叩余國內現狀、余略述人民困難之狀、賈君亦爲之動容、蓋其對於時局極有關切之意、非毫無心肝之官僚派所可及也、談良久、余以賈君病體不耐久坐、遂興辭而出、翌日賈君至旅館答拜、囑館中善爲招待、並謂如有所需、即可通電見告、必當盡力幫助也、

新加坡領事唐榴

【弔曾幾生之母喪】　曾君幾生南華貿易公司經理也、性慷慨、思想異常進步、對於華僑敎育事業、熱心贊助、不遺餘力、所辦青年勵志社內容完美、尤有名於時、某年丁母喪、凡新加坡華僑知名之士、皆往弔之、行跪拜禮者甚多、各團體、各學校、或舉代表而往、或整行列而至、莫不致其哀悼之意焉、出殯之日、余往執紼、其柩以靈輿載之、輿前鼓樂爲導、執事及冥器甚多、花圈尤不計其數、靈輿行至大街時、引輿之夫役、一律退去、由送葬之戚友、與各團體代表、各校男女學生、共同執紼、引靈輿緩緩前進、直至塋地而止、吾國舊式喪禮之精神、於此可見、而送葬者、對曾君感情之眞摰、亦於此可見、

【弔故友王清源】王君清源、福建人、年僅二十餘、爲陳嘉庚公司財政主任、性敏慧而辦事穩健、且富於責任心、陳君嘉庚極倚重之、公司月出入欵率數百萬、皆聽其一手經理、從未加以過問也、與人交尤懇摯無城府、偶有所求、無不勉力助之、余至新加坡後、得摯友數人、而君與陳輝煌陳鏡清三人尤密切、日則共食、晚則同車而游、每促膝密談、至深夜始巳、凡余所經營、輒求三君爲助、皆竭力贊成之、而獲益於君者尤多、及余赴檳城、忽患重疾、日下痢數十次、鬱鬱居逆旅中、念君不置、一日方眩暈間、忽見報紙載君逝世之新聞一則、急取閱之、始知君竟以暴疾卒矣、嗚呼、君以明通之質、卓犖之才、方在青年、即負重大責任、錦片前程、何可限量、朋儕皆期以將來大有作爲、足爲華僑建遠大之事業、豈料一病不起、遽夭天年、而余初至南洋、所事皆在草創、遽失此絕大臂助、尤令人哀痛無巳也、君上有雙親、下有幼子、母病盲、行動需人、而家業蕭條、將來復何所賴、爰致函陳君輝煌、請於同人中爲君集義欵、恤其身後、並將儲蓄部存款數十元、提出捐助、以爲之倡、其後果集得數千元、公司又助以數百元、每月並給以常欵五十元、陳君嘉庚且親臨其家弔祭之、迨余自檳城返新、因未及弔與其喪、深以爲遺憾、遂偕陳輝煌君同至其家、唁其老親及其妻子、又助以十元、以後每月致之、以爲常、又偕陳輝煌王丙丁二君購鮮花甚多、詣其墓奠祭之、墓在福建公共墳塋中、余等乘汽車往、途經數商埠、始抵公共墓地、尋至君之葬地、但見一撮新土、煢然孤立、加以慘淡之日光、荒凉之草木、不覺悲從中來、失聲痛哭、哭罷、更以鮮花堆置墓前、憑弔久之、戀戀不忍去、直至日薄西山、始爲陳王兩君强拽登車中而歸、至今每念其贊助之熱誠、猶耿耿不忘也、

南洋陳嘉庚公司財政員王君清源遺像

【訪邱菽園】邱君菽園、閩人也、父爲新加坡鉅商、家資累數百萬、人甚開明、執僑界之牛耳、邱君幼時、其父遣之回國求學、遍求名師、好學不倦、遂博通經史、尤擅長詩古文辭、年始冠、即舉於鄉、性豪爽、喜交游、高談雄辯、所至一座盡傾、康南海倡新政、邱君首先響應之、代表華僑晉京上書、並輸鉅資、爲新政經費、戊戌政變、南海逃至南洋、邱君執贄門下、供以鉅貲、欲藉華僑之力、圖維新事業之再

起、其後屢經蹉跌、家財亦漸漸散盡、遂無意功名、築覺覺經舍、終日蟄居一室中、逃禪以自悟、今年五十餘矣、偶中酒後、尙抵掌慷慨談天下事、如二十年前也、生平著作甚多、因不甚收拾、亦大半散佚、惟嘯虹軒詩鈔已刋行於世、中多游戲之作、非正集也、南海爲之序、稱其可與黃公度、滕靳聯鑣、其價値可知矣、余至新加坡、即訪之於覺覺經舍、君爲之講述佛學奧理、兼及醫藥方術、獲益良深、是後過從頗密、偶有疑難、或感微恙、皆就君決之、新埠之人、無一不講經濟、蓄資本、注意於生產事業、君獨談經說法、不事生產、而以覺世爲念、聞之憮然起高尙之思、殊令人仰慕不置也、

【陳鏡清家中之歡宴】

陳鏡清係陳嘉庚公司之機器總管也、福建人、聰明絕頂、凡耳目所經、無不明析其理、而深知其用、能操數國語言、國內各處方言亦多通之、任機器總管、無論何種機器、毁其圖、即能知其配置之法、運用之方、故陳嘉庚公司營業之發展、陳君贊助之力爲多也、某日陳君設盛筵家中、邀余暢叙、與宴者爲王丙丁、施伯謨、陳輝煌、王清源諸君、及其他大公司要人、所備肴饌、多爲福建名品、佐以馬來所產之佳果、席間諸君詢以國內近狀見詢、余爲略述戰事之劇烈、與民生之困苦、諸君聞之、皆歎息不置、陳君有女二人、一善鼓鋼琴、偶作數曲、頗鏗鏘可聽、余初抵南洋、離鄉萬里、時不免寂寞之感、覩陳氏女之活潑狀態、不覺爲之一快、宴罷、陳君自御小汽車、載余環遊全市、時已萬家燈火矣、遊訖、乃送余歸寓、

陳鏡清先生之住宅

【訪林文慶博士】

林文慶博士、醫學甚精、尤擅英語、對於世界政治之趨勢、學界之潮流、皆能洞見其原委得失、時居新加坡、足跡遍南洋各埠、所至之處、僑民莫不歡迎恐後、每一演說、聽者常數百千人、陳嘉庚尤推重之、聘爲所辦之厦門大學校長、新加坡英政府因其爲華僑人望、遇有重大事件、須對華僑接洽者、輒先徵其意見、或即託其從中疏解、而博士亦能代達華僑困難情形、使雙方互相諒解、最後得和平之解決、其爲內外所重、蓋如此、某年博士擬組織一厦門醫院、躬赴各埠募集捐款、到處演說、聽者無不爲之感動、慨捐鉅資、於是數十萬捐欵之集、而厦門醫院、遂以觀成、博士之對僑民魔力之大、與僑

民信仰博士之深、即此可見一斑、當博士在新加坡募捐時、余於陳嘉庚公司俱樂部及僑生俱樂部中、曾屢次聆其演說、極欽佩其人、因於某日往訪之、博士體魄雄偉、談論風生、雖年近古稀、而精神矍鑠、望之如五十許人、待人和平謙遜、藹然可親、余以南洋居熱帶之下、居民易生疾疫、博士對於衛生及防疫之法、當有心得、請其相機發表、以便華僑取法、免爲疾疫所侵、博士聞之、頗表同情、旣謂余曰、陳君嘉庚爲南洋華僑之巨擘、其經營實業之方法、實有非他人所能及者、先生將來返國時、可於滬漢京津等處、將其營業方法、廣爲宣傳、使國人聞之、觀感興起、咸發生對外企業之心、其於國計民生、皆有莫大之益云云、余亦深以爲然、時同坐有南洋商報主筆林君獨步向博士徵詢歐美最新之教育方法、及最新出版關於哲學倫理之書籍、博士詳爲敘述、皆極明確、是時又有多數來賓、方待與博士相見、余乃告別而出、

新加坡之商務印書館

【赴商務印書館經理邱培梅之宴】　新加坡商務印書分館經理、邱君培梅江南人也、商業知識甚富、尤擅於英文、商務印書館僅新加坡設分館一處、所有南洋各埠營業、皆歸其經理、則其人之重要可知、余初抵是地、僑胞知名之士、因余北人、而遠道南來、極表歡迎、皆欲設筵招飲、余則以爲設筵與開廳之費、台之不下百餘金、徒傷經濟、無益於事實、乃概予謝絕、惟與邱君感情旣洽、得其贊助力尤多、堅欲設筵酒家、共拚一日之醉、峻辭不可、不得已而赴之、筵設牛車水某酒家樓上、某酒家內容純取舊式、壁間懸字畫甚多、所售爲粵派酒席、味極佳美、席間有荷屬某埠華僑學校校長、並商界重要人物多人、相與暢談南洋商業現狀、與其發展之法、痛飲甚歡、直至夜深始醉飽而歸、

【訪雲南明紹珍】　南洋華僑以閩粵兩省人爲最多、勢力亦最雄厚、其他各省、皆遠不逮之、惟雲南人至暹羅採寶石翡翠者、則頗有深遠之歷史、其蓄有鉅大資本者不少、採石之外、兼營他業、因而各埠中、雲南人亦殊有一部分勢力、余居新加坡偶於張君永福所立之平民工廠經蔡君奮初爲介、得晤明君紹珍君籍隸雲南幼慷慨有大志、旣壯遊學日本畢業於士官學校與唐繼堯蔡松波

皆同學、辛亥革命軍起、雲南獨立以應之、雖出唐蔡之功、而君亦與有莫大之力焉、後見國事日非、棄官爵航海至新加坡效陶朱公之營商業、時樹膠業正發達、乃自營樹膠園一區、其內容組織及管理方法、皆極有條理、較諸歐人所設樹膠園、頗無遜色、君之才具可於此見之矣、自是與君頻相過從、每促膝暢談、至深夜而後去、然君以所事未遂、居恒鬱鬱、不得志、頗以醇酒婦人自遣云、

【訪何心田】何君心田粵之三水人、幼從父習醫術、年二十二、懸壺香港、爲粵士、時港中多洪門義興黨人、以革命相號召、君亦投身其中、但入會後、見其萎靡不振、諸事荒廢、頗悔之、年二十四、自香港至新加坡、先亦業醫、後設商肆、兼從事革命事業、會訛言居留政府將搜索革黨、君名列其中、人多勸君歸國、某君更助以川資百元、乃得返粵、是時胡展堂方爲粵督、君往謁之、展堂弗出見、但派代表說明粵中無相當職任數語、久之、始得當事許可、編南僑北伐軍一隊、隸陳炯明麾下、未幾南北和議告成、改名爲同盟模範軍、君爲隊長、一日在講武堂演操、君用力過猛、竟跌傷左足、無何、餉糈亦支絀、該軍遂無形解散、而君於革命事業、於是告一段落矣、其時阮囊羞澀、欲繼續來新、正歎無人助裝、幸有數友醵金四百餘元助之、乃匆匆來新、復開廣濟堂藥店、並附設華英女塾於樓上、既五年、頗有成效、不意土產價降、市面恐慌、經濟既乏、不得已復停辦、現惟從事種植畜牧而已、君家於嘉東、余居新時、曾往訪之、茅屋竹籬、頗有瀟洒出塵之意、院中鑿池引水、種蓮養魚、其中池邊、環以茂樹、即與余坐池邊樹陰下、暢談甚快、既而俯視游魚、仰觀翠鳥、清幽之趣、令人神氣爽然、凡新埠鄉間庭園、多鑿池種荷、既以悅目、兼可用以冲凉、其制甚善、然亦市政修明、渠水四達、有以使之然也、

【中南學校晚間小集】新加坡去國甚遠、其地華僑各省人莫不有之、其省分相距較遠者、往往因言語不通、而感情爲之隔閡、若相距稍近者、則以言語可通、習慣相近之故、相與引爲同鄉、而感情之親密有加矣、余以北人初居是間、所見多閩粵之人、雖言語不通、然多經閩粵友人、特別招待、中南學校校長賓士課、叻報主筆周君南二君、皆湘人也、晤對之際、談笑甚歡、毫無隔閡不通之弊、恒邀至校中晚餐、其廚役極善烹調、所作肴蔬、無不鮮美適口、余嗜食其味、每晚餐時、非至中南學校食之不快也、由是每晚余及周君必至中南學校與賓君及其同人劇飲暢談、爲笑樂、周君畢業北大學校、旅京有年、嫻於二簧、賓君則擅長胡琴、醉飽之後、賓君輒出其胡琴奏之、周君與余等則競唱二簧佳劇、或仿譚派、或摹鴻聲、弦歌之聲不絕、每至深夜始散、余居南洋時、快樂之生活也、

【與梁顯凡君之暢談】梁君顯凡粵人也、現任新加坡總匯報主筆、聰明幹練、少年有爲、與人交、誠信備至、凡有所求、無不勉

力助之、余初抵新埠寓益生棧時與過從毎相晤、即暢談竟日、君爲詳述南洋各埠商業之盛衰、政治之得失、及僑民之狀況、下至風土人情、飲食居處、纖細靡遺、並將各埠之道里、及其地華僑之重要人物、列一清單、俾余按圖而索、不至有盲人瞎馬之虞、又爲之介紹多數要人、余於是始將南洋一切情形、瞭然於胸中、其後編撰各埠所至頗受歡迎、毫無捍格之勢、蓋皆得君指導吹噓之力也、

【中學與叻報之風潮】新加坡華僑中學校校長某君、年方少、喜飾邊幅、濡染新潮、亟思試驗自由戀愛之學說、有教員某女士、貌甚美、亦主張女子解放、曾實行離婚者也、兩人志同道合、因而發生情的美感、久之遂欲實行結婚、爲試驗自由戀愛之場合、然羅敷雖未有夫、而使君固自有婦也、無已、則踵某偉人前例、停其妻而再娶焉、其妻爲某校校長、亦鄙其人格、即與離異、不意學生多守舊派、以某君此種行爲、悖於禮法、實學界之大辱、羣起而攻、並要求校董撤換之、報紙亦紛紛著論攻擊、爲學生之援應、一時風潮洶湧、儼然爲僑界一大問題、而校董則以爲校長進退、非學生所應干與、對其要求、嚴斥不從、某君更以

中南學校校長賓士謀先生

報紙損害名譽爲詞、控告攻擊最力之叻報於法廳、雙方各延律師、爲辯護、校董且出席法庭、毎開庭日、旁聽者紛集、席爲之滿、結果叻報敗訴、判罰名譽賠償金若干、於是輿論大譁、皆爲叻報抱不平、且有捐資代付賠償金者、某君既勝訴、尤欣欣自得、遂慫恿校董將學生全體解散、輿論因之愈爲激昂、對校董亦頗示不滿之意、校董不得已、始將某君辭退、另招新生、恢復該校原狀、而一場大風潮至是始告平息焉、說者謂此事初本甚微、但將某君斥去、即可了結、不意校董意氣用事、致令風潮擴大、究之一方既爲英人輕視、一方又使數百學生失求學之地、而某君地位終不能保、是亦不可以已乎、

【乘火車須知】新加坡火車站售票者、皆馬來人、乘客購票時、如購某站之票、須以該地名之馬來音告之、始可無悞、若以華語告之、則彼茫然不解、以英文讀音告之、則英音與馬來音相差頗遠、彼亦不知所云、皆不能不誤也、如欲赴居鑾站、須告以孤魯望、彼始了然、若告以居鑾則不知也、欲赴吉隆坡、須告以瓜拉隆坡、告以吉隆坡則不知也、此皆余親身閱歷者也、其他地名之差、大都類此、故吾人初履是地、不能作馬來音者、最好託友人代購車票、或令旅館中人購之、始爲妥當、此應知者一、車票購妥、將登車時、代運行李

之脚夫、又皆吉寧人矣、照火車定章、凡行李重大之件、應起行李票、而此輩脚夫、則對乘客故示好意、意以重大行李、皆應起票、而彼能為之運至車上、不令點驗行李之人覺察、則行李之票費可省、迨既運至車上、彼乃向乘客要索酒資、言語不通、糾纏可厭、惟有多以數角付之去、然至下車時、彼輩脚夫見行李有應起票而未起者、則又示意以不起票即應受罰、而彼能使檢驗員不覺、為之運出、又須另付酒資數角而後已、計前後所費、較之照章起票、所省無幾、而受若輩種種挾制、殊為不值、初至是間之人、為若輩所欺多矣、故行李以照章起票為宜、免受若輩所欺、此應知者二、又吾人乘車以二等車為最適當、車中頗清潔、乘客多中流以上人、恰合於吾人身分、至三等車、則馬來人印度人吉寧人雜處其中、言語嘈雜、氣味薰蒸、下流之狀、令人欲嘔、視二等車不啻天壤、此應知者三、火車赴檳城、早晚開行二次、至吉隆坡為中點、由是換車頭、以達檳城、車上有臥車、可購番菜食之、售者為粵人、其他咖啡汽水麪包等零星物品、隨時皆有售者、故乘客於飲食起居、皆極方便、毫無困難之處也、茲將火車例章譯之於下、凡乘火車者、務宜注意、

叻報主筆周君南先生

改訂火車例章簡譯（客位車費表）（壹號位）每英里六占二五、（弍號位）每英里三占、（叁號位）每英里二占、十二歲以下小童、及不滿四英尺者俱半價、手抱嬰兒免費、另搭夜快車、不論遠近、如要睡床房間、壹等票、另加收四元、若在座位頂架睡床、另加收二元、弍號票、在座位頂架睡床、加收一元、（食飧規則）搭客欲在何埠火車站食飧、當預早通知管車人、俾先電告、不取電費、來往新加坡吉隆坡庇能新路頭之早夜快車、常有飧車隨行、可任意隨時往食、（行李規則）（一）凡隨身需用物件、可作行李計、如販辦貨物以圖利者、不在此例、（二）一號客位、准帶行李一百斤、二號客位、准帶六十斤、三號客位、准帶四十斤、若小童買半價車票、其行李亦照例准帶一半、若行李過額、五十英里以下、每斤收費一占八、五十英里以上、至一百二十五英里以下、每斤收費三占、一百二十五英里以上、至二百英里以下、每斤收費三占六、二百英里以上至三百英里以下、每斤收費四占、三百英里、至四百英里、每斤收費四占八、四百英里以上、每斤收費六占、(三)凡沿途招生意客商、親帶各種貨物、准各照其常客位所限之行李、多帶三倍、如再過額、亦收照常過額之費一半、惟座壹號位、能依此例、(四)如過額行李、係衣箱包袋、又手能挽以

登客車者不計、但自行照顧、如失、火車不負責任、(五)倘過額之行李、儎費例應先交、至先收與否、乃管車人之權、(六)行李如要註冊、當自封固、標明某人往某埠、若舊標頭尚在、須揿除清淨、仍要直交管車人取回收據、每件每物收註冊費壹角、惟該據當自存檢、或爲別人收拾、依據取去、乃是自悞、(七)行李註冊、須先十五分鐘到火車站、如遲、有權留歸下次車、方可代理、(八)如行李買燕梳、當預早半點鐘交來、其費用與火車寄包頭者一律、(九)凡行李如不封固、或舊標頭未曾揿去、概不收納、(十)所有物件、有碍於搭客者、不准携帶入客車、(十一)凡行李手挽登車、除能置於車位底、及車架上外、別件不准携帶入客車、(十二)如行李過多、不能强索原車儎齊、火車有權酌奪留歸下次車方儎、(十三)如行李被定留下次乃儎、或該客既買車票、可挽回下次車、祗不須費用、(十四)凡行李放置火車站、如有失漏、與火車無關、(十五)凡行李漏置火車站、過三句鐘無人到領、必代貯歸貨倉、候物主認明取回、例當納貨倉租、（搭客半路逗留規則） 凡過一百英里之客票、可逗留一日、並火車停止之時刻、不計里數、多者類推、但逗留之時、不得逾所限之額、或在此處已足額、則他處不能再行停歇、在某站下車、須持票向該站長簽號書明日期作據、否則無效、(星期五發售來回平價車票)每逢星期五夜車起發售、至少五十英里起至四百英里以上、來回平價車票、祇收車費七十五八仙、即來回合計、每壹元車價、減實收七角五占、回期須本星期日最末次車、或星期一最早之車回來、如遇星期一係銀行例假、可延至星期二早車回來、但此種平價車票、僅售壹號票、式號票、(叁號票則不發售注意)(由庇能埠往暹羅快車車期)每逢星期五早八點十一個字、由庇能開行、直往暹羅京城止、計行程三十六鐘點、抵步馬來聯邦各大火車站、均有直達暹京車票發售、而暹京大站、亦有馬來聯邦各大站車票發售、

【乘輪船須知】 自新加坡航行香港上海歐洲及荷屬各埠之輪船、皆靠於幾號碼頭、其船甚大、而名稱如皇后號總統號鴨家等、亦爲人所共知、乘汽車或人力車可直抵船旁、故登船尚無困難、至於開赴檳城波得申巴生哥踏丁宜豐勝港關丹馬六甲等處之輪船、僅航行附近海峽中、其船甚小、載重不過數百噸、名稱既繁、航綫又復紛歧、且此等船皆停於海中、乘客須坐小艇駛近其旁、始能登之、操小艇者、多福建人、次則馬來人、彼此言語既不易通曉、而彼輩急於招攬乘客、亦不暇詳審吾人所赴地點、及應登某船、但有欲登其艇者、即載之、海面檣突林立、小艇曲折行其間、比駛迫一輪船之旁、坐客起而登之、既而審知其航線、非吾人所赴之地點、始知其誤、仍須乘小艇改赴應登之船、如此往返一次、不獨虛耗小艇之費、且行李易於遺失、實爲一最困難之事、憶余曾由新加坡赴馬六甲

而小艇則載余登赴波得申之船、既知其誤、改登赴馬六甲之船、而所耗已一元有餘矣、故欲登此等船者、宜令旅館中人導往、始不致爲小艇所誤也、此等船中以二等官倉最爲適宜、器物既較淸潔、且備有大餐、供客購食、乘客多爲體面人、無喧囂鄙野之習、頗能令人適意、若夫大倉中則馬來人吉寧人等最多、行李凌亂無次、臭氣薰蒸、喧嘩不已、令人不勝其煩擾、且行李亦易遺失、較之官倉相去遠矣、余曾與友人同赴檳城、余坐官倉、友人則居大倉、比至下船、友人竟遺失零物數件、所值較官倉之價尤多、故不宜吝惜船費、總以乘官倉爲妥、凡乘此等船者、不可不知、

【新年之景況】南洋華僑富於保守性、雖與外人雜居甚久、日受其漸染薰習、而於固有之風俗習慣、猶斤斤焉保守勿失、故年中所有令節、無不依舊稱觴點綴、而舊曆新年、其尤著者也、每至新年、商店皆閉市停業、工人亦休止工作、家家設神位、供以精美之饌、焚以珍貴之香、爆竹之聲、澈數日夜不息、男女老幼皆衣服整潔、至戚友家賀年、商家亦互相稱賀、各俱樂部則舉行團拜之禮、懸燈結彩、點綴備至、是日部員皆著長衫馬褂、以示莊重之意、非復平日之短衣矣、商店民居亦皆門貼春聯、戶懸燈綵、每日珍羞勝饌、暢飲飽食、而大公司商店及各俱樂部、更設盛筵、請佳賓作盛大之宴會、余居新加坡時、值新年元日、被邀與宴者數處、所食皆中國式之燕菜席、只設酒肴而不備飯、余素不飲酒、故徧歷數席、未能食一米粒、及出而購買麪包、亦無從得之、終日竟未得一飽、亦一趣事也、計新加坡一埠、每至新年、所費不下數百萬金、各報紙頗不謂然、極力著論反對、終未能發生效力、而外國銀行等、大商業、且隨之閉市、因華商全體休業、無可交易也、夫華僑保守舊俗、雖未可厚非、然所費過鉅、揆諸經濟原理、亦非生產之道也、

輪船碼頭

蘊興商行

YÜN HSING & CO.

本行營業中國各省特產物品久蒙僑胞熱烈歡迎近派專員親赴各省與各大工場商店嚴訂合同選擇採辦悉心研究精益求精如北平之景泰藍徽章彫漆古玩字畫刻絲錦織各種良藥各色罐頭金銀器俱兒童玩物陶器竹器天津之愛國布明花葛西北之毛織品江西之瓷器江浙之綢羅湖南之湘繡筆墨皆爲數千年騰馳聲譽於寰球者提倡國貨即調濟民生貨眞價廉想我僑胞諒必樂予批購也

再者本行各省時有專員往來對於各處情形尤爲熟習凡我僑胞如欲歸國游歷以及升學調查各處行情土產銷路者如有諮詢本行均能詳細答覆竭誠招待

北平大興縣白米倉八號

蘊興商行啟

電話 東局 九百十五號